Brigitte und Richard Straube

Was für ein HERR!

Erlebnisse und Erfahrungen
mit dem lebendigen Gott

johannis

Wer von den beiden Autoren den jeweiligen Artikel verfasst hat, geht im Allgemeinen aus dem Inhalt hervor. Wenn nicht, steht bei der Überschrift des Kapitels ein (bri) für Brigitte oder ein (ri) für Richard.

Bibliografische Information der Deutschen Nationalbibliothek
Die Deutsche Nationalbibliothek verzeichnet diese Publikation in der Deutschen Nationalbibliografie; detaillierte bibliografische Daten sind im Internet über http://dnb.d-nb.de abrufbar.

ISBN 978-3-501-01630-5

Bestell-Nr. 72487

Umschlaggestaltung: Ch. Karádi
Umschlagbild: M. Misar/Digitalstock
Gesamtherstellung:
St.-Johannis-Druckerei C. Schweickhardt GmbH, Lahr/Schwarzwald
Printed in Germany

www.johannis-verlag.de

Sehr persönliche Erfahrungen mit Gott

Davon soll dieses Buch berichten. Da sind also ein paar Laien (s. Apostelgeschichte 4,13) – für ihre Aufgabe nicht speziell ausgebildete Leute. Sie hatten keine Gelegenheit gehabt, eine gründliche theologische Ausbildung zu genießen. Ihre Vorbildung im Blick auf den Umgang mit schwierigen Menschen ist gering. Nie waren sie auf den Gedanken gekommen, eine größere Institution zu gründen – zum Zeitpunkt der Herausgabe der ersten Auflage dieses Buches aber besitzt der von ihnen 1970 ins Leben gerufene Verein »help center e. V.« neun Häuser in Hessen und Thüringen. In ihnen teilen Christen ihr Leben mit Menschen, die vom Schicksal benachteiligt sind – aus eigener oder fremder Schuld.

Sehr vielen konnte durch dieses Zusammenleben ein völlig neuer Lebensstil vermittelt werden. Für ihren Einsatz wurde den Eheleuten Richard und Brigitte Straube 2003 das Bundesverdienstkreuz am Bande verliehen.

»Erfolgreiche Leute?« Nein. Einfach Menschen, die Gott etwas zutrauten. Ihn beim Wort nahmen. Und staunend festgestellt haben, dass das geht. Dass auf den lebendigen Gott Verlass ist. »Was er zusagt, das hält er gewiss!« (Psalm 33,4)

Die Liebe Christi hat sie gedrängt, so zu leben.

In diesem Buch berichten sie, wie sie den lebendigen Gott erlebt haben. Mit Recht sagen sie: Was für ein HERR!

Ihr Berichten soll gleichzeitig ein Dank sein an alle treuen Menschen, die die Arbeit des help center e. V. mit ihren Opfern unterstützt haben. Ich wünsche diesem Mut machenden Buch eine weite Verbreitung.

Gerhard Kreft
Vorstandsvorsitzender des help center e. V.

Noch ein Vorwort – aber dann geht's los!

Drei große Abschnitte waren für uns in unserm Leben prägend:

1. Kurz nach unserer Hinwendung zu Jesus Christus wurden wir bereit, in unseren erlernten Berufen unserm Herrn Jesus zu dienen. Wir arbeiteten beim Evangeliums-Rundfunk (ERF) mit, wo wir – vom Sendebeginn 1961 an – zehn Jahre lang deutschsprachige Sendungen gestalteten.

2. Neben diesem hauptamtlichen Dienst fingen wir gleichzeitig eine Kinderarbeit in einem sozialen Brennpunkt an, in dem wir mit Menschen konfrontiert wurden, wie sie uns früher nie begegnet waren.

3. Und schließlich gründeten wir 1970 den Verein »help center e. V.«, der sich zum Ziel setzte, Menschen in massiven Schwierigkeiten seelsorglich zu helfen.

Dieses Buch soll nicht einen kompletten Lebenslauf von uns wiedergeben. Was wir zu berichten haben, ist nicht chronologisch geordnet. Wir wollen einfach einzelne Erlebnisse erzählen – bunt durcheinander, wie das Leben so ist. Wir haben so viel mit unserm Gott erlebt, dass wir nicht schweigen können! Und wir wünschen uns, dass auch unsere Leser ins Staunen kommen: Was für ein HERR ist doch der lebendige Gott!

Wir wünschen, dass Sie durch das Lesen gesegnet werden und Mut bekommen, sich rückhaltlos diesem herrlichen Gott anzuvertrauen. Was für ein HERR ist er!

Richard und Brigitte Straube

Nicht uns, HERR, nicht uns,
sondern deinem Namen gib Ehre
um deiner Gnade und Treue willen!
Psalm 115,1

Begegnung im Supermarkt

»Darf ich Sie etwas fragen?«, so spricht eine Kundin im Supermarkt meinen Mann an. »Heißen Sie mit Vornamen Richard?«

»Ja«, war seine erstaunte Antwort.

»Und das da drüben am Regal, ist das Ihre Frau?«

»Ja«, entgegnet er.

»Und heißt die vielleicht Brigitte?«

Ein drittes »Ja« war die Antwort.

Ich war inzwischen aufmerksam geworden, ging zu meinem Mann hin und hörte ein freudiges: »Dann sind Sie Ehepaar Straube!« Und wieder bekam die Fragende ein »Ja«.

Aber jetzt waren wir es, die erstaunt zurückfragten, woher sie uns kenne. Da brach es in richtiger Begeisterung aus ihr heraus: »Sie beide haben uns eine so frohe und sonnige Jugend beschert mit Ihren Kinderstunden in der Margarethenhütte!«

Wir waren baff. Nach mehr als 40 Jahren kommt ein »Dankeschön« für frohe Stunden, die wir Kindern bereiten durften.

Wir standen noch eine kurze Weile beieinander und tauschten Erinnerungen über diese Zeit unserer Bekanntschaft aus. Dann ging die Frau fröhlich ihrer Wege.

Später, als wir auf dem Parkplatz unsere Sachen ins Auto packten, stellte sich heraus, dass unsere Autos fast nebeneinander geparkt waren. Zum Abschied bezeugte sie uns noch, dass sie Jesus noch immer liebhabe. Dann fuhr sie ab.

Was war da vor über 40 Jahren gelaufen?

Als wir beide unsere Tätigkeit beim Evangeliums-Rundfunk in Wetzlar begannen, bekamen wir eine Wohnung am Stadtrand von Gießen. Es war nicht gerade eine besonders schöne Gegend, aber bei der Wohnungsknappheit damals waren wir froh, sehr bald eine Wohnmöglichkeit zu haben. Wir hatten durch einen christlichen Geschäftsmann die leerstehende Wohnung des Hausmeisters in seiner Steppdeckenfabrik am Rande dieser Gegend bekommen.

Es gab damals noch keine offiziellen »Industriegebiete«, aber man hätte die Gegend mit etwas gutem Willen vielleicht so bezeichnen können. Es war ein weites Gebiet, das gleich hinter dem Gießener Güterbahnhof begann und sich bis zum Lahnufer und daran entlang ausbreitete. Wir fanden Tanklager, Schrottplätze, Autofriedhöfe und dazwischen auch mal eine kleinere Fabrik oder Werkstatt. Ansonsten war es dort recht unwirtlich.

Was uns verwunderte, war eine mittelgroße Wohngegend, die sich etwa 50 m von unserer Wohnung entfernt, bis ans Lahnufer hinzog. Als wir sie mal bei Tageslicht betrachten konnten, erschraken wir über die ungepflegte und verkommene Siedlung. Es waren drei langgestreckte zweigeschossige Wohnhäuser, in denen etwa 20 Familien wohnten. Aber diese Häuser verdeckten zunächst die große Armut, die dahinter kam. Einige Holzbaracken waren noch komfortabel gegenüber den Güterwaggons, die dort mit ihren Rädern in den Boden eingegraben waren und in denen jeweils zwei Familien untergebracht waren. In der Mitte der Siedlung war ein Brunnen mit

Schwenkpumpe, an dem die Bewohner ihr Wasser holen mussten. Was uns aber noch mehr erschütterte, waren die unzähligen Kinder jeden Alters, die uns schon in der Dunkelheit der winterlichen Morgenfrühe begegneten, wenn wir zum Bahnhof gingen, um nach Wetzlar zum Dienst zu fahren.

Gibt es so was in Deutschland?, fragten wir uns. Wir waren so blauäugig, dass wir dachten, solche Elendsviertel gäbe es höchstens im Ausland. Aber die Tatsachen lehrten uns das Gegenteil. Und sogleich drängte sich die Frage in unsere Gedanken: »Wer sagt diesen Kindern etwas von Jesus?« Denn ohne ihn, das war uns klar, könnten sie niemals aus solchem Schmutz und der Verkommenheit herausfinden. Sofort begannen wir für diese Kinder zu beten, dass ihnen doch jemand von Jesus sagen möge.

Aber da machte sich Gottes Stimme bemerkbar und sagte zu uns: »Was meint ihr, warum ihr hier diese Wohnung bekommen habt? Wer sonst könnte den Kindern besser die Frohe Botschaft bringen als ihr?«

»Wie bitte, Herr? Wir? Wir haben doch keine Ahnung, wie man so was macht. Da gibt es doch kompetentere Menschen, die das machen könnten!« Aber unser Herr ließ nicht locker – und nach drei Tagen hängten wir uns ans Telefon und riefen unsere Seelsorgerin in unserer Heimatgemeinde an. Wir fragten sie: »Schwester Betty, wie bekommt ein Christ einen göttlichen Ruf?« Sie antwortete spontan: »*Not* z. B. ist Ruf!« Nun erzählten wir ihr unser Erleben und die Gedanken, die uns so bedrängten. Noch einmal wiederholte sie: »Ihr lieben Straubes, NOT ist Gottes Ruf an euch!«

So, nun wussten wir klar, was Gott von uns erwartete, und wir sagten mit Zittern und Zagen: »Ja, Herr, wenn du das willst, wollen wir diesen Kindern von dir erzählen!«

Was wir dabei noch nicht wussten, war, dass Gott bereits vorgesorgt hatte. Denn als wir unserem Gemeinschaftsprediger von unserm Vorhaben erzählten, sagte er uns, dass genau dort in dieser unwirtlichen Gegend ein Mitglied der Landeskirchlichen Gemeinschaft eine kleine Drahtzaunfabrik besitzt. Er brachte uns mit diesem Bruder in Verbindung, und schon am nächsten Samstagnachmittag ging der mit uns in seine Fabrik und überließ es uns, einen Raum auszusuchen, in dem wir Kinderstunden abhalten könnten. Wir wählten den Aufenthaltsraum seiner Arbeiter, denn dort konnten die Kinder nicht so leicht etwas kaputt machen.

Nun standen wir vor der nächsten Frage: Wie kommen wir an diese Kinder heran? Das war nicht ganz einfach, denn schon in den wenigen Tagen, die wir dort wohnten, hatten wir bemerkt, dass die Bewohner dieser Siedlung Fremden gegenüber scheu waren. Wir beteten und sagten: »Herr Jesus, wie sollen wir das anfangen – was können wir tun? Du bist doch ohne Scheu zu den Menschen gegangen, weil du wusstest, dass sie ohne dich verloren gehen, selbst mit unheilbar Kranken hast du dich eins gemacht. Zeig uns einen Weg zu ihnen.«

Wir hatten kaum Amen gesagt, da fiel uns ein, dass wir einen kleinen Vervielfältigungsapparat besaßen. »Das ist es«, sagte Richard. »Wir müssen Einladungen verteilen.« Und gleich setzte er sich hin und entwarf einen kleinen Handzettel, den wir dann vervielfältigten. In besonders großen Buchstaben stand darauf:

»Weißt du das: Der Herr Jesus hat dich lieb!«

Im Weiteren luden wir alle Kinder ein, am nächsten Samstag um 15 Uhr zur Kinderstunde in die Fabrik von Herrn D. zu kommen. »Wir wollen mit euch schöne Lieder singen und Geschichten vom Herrn Jesus erzählen.«

Am Sonntagmittag gingen wir zur Siedlung runter, um ihnen diese Einladezettel zu bringen. Zuvor baten wir Jesus, dass er uns seinen

Auftrag noch einmal bestätigen möge dadurch, dass wir alle Handzettel loswerden. Wir hatten ja keine Ahnung, wie viele Kinder dort wohnten. – Aber, oh Schreck, kein einziges Kind war zu sehen. Alles leer und die ganze Siedlung wie ausgestorben. Sollte das jetzt eine Absage durch Gott sein? Nein! Wir wollten es genau wissen und machten noch einmal die Runde. Und plötzlich taten sich die Haustüren auf und eine Menge Kinder erschienen und umringten uns neugierig. Wir gaben allen einen Zettel und es blieb uns nur noch einer übrig. Etwas verunsichert gingen wir zurück zu unserm Haus. Als wir die Haustür aufschlossen, kam atemlos ein kleines Mädchen – vielleicht sechs Jahre alt – angerannt und rief laut: »Gib mich auch noch ein für mein Bruder.« Mit diesen Worten riss sie mir förmlich den letzten Zettel aus der Hand. – Oh, wie glücklich waren wir über diese Antwort Gottes.

Im Laufe der Woche bereiteten wir uns auf unsere erste Kinderstunde vor. Würden sie kommen? Und wenn es nur zwei oder drei wären, wir wollten ihnen von Jesus erzählen. Wir gingen rechtzeitig zur Fabrik hin, um alles ein wenig vorzubereiten. Dann kamen die Ersten etwas zögernd, danach weitere und schließlich rannten sie uns entgegen, ihre Augen groß und voller Erwartung.

Es waren mehr als 30 in der ersten Kinderstunde, und am nächsten Samstag waren es noch mehr.

Schon damals merkten wir: Wenn Gott einen Weg mit einem Menschen gehen will, sind das oft merkwürdige Wege. Darum lohnt es, sich solche Wege zu *merken.*

Das war einmal ... (bri)

Denken Sie nur ja nicht, wir wären fromm vom Himmel gefallen! Im Gegenteil: Alles, was mit Gott zu tun hatte, stand für mich am Rand bis außerhalb meines Lebens. Es betraf mich kaum oder nie. Zu Hause hörte ich immer nur Kritik an denen, »die sich für fromm halten«, z. B. unsere Nachbarin, die, wenn ein Gewitter war, mit ihren Kindern betete, während wir am Fenster standen und ungerührt Blitze und Donner betrachteten.

Die stark politisch ausgerichtete Erziehung in der Schule war nicht dazu angetan, sich für Gott oder gar die Bibel zu interessieren.

Deutsche Götter- und Heldensagen im Religionsunterricht der 30er-Jahre waren viel interessanter, als das Auswendiglernen von Bibelsprüchen später in der Konfirmandenzeit.

Als ich am Anfang meiner Berufstätigkeit war, hatte bereits die politische Richtung von Braun nach Rot gewechselt. Ich lebte in Ostberlin und war beim dortigen Rundfunk beschäftigt. Da war man auch nicht sehr interessiert an christlichen Werten oder gar an Gottes Wort. Dafür gab es ja Leute, die das studiert hatten und sich damit auskannten. Ich packte mein Leben selbst an.

Glauben Sie nicht, ich hätte darüber Minderwertigkeitskomplexe gehabt oder wäre mir gar schlechter vorgekommen als die »Kirchenläufer«.

Den ersten Menschen mit einer echten Beziehung zu Gott lernte ich kennen, als ich vor meiner Heirat stand. Es war die Mutter meines zukünftigen Mannes. Als ich sie näher kennenlernte, war ich verwundert, dass es ganz normale Menschen geben kann, die selbstverständlich in ihrem Leben mit Gott rechnen, ihn recht gut kennen und sich sogar in der Bibel zurechtfinden, um in ihr lesen zu können. Ich achtete unsere Mutter sehr – sie war für mich nicht die übliche »Kirchenläuferin«. Ich merkte, wie ernst sie die Dinge nahm, wie sie sich bemühte, unser Verständnis dafür zu wecken, wer Gott und wer Jesus ist. Welchen Wert sie für ein Menschenleben haben. Aber für Richard und mich hatte das letztlich keine Bedeutung. Wir genügten uns und kamen sehr gut ohne Gott zurecht.

(ri) Freilich, ein bisschen anders waren die Voraussetzungen bei mir schon. Ich wurde nämlich umbetet, als ich noch im Leib meiner Mutter lebte. Denn sie war während ihrer Schwangerschaft zum Glauben an Jesus gekommen. Deshalb hat sie für mich – ihr drittes Kind – schon vor meiner Geburt gebetet. Mein Vater, alle meine Geschwister und ich fanden es selbstverständlich, dass wir sonntags in die Kirche gingen – für einen Firmeninhaber und seine gut bürgerliche Familie war so etwas damals selbstverständlich. Es gehörte sich einfach so. Aber bei meiner Mutter war das anders: Sie hatte wirklich das Bedürfnis, unter der Herrschaft des Herrn Jesus zu *leben.* Unaufdringlich, aber konsequent lebte sie uns das vor.

Ich erinnere mich noch, wie ich am Ende des Zweiten Weltkriegs als 17-Jähriger noch Soldat werden musste. Ich fragte meine Mutter damals: »Mutti, wie verkraftest du das eigentlich: Mein älterer Bruder Martin ist schon seit vier Jahren im Krieg, ich muss nun auch gehen. Und du weißt nicht, ob du uns je wiedersehen wirst!« Da sagte sie zu mir: »Junge, ich habe euch abgegeben an meinen Herrn Jesus. Ich habe ihm gesagt ›Herr, ich habe getan, was mir möglich war, um meine Kinder in deinem Sinn zu erziehen und sie mit dir bekannt zu machen. Nun kann ich nichts mehr tun – außer beten. Ich gebe sie ab an dich, führe du sie weiter!‹« – Als ich 14 Tage später bereits an die

Front kam und kurz darauf schwer verwundet wurde, konnte ich mir nicht vorstellen, ob und wie mein Leben weitergehen sollte. Zeitlebens hatte ich Hochachtung vor meiner Mutter, war dankbar für ihr Christsein, das sich auch in der schweren Zeit nach dem Krieg mit dem totalen Verlust von Haus und Heimat, mit Ängsten, Krankheiten und Hunger so positiv hervorhob. Aber Christ wurde ich nicht. Ich lebte und liebte *mein* Leben und begriff noch lange nicht, warum ich Jesus nötig haben sollte. Noch viele Jahre musste meine Mutter für mich – und später auch für meine Frau – beten, bis wir endlich im sechsten Jahr unserer Ehe zu Jesus fanden. Aber das hat sie noch miterleben dürfen!

Gott schafft Kälte und Wärme

1956 lebten wir in Stein bei Nürnberg. Mein Mann arbeitete bei der weltbekannten Firma »Faber-Castell« als Texter in der Werbe-Abteilung. Eines Abends – im Februar – wollten wir in das kleine Kino des Ortes gehen. Ein lang ersehnter Film lief dort. Aber wir erlebten eine Überraschung!

Über Nacht war es lausig kalt geworden. Es hatte einen richtigen Temperatursturz gegeben (die BILD-Zeitung schrieb von einer »Jahrhundertkälte«). Als wir nun zum Kino kommen, steht der Besitzer vor der Tür. Er hat »keine Lust für zwei oder drei Personen seinen Schuppen zu heizen« (Originalton des Kinobesitzers!). So eine Pleite! Und das ist der letzte Abend, an dem dieser Film bei uns hier läuft! Was machen wir nun mit dem angebrochenen Abend und unserer Enttäuschung?

Da kommt uns in den Sinn, dass wir doch eine Einladung haben. Na ja, keine sehr attraktive, aber besser als gar nichts. Im Ort beginnt nämlich heute Abend eine Evangelisation (das Wort war uns völlig fremd). Alles, was wir über diese Veranstaltung wussten, war, dass ein Verkündiger zwei Wochen lang jeden Abend in der Landeskirchlichen Gemeinschaft predigte. Wir fanden es zwar etwas übertrieben, 14 Abende hintereinander Predigten anzuhören – aber wir hatten höflich zugesagt, dass wir (mal) hinkommen würden. Heute war der erste dieser Abende, und nun:

Kino war nicht – nach Hause wollten wir nicht. Also konnte man ja heute mal in diese evangelische Predigt gehen – damit hätten wir dann unsere Höflichkeitspflicht erfüllt!

Mit etwas Neugier, aber wenig Interesse gingen wir also dorthin. Aber mit einem hatten wir nicht gerechnet – und das war Gott. Er sieht auch durch die desinteressierte Fassade, wo ein Herz auf der Suche nach etwas Besserem ist.

An diesem ersten Abend waren wir so angesprochen von der Art der Verkündigung, dass wir an jedem der folgenden Abende hingingen.

Nach etwa zehn Tagen lud der Redner für den nächsten Abend zu einer Gebetsversammlung ein. Sie sollte den interessierten Teilnehmern Gelegenheit geben, im Beisein der Gemeinde durch ein Gebet Jesus anzunehmen.

Wir gingen sehr nachdenklich nach Hause. Noch lange unterhielten wir uns darüber, was wir tun wollten. Eines stand fest, wir hatten begriffen, dass es bei Gott nur zwei Sorten Menschen gibt: nicht Gute und Böse – Weiße und Farbige – nicht Katholiken und Protestanten, nein, sondern nur Gerettete und Verlorene. Das machte uns nachdenklich, denn verloren gehen, was auch immer das bedeuten konnte, wollten wir nicht.

Und wenn es dazu nötig war, dass man Jesus in sein Leben lässt, wollten wir das tun. Was aber, wenn dieser Redner dort nun ein Mensch war, der uns nur für irgendeinen Verein oder gar eine Sekte kassieren wollte? Wir hatten ja so wenig Ahnung von Glaubensdingen. Wir holten unsere Bibel heraus, bliesen den Staub runter und fingen an zu suchen, was darin über unser Problem steht. Aber o weh, wo sollten wir etwas finden? Seitenlang immer nur Mose und wieder Mose – dann Namen, die uns kein Begriff waren. Wir waren ratlos und merkten: Die Bibel können wir nicht heute Nacht durchlesen, um zu wissen, was wir tun sollen. Da war es ja einfacher, in einem 20-bändigen Lexikon was zu finden! Wir legten die Bibel wieder weg. – Es wurde immer verworrener, was sollten wir machen?

Außerdem hatten wir noch ein ganz persönliches Problem. Am nächsten Abend war der Betriebsfaschingsball der Firma, in der Richard arbeitete. Darauf hatten wir uns schon ein ganzes Jahr gefreut. Fasching gehörte zu unserm Leben. Und das Wichtigste diesmal war, dass wir eine Einladung an den Vorstandstisch der Firma Faber-Castell bekommen hatten. (Sollten wir uns solche Ehre entgehen lassen?)

An diesem Abend haben wir zum ersten Mal Gott in unser Herz schauen lassen. Wir sagten ihm all unsere Bedenken und Unsicherheiten und baten ihn, wenn das wirklich dran ist, dass wir uns bekehren, dann möchte er doch bitte dafür sorgen, dass wir morgen Abend zu dieser Gebetsversammlung gehen.

So, das Problem waren wir los – das hatten wir Gott aufgehalst. Nun konnten wir schlafen gehen.

Am nächsten Abend, als wir gegessen hatten, war es gar keine Frage mehr, was wir tun sollten. Wir machten uns ganz selbstverständlich auf den Weg in das Gemeindehaus. Die Faschingskostüme blieben unbeachtet im Schrank hängen.

Als wir am Ende der Stunde – jeder persönlich – im Gebet Jesus unser Leben gaben, dachten wir nicht mehr an Sekte oder ähnliches; wir waren einfach froh, diesen Schritt getan zu haben.

Am Morgen des nächsten Tages traf ich im Treppenhaus die Mutter einer leitenden Mitarbeiterin der Firma Faber. Sie fragte recht besorgt, ob ich krank wäre. Als ich das verneinte, sagte sie: »Sie beide sind gestern Abend beim Faschingsball sehr vermisst worden.« Darauf konnte ich nur fröhlich antworten: »Ach wissen Sie, wir hatten gestern Abend etwas Wichtigeres vor!« – »Etwas Wichtigeres?«, kam die erstaunte Rückfrage. (Konnte etwas wichtiger sein, als beim Grafen Faber am Vorstandstisch sitzen zu dürfen, um zu feiern?)

Ihr großes Erstaunen zeigte mir, dass sie das nicht verstehen konnte. So erzählte ich, dass wir uns in der Evangelisation bekehrt haben und »das ging nur gestern Abend« – so sagte ich. Ich wusste damals ja noch nicht, dass man das jeder Zeit tun kann und darf. Wie gut! – Sonst wäre der Abend vielleicht doch beim Faschingfeiern vergangen.

Aber eins ging mir später auf, ich habe nie mehr so unbefangen und ohne Aufregung ein Zeugnis von Jesus gegeben, wie bei diesem Gespräch im Treppenhaus.

Das Schönste war, dass wir beide, mein Mann und ich, Jesus in unser Leben hineinnahmen. Und so erlebten wir in der Zukunft miteinander, wie Jesus unsere verfahrene Vergangenheit vor Gott ordnete – wie er begann, unsere Gegenwart mit Gottes Willen in Einklang zu bringen.

Von da an begann unser Leben sich auf Gott hinzubewegen, anstatt wie bisher von ihm weg; und es änderte sich manches bei uns. Dank der äußeren Eiseskälte (die Gott sicher extra unseretwegen geschaffen hatte) kam nun Wärme in unser Leben.

Erste Erlebnisse im neuen Leben *(bri)*

Unsere Hinwendung zu Jesus hatte unerwartete Folgen. Zuerst merkten wir, dass so manche guten alten Freunde nicht mehr so großen Wert auf unsere Bekanntschaft legten. Wir wurden zwar nicht angefeindet, aber doch mehr und mehr gemieden. Es ist ja schließlich auch peinlich, beispielsweise mit Leuten essen zu gehen, die es selbst in einer Gaststätte nicht lassen können, vor dem Essen ein stilles Gebet zu halten!

Oder wenn einem jemand hinter vorgehaltener Hand einen deftigen Witz erzählt, in der Überzeugung, dass er etwas äußerst Lustiges sagt, und er dann kein schallendes Gelächter erntet, sondern höchstens betretenes Schweigen, da ist es ja verständlich, dass er auf unsere Bekanntschaft keinen allzu großen Wert mehr legt.

Aber wir fanden sehr bald neue Freundschaften bei Menschen, die ebenfalls ihr Leben neu ausgerichtet haben. Geborgen wie ein Kleinkind in der Familie, konnten wir nun unsere ersten Glaubenserfahrungen machen.

Eine sehr tiefgehende und einschneidende Erfahrung war, dass ich eines Tages merkte, dass zwischen mir und Jesus etwas stand, was mich von ihm fernhielt. Ich spürte immer einen gewissen Abstand zwischen ihm und mir. Bei einem Frauennachmittag sagte die Rednerin u. a.: »Was ist es, das zwischen Ihnen und Jesus steht? Was ist Ihnen wichtiger als er? Ist es vielleicht der Zeitungsroman, nach dem Sie am Morgen greifen – wenn die Kinder zur Schule gegangen sind – noch ehe Sie Ihre Bibel gelesen haben?« Ich horchte auf, aber

Roman lesen gab es bei mir nicht. Wir hatten nicht mal eine Zeitung. Sie nannte noch einige Dinge, die ich aber nicht behielt, weil sie mich nicht betrafen.

Dann plötzlich kam es: »Oder ist es die Zigarette, die zwischen Ihnen und Jesus glimmt?«

Das war ein Hammer. Ich hörte den ganzen Nachmittag nichts mehr von den Vorträgen – es ging immer nur um die Zigarette, die ich ja so liebte. Aber ich wusste, jetzt hat Gott seinen Finger auf eine Stelle gelegt, die mich schmerzte.

Ich war seit zehn Jahren eine leidenschaftliche Raucherin, ohne zu merken, dass nicht ich die Zigarette, sondern sie mich in ihren Bann gezogen hatte – Rauchen ist zur Sucht geworden. – Ich sprach nach Ende der Veranstaltung mit niemandem mehr, ich wollte allein sein und lief zur Straßenbahn, um nach Hause zu kommen. Mit meinem Mann zusammen betete ich um Klarheit, was diese Frage bedeuten sollte. (So ein Unsinn, ich wusste es doch seit Stunden!) Es gab einen kurzen, aber heftigen Kampf mit meinen Gefühlen.

Es war kein leichtes »Ja«, das ich Jesus schließlich unter Tränen gab. Aber ER löste mich von meiner Gebundenheit.

Von dem Augenblick an war ich frei vom Rauchen. Erst jetzt merkte ich, wie sehr ich an die Zigarette gebunden gewesen war. Heute weiß ich, es war eine echte Sucht gewesen, aus der Jesus mich befreit hatte.

Lange Zeit danach, ich war schon beim ERF, ging mir auf, wie viel Geduld Gott mit mir gehabt hatte. Ich hatte immer ein schlechtes Gewissen, wenn wir uns bei einer Gemeindefeier wegstahlen, um unbemerkt »eine« zu rauchen, und wenn die Rede auf Zigaretten kam, zog ich mich zurück, um nicht mitreden zu müssen, usw. Durch leises Mahnen seines Geistes hatte ER versucht, mich zu erreichen. Aber ich hörte nicht. Darum musste er schließlich mit dem »Hammer« kommen.

Jahre später traf ich diese Diakonisse wieder, als ich eine Tonbandaufnahme für den Frauenfunk des ERF machen sollte.

Bei diesem Wiedersehen erzählte ich ihr von meinem Erlebnis an dem Frauentag. Sie konnte sich noch sehr gut daran erinnern, weil sie später ganz entsetzt zu ihren Mitschwestern gesagt hatte: »Was habe ich denn heute für einen Unsinn geredet! Wie kam ich auf Zigaretten? In dieser Versammlung war doch bestimmt keine einzige Frau, die rauchte!« (In Bayern »tat man so was nicht« in frommen Kreisen.) Eine der Schwestern beruhigte sie und sagte: »Das macht nichts. Lass nur den Heiligen Geist wirken, wo und wie er will. Wir müssen das nicht wissen.«

Sie wurde sehr froh bei dem Gedanken, dass Gott sie gebraucht hatte, mein Problem zu lösen.

Zu Hause nahm Richard sehr Rücksicht auf meine Entscheidung und versuchte, daheim das Rauchen zu lassen.

An dieser Stelle soll er selbst weiterberichten, was er erlebt hat:

Ich ließ meiner Frau zuliebe das Rauchen zu Hause, aber nicht aus Überzeugung. Denn am Arbeitsplatz durfte man ja damals noch rauchen, und das tat ich. Darum schaffte ich es auch nur für drei Wochen. Danach rauchte ich auch zu Hause wieder wie bisher weiter.

Aber eines Tages redete Gott auch zu mir. Wir waren mit unserer Gemeinschaft zu einem Waldfest bei einer Nachbargemeinde eingeladen. Durch das Zeugnis eines jungen Mannes, den Gott von Alkohol und Zigaretten frei gemacht hatte, merkte ich, wie sehr auch ich ans Nikotin gebunden war. Ich bat Jesus, mich davon frei zu machen, verschenkte meine letzte Schachtel Zigaretten und rührte keinen Tabak mehr an.

Hier müsste das Kapitel nun eigentlich enden mit »Dankeschön« und »Halleluja«. Aber leider geht es weiter. Da war nämlich noch meine Feigheit.

Am Arbeitsplatz hatte ich einem atheistischen Kollegen davon erzählt, dass ich nicht mehr rauche. Ich hatte ihm auch gesagt, warum.

Ich hatte davon gesprochen, dass Jesus mich frei gemacht habe. Und merkwürdig, er, der so oft spöttische Bemerkungen über meinen Glauben gemacht hatte, ließ das gelten.

Dann kam eines Tages ein Kunde, der mich gut kannte. Er wusste, dass ich bisher ein eifriger Raucher war, und bot mir eine Zigarette an. »Nein, danke«, sagte ich, »ich rauche nicht mehr.« Aber er lächelte nur – denn er vermutete wohl, dass ich das ja doch nicht lange durchhalten werde, und meinte: »Ach, die eine wirst du mir nicht abschlagen – aus alter Freundschaft.« Nun hätte ich ihm sagen müssen, warum ich nicht mehr rauche, und hätte von Jesus reden müssen. Dann wäre alles in Ordnung gewesen. Dann hätte ich die Kraft gehabt zu widerstehen. Aber ich war zu feige, ihm gegenüber Jesus als meinen Herrn zu bekennen. Ich dachte bei mir: »Ach, die eine Zigarette, die macht's doch sicher nicht.« Ich griff zu und steckte sie mir an.

In diesem Augenblick kam der Atheist ins Büro, dem ich vom Sieg Jesu in meinem Leben erzählt hatte. Er schaute mich erstaunt an, blickte auf die Zigarette in meiner Hand und sagte: »Nanu!?«

Das war die kürzeste Predigt, die ich je in meinem Leben gehört habe – und die eindringlichste. Sie war wie das Krähen des Hahnes, das Petrus hören musste – in jener Nacht der Verurteilung Jesu. Als ich am Abend nach Hause kam und meiner Frau alles erzählte, weinte ich bitterlich, wie Petrus damals.

Den Versager Petrus hat Jesus später gefragt: »Hast du mich lieb?«

Und als er sich versichert hatte, dass Petrus ihn liebte, gab er ihm einen neuen Auftrag. Trotz allem, was gewesen war. So ist unser Jesus. Als ich an diesem Abend meine Tränen der Reue getrocknet hatte, erfuhr ich ganz persönlich, dass Jesus auch mit Versagern etwas anfängt. Sie müssen nur zu ihm kommen.

Aufräumen! (ri)

Wer sich für die Nachfolge Jesu entschieden hat, ist – um es mit einem Beispiel der Bibel zu sagen – von einer großen, breiten Straße abgeschwenkt, die in die Verdammnis führt. Auf ihr gehen viele Menschen. Wer Jesus nachfolgt, hat aber kehrtgemacht und beschreitet nun den schmalen Weg. Dieser Weg führt zu einem lohnenden Ziel: zur ewigen Herrlichkeit, zur Gemeinschaft mit Gott. Allerdings kann man sich auf diesem Weg nicht gut mit Gepäck abschleppen. Ballast ist hinderlich beim Vorwärtskommen. Gott in seiner Güte macht uns aufmerksam auf solchen Ballast. Das Gepäck, das wir ablegen sollten, ist unsere persönliche Schuld.

Eines Tages stand es wie ein Riesenberg vor mir:

Ich sah meine Vergangenheit. Das, was auf sexuellem Gebiet gewesen war in meinem Leben, als Heranwachsender, vor der Ehe und während der Ehe. Plötzlich machte der Geist Gottes mir klar, dass ich diese Schuld im Einzelnen bekennen musste. Und mir ging auf, dass es nicht genügte, sie Jesus zu sagen, nein, ich sollte sie auch vor einem Menschen aussprechen. Das war mir unsagbar peinlich. Tagelang schleppte ich mich damit herum. Aber mir ging es wie dem Psalmdichter: »Da ich's wollte verschweigen, verschmachteten meine Gebeine ...« (Psalm 32,3). Eine große Unruhe kam über mich. Ich musste Vergebung haben! Gott half mir mit einem anderen Psalmwort: »Was betrübst du dich, meine Seele, und bist so unruhig in mir? Harre auf Gott; denn ich werde ihm noch danken, dass er meines Angesichts Hilfe und mein Gott ist« (Psalm 42,12). Gott machte mir also klar, dass ich froh würde, wenn ich meine Schuld einmal vor Menschen ausgesprochen hätte.

Eines Abends fasste ich mir ein Herz und sprach mit meiner Frau. Ich beschönigte nichts. Ich verharmloste nichts. Ich verschwieg nichts. Zunächst konnte sie mich nicht trösten, mir keine Vergebung zusprechen. Sie selbst wurde durch meine Beichte an eigene, noch unvergebene Schuld erinnert. Sie setzte sich hin und schrieb das alles auf. Dann gingen wir miteinander auf die Knie, sagten miteinander und voreinander Gott, dass wir seine Vergebung in Anspruch nehmen möchten. Wir nahmen es im Glauben an, was in 1. Johannes 1,9 geschrieben steht: »Wenn wir unsere Sünden bekennen, so ist er treu und gerecht, dass er uns unsere Sünden vergibt und reinigt uns von aller Untugend.« Jesus hatte ja für all die Sünden, die wir ihm jetzt im Einzelnen genannt hatten, längst sein Blut zur Versöhnung vergossen!

Wie sehr beglückte uns dieses Wissen! Was waren das für köstliche Stunden, als wir wussten: Wir sind frei von unserer Schuld!

Auch eine andere Schuld wurde mir bewusst – allerdings erst viel später. Gott ist so gnädig, dass er uns nicht unser falsches Handeln auf einmal aufdeckt. Ich glaube, wir könnten es nicht ertragen. So zeigt er uns Stück für Stück, was wir in Ordnung zu bringen haben.

Ich war inzwischen schon Mitarbeiter beim Evangeliums-Rundfunk geworden, stand also vollzeitlich im Dienst für Jesus. Da ging mir unter einer Verkündigung plötzlich auf, dass ich noch immer eine Packung Farbstifte besaß und benutzte, die mir nicht gehörte. Bei meinem früheren Arbeitgeber hatte ich sie als Arbeitsmaterial für meine Entwürfe bekommen. In einem Werk, in dem täglich tausende Blei- und Buntstifte produziert wurden, gewiss nichts von großem Wert.

Eines Tages hatte ich diese Packung mit nach Hause genommen, weil ich dort etwas zeichnen wollte. Ich vergaß, sie wieder mit in die Firma zu nehmen. Das war keine böse Absicht gewesen. Und schließlich war die ganze Angelegenheit in Vergessenheit geraten. Die Stifte – inzwischen schon zu zwei Drittel aufgebraucht – machten den Umzug nach Wetzlar mit. Und nun tippte Gott an dieser Stelle an.

Noch am gleichen Tag setzte ich mich hin und schrieb an meinen früheren Chef einen Brief. Ich bekannte ihm, dass ich mir diese Packung Buntstifte angeeignet hatte, ohne sie zu bezahlen. Sie waren also gestohlen. Auch erklärte ich ihm, dass ich inzwischen Jesus angenommen habe, entschiedener Christ geworden sei und dass Gott mich auf diese Schuld hingewiesen habe. Ich bat ihn um Verzeihung und legte dem Brief einen Geldschein bei, um den Schaden wiedergutzumachen.

Auf diesen Brief bekam ich nie eine direkte Antwort; aber jahrelang traf in der Weihnachtszeit ein großes Paket bei uns ein mit unzähligen Blei- und Farbstiften, Radiergummis, Anspitzern und Linealen. Wir konnten all diese schönen Dinge gut verwenden – privat, beim Evangeliums-Rundfunk und in unserer Kinderarbeit.

Mancher fragt sich sicher: »Ist diese Haltung der Sünde gegenüber nicht etwas übertrieben? Ein junger Mensch muss doch seine Erfahrungen sammeln auf geschlechtlichem Gebiet! Ist es nicht Unsinn, gleich von Sünde zu sprechen? Und was das Eigentum betrifft, muss man denn da so gründlich sein?«

Ich bin zutiefst überzeugt davon, dass das Verharmlosen von Sünde schädlich ist. Gewiss sind wir es heute vielfach gewöhnt, unsere Schuld zu verniedlichen, wegzudiskutieren und überzeugende Gründe anzuführen, weshalb wir so und nicht anders handeln konnten. Man schult uns darin, für unser »Fehlverhalten« immer einen Schuldigen zu finden – falsche Erziehung, die Eltern, Lehrer, die Gesellschaft, die Verhältnisse, die Umstände – aber indem wir uns selbst entschuldigen, sagen wir: »Wir haben keine Schuld.« Damit aber verführen wir uns selbst und behaupten, dass Gott ein Lügner sei! (1. Johannes 1,8.10). Wer aber seine Schuld abstreitet, kann keine Hilfe durch Jesus erwarten. Denn der ist gekommen, um die Sünder zur Umkehr zu rufen und nicht die Gerechten (Markus 2,17).

Deshalb will ich im Blick auf meine Sünde sehr gründlich sein. Denn mit dem heiligen Gott können wir nicht spielen. Sünde verharmlosen heißt, Jesu Tod auf Golgatha für überflüssig zu erklären. Es ist also reiner Selbsterhaltungstrieb, wenn ein Mensch es genau nimmt mit den Maßstäben, die Gott gesetzt hat.

Aber es ist noch mehr: Liebe zu Gott! Wer Gott lieb hat, der möchte einfach nicht, dass irgendetwas zwischen ihm und Gott steht. Wenn man erkannt hat, was Gott für uns getan hat, wie er so wunderbar führt – dann muss man ihn doch ganz einfach lieb haben! Oder etwa nicht?

Brockensammlung

Diesen Ausdruck hörte ich zum ersten Mal an einem Sonntagabend. Wir waren – wie seit unserer Bekehrung üblich – in die Abendbibelstunde unserer Gemeinschaft gegangen. Aber irgendetwas war an diesem Abend anders als gewohnt. Die Stühle waren nicht in Reihen aufgestellt, sondern wir saßen in einem großen Kreis beieinander, sodass wir uns ansehen konnten. Unser Bruder Prediger saß mitten unter uns, und eine gewisse Erwartung lag über der Versammlung.

Die leitende Schwester unserer Diakoniestation, Schwester Betty, kam in den Saal, begrüßte alle und sagte: »Heute Abend wollen wir eine Brockensammlung machen.« Unsere Spannung wuchs; das war nun wieder etwas Neues für uns.

Am Wochenende vorher war im Diakonissen-Mutterhaus in Gunzenhausen eine Missionskonferenz gewesen, zu der auch Mitglieder unserer Gemeinschaft gefahren waren. Die sollten jetzt, aus ihren Notizen und aus ihrem Gedächtnis, allen, die nicht dabei sein konnten, berichten, was ihnen wichtig geworden war in diesen zwei Tagen.

Es war damals – Mitte der 50er-Jahre – noch nicht üblich, eine Tonbandaufnahme von solchen Veranstaltungen zu machen. Aber die Berichte der Teilnehmer ergaben für uns alle einen guten Eindruck vom Inhalt und der Atmosphäre der gesamten Konferenz.

Es wurde ein frohes Erzählen. Von all den Eindrücken vom Ablauf und Inhalt der Tagung, von Begegnungen mit Freunden aus anderen Gemeinschaften. Vor allem aber über Predigten, Berichte und Zeugnisse der Missionare. Es war ein guter Abend. Wir alle konnten auf diese Weise teilhaben an der Konferenz.

Auch wir gingen froh nach Hause und machten uns Gedanken, wo dieser Ausdruck »Brockensammlung« wohl herkommt.

Sie, liebe Leserinnen und Leser, ahnen es vielleicht, aber ich will es auch denen erklären, die nichts damit anfangen können:

In der Bibel ist eine Begebenheit geschildert, ein Erlebnis, das die Jünger mit ihrem Herrn Jesus hatten. Selbst Nichtbibelleser wissen um die Geschichte von der »Speisung der 5000 Menschen«, die einen Tag lang dem Reden Jesu zugehört hatten und die über den Heilungswundern, die er an den Kranken tat, die Zeit vergessen haben. Sie waren nicht auf eine so lange Zeit eingerichtet, und als es Abend wird, sind alle hungrig. Auf die Ermahnung der Jünger, dass Jesus die Leute jetzt nach Hause schicken soll, damit sie sich was zu essen kaufen können, antwortet Jesus ihnen: »Das ist nicht nötig. Gebt ihr ihnen zu essen!« Nun, das war ja wohl eine undurchführbare Herausforderung für die zwölf Männer. Wo sollten sie die viele Nahrung für 5000 Menschen einkaufen? Weit und breit gab es keinen Laden, und die 200 Groschen, die sie besaßen, hätten bei Weitem nicht gereicht.

Aber als sie das Wenige, was sie für sich dabei hatten, Jesus gaben, erlebten sie das Wunder. Von fünf Broten und zwei Fischen wurden alle Anwesenden satt. Damit aber nicht genug, sie sammelten von dem, was übrig blieb, zwölf Körbe Brocken ein. Das war für jeden der Jünger ein ganzer Korb voll Essen. Das muss bei ihnen einen tiefen Eindruck hinterlassen haben, denn alle vier Evangelisten haben in gleicher Weise dieses Erlebnis bezeugt.

So möchten wir auch den Inhalt dieses Buches verstanden wissen. Es soll kein chronologischer Lebensbericht von Straubes sein. Nein, wir sind unwichtig darin. Wichtig ist allein, dass wir aus unserem reichen Erleben mit Jesus – nun schon seit mehr als 50 Jahren – zu Gottes Ehre »Brocken« weitergeben.

Wieder auf der »Schulbank«!

Nachdem wir Jesus unser Leben in die Hände gelegt hatten, lernten wir in der Schule Gottes als Christen zu leben. Es gäbe vieles zu berichten, wie viel Neues uns dabei begegnete und beglückte. Wie wir z. B. anfingen, regelmäßig unsere Bibel miteinander zu lesen – und was Gott uns dabei alles an Neuem zeigte.

In einer Abendbibelstunde in der Gemeinschaft kam durch das Zeugnis eines jungen Mannes etwas zur Sprache, was uns völlig neu war. Er erzählte, dass er von seinem Lohn als Bauarbeiter 10 % jeden Monat für Gottes Sache abzweigte und was er dabei für Erfahrungen machte. Wir waren baff. Sonntags beim Gottesdienst eine Münze in die Kollekte zu werfen war natürlich für uns klar. Aber gezielt einen festen Betrag regelmäßig für Gott abzweigen, das hatten wir noch nie gehört. – Mein erster Gedanke im Stillen war: »Man kann alles übertreiben!« – Das sagte ich natürlich nicht laut.

Aber dieser junge Mann sagte, dass er das im Wort Gottes gelesen habe, und alle anderen in der Gemeinde stimmten ihm zu. Da musste also doch was Wahres dran sein.

Auf dem Heimweg unterhielten Richard und ich uns darüber. Wir kamen zu dem Schluss, dass Gott so was von uns nicht verlangen würde, so wie unsere Finanzen standen.

Nachdem wir wenige Jahre zuvor illegal aus der DDR in die Bundesrepublik gekommen waren, wohnten wir zunächst in der – sehr kleinen – Wohnung meiner Eltern mit ihnen zusammen. Wir hätten auch nicht gewusst, wovon wir Miete bezahlen sollten. Mit den 38 DM Arbeitslosengeld pro Woche, das wir miteinander bekamen, mussten wir mehr als ein Jahr Arbeitslosigkeit überbrücken. Ich versuchte mit Heimarbeit die Finanzen etwas aufzubessern – ich häkelte Babyjäckchen. Richard bot sich an mit mancherlei Aushilfen, z. B. zementierte er unserer Hauswirtin den Hof, er versuchte sich mit Zeitungsverkauf u. Ä. Schließlich hatte er das Glück, aufgrund seiner Schauspielerausbildung vom Arbeitsamt für sechs Wochen einen Job zu bekommen. Er reiste mit einer Künstlergruppe durch die nähere Umgebung als Conférencier bei Hausfrauennachmittagen.

An eine Anstellung bei einer westdeutschen Rundfunkanstalt war nicht zu denken. Da kam man nicht rein. So haben wir uns die ersten 14 Monate durchgeschlagen im »goldenen Westen«.

Eines Tages stand in der Zeitung die Anzeige einer Versicherungsgesellschaft:

»Wir suchen jemand, der schreiben kann ...« Mutig schrieb Richard an die angegebene Adresse.

Er hat oft eine recht humorvolle Art sich auszudrücken. Und so begann er seine schriftliche Bewerbung mit den Worten: »Heute morgen las ich in der Zeitung, dass Sie mich suchen. Bitte schön: Hier bin ich!« Frech? Lustig? Oder vielmehr mit dem Mut der Verzweiflung geschrieben ...

O Wunder: Er wurde zum Gespräch eingeladen. Und der Werbeleiter der Concordia sagte: »Ich habe hundert Bewerbungen bekommen. Ihre war so einmalig, dass ich nur Sie herbestellt habe!« Richard wurde eingestellt. Er hatte solche Freude an dieser neuen Arbeit, dass er ein Fernstudium belegte und sein Diplom als Werbefachmann bekam. Ein Jahr später wechselte er – mit dem Einverständnis seines Chefs – in die Markenartikelbranche, wo die Möglichkeiten im Arbeitsfeld »Werbung« breiter gefächert und interessanter waren als in einer Versicherungsgesellschaft.

Da durch diesen Arbeitsplatzwechsel auch ein Ortswechsel nötig war, mussten wir uns jetzt – für die erste eigene Wohnung in der BRD – manches anschaffen. Unsere Einzimmerwohnung, die uns von der Firma zur Verfügung gestellt wurde, war möbliert, und wir konnten die Möbel übernehmen. Ein fester Betrag wurde jeden Monat vom Gehalt abgezogen. Aber nun hieß es, den Haushalt neu anschaffen: Geschirr, Töpfe, Pfannen, Haus-, Bett- und Tischwäsche, Putzsachen – kurz, alles, was zu einem Haushalt gehört, vom Essbesteck über den Mülleimer bis zum Handfeger, musste neu angeschafft werden. Dadurch hatten wir nun etliche Kredite zurückzuzahlen, und das noch kleine Gehalt ließ keine großen Sprünge zu. Wir kamen vorne und hinten nicht aus. – Deshalb war der Gedanke, nun auch noch jeden Monat 10 % mehr abzuziehen, unmöglich für uns ...

Wir kamen überein, dass wir mit Gott reden und ihm unsere finanzielle Situation beschreiben sollten. Er würde sicher einsehen, dass das mit dem Zehnten für uns nicht in Frage kommen konnte.

Aber zuerst wollten wir noch genau wissen, was da in der Bibel steht – der junge Mann hatte ja die Bibelstelle genannt. Wir suchten zunächst den Propheten Maleachi – sehr große Bibelkenntnisse hatten wir bis dahin noch nicht – aber wir fanden ihn und lasen im 3. Kapitel den 10. Vers:

»Bringet den Zehnten ganz in mein Kornhaus, auf dass Speise darin sei, und prüfet mich, ob ich euch nicht des Himmels Fenster öffne und Segen herabschütte die Fülle!«

Wir wurden zunächst ganz still und dachten nach. Als wir diese Worte verinnerlicht hatten, ließen wir uns nicht mehr auf Verhandlungen mit Gott ein. Wir gaben ihm ganz einfach unser »Ja«. Wir sagten im Gebet etwa so:

»Herr Jesus, du kennst ja unsere finanzielle Situation. Aber wir möchten dem Wort Gottes gehorsam sein. Zeig du nun, wie es gehen kann!«

Unser Finanzplan für den Monatsanfang sah damals so aus:

1. Miete
2. Wasser, Strom, Heizung usw.
3. Wirtschaftsgeld

Ab Nummer 4 kamen die einzelnen Raten zur Abzahlung der Kredite für die Möbel unseres Zimmers und alle Anschaffungen.

Nicht selten war die Endsumme mit einem Minuszeichen versehen. Dann mussten wir jonglieren, welche der Raten mal für vier Wochen ausgesetzt werden konnte, ohne dass gleich eine Mahnung kam ...

Seit diesem Abend begann unser neuer Monatsplan mit *»Zehnter«* und dann kamen die anderen Ausgaben dran.

Von nun an erlebten wir, dass Jesus auch in unsern Finanzen unser Helfer wurde. Es regnete nicht etwa 100-DM-Scheine vom Himmel. Aber Jesus lehrte uns, so zu wirtschaften, dass wir schon nach wenigen Monaten mit dem vorhandenen Geld auskamen. Wir freuten uns, als wir merkten, dass wir in unserer Zehnten-Tüte immer Geld für besondere Ausgaben, wie Kollekten, Spenden oder Geschenke haben. Mit Jesus lernten wir auch, zum Geld ein ganz neues Verhältnis zu finden.

Nach einiger Zeit war es so, dass wir mit unserem zur Verfügung stehenden Etat auskamen, nur die Summe des Zehnten reichte nicht. Da hätten wir Verwendung für mehr gehabt. Was lag also näher, als diese Summe zu erhöhen – zunächst mal ganz vorsichtig um 5 %. Im Laufe der Jahre wurde immer mal wieder eine Erhöhung fällig.

Eines Tages ging Gott einen Schritt weiter. Er ließ diesen Bibelvers in einer Bibelstunde wieder in mir aufleben. Zu Hause las ich ihn noch einmal und dachte darüber nach. Da fiel mir *ein* Wort ganz besonders auf, und zwar dieses Wort »ganz«. Bringet den Zehnten *ganz* in mein Kornhaus. Ich überlegte und dachte, dass wir doch von unserm Gehalt den Zehnten ganz in die Reichsgottesarbeit geben. Aber ich wurde nicht ruhig über diesem Wörtchen »ganz«. Ich fragte Jesus: »Was willst du *mir* sagen? Da kam mir zum Bewusstsein, dass unser Zehnter ja von Richards Gehalt kam. Aber was sollte ich ihm geben? Ich hatte ja doch damals keine Einnahmen, ich war zu Hause. Da ging mir auf, dass Gott nicht ausschließlich von Geld redet, Er machte mir bewusst, dass zu diesem »ganz« nicht nur das Gehalt meines Mannes rechnet, sondern auch die Zeit, die er mir zu Hause gab. Da wachte ich auf und fing an zu rechnen:

Jeden Sonntag Gemeinschaftsstunde	60 Minuten
Montag Chorstunde	90 Minuten
Mittwochnachmittag Jungschar	120 Minuten
Sonntagmorgen Sonntagsschule	60 Minuten

Oho, dachte ich und wurde richtig ein bisschen stolz – da kommt ja einiges zusammen im Lauf einer Woche. Ich war zufrieden mit mir. Außerdem ist da ja auch noch die morgendliche Stille Zeit, die Gott gehört. Etwa 20 Minuten täglich, kommen also noch einmal 120 Minuten pro Woche dazu. Das ergab für einen Tag eine Stunde und 25 Minuten. Ich fand das zufriedenstellend.

Aber Gott drängte weiter: »ganz«. Da überlegte ich, wie viel eigentlich der zehnte Teil der mir von Gott gegebenen Zeit ist. 24 Stunden pro Tag, durch zehn, das machte zwei Stunden und 24 Minuten. Ich unterschlug meinem Herrn also jeden Tag fast eine ganze Stunde meiner Zeit. Das war beachtlich! Pro Woche waren das fast sechs Stunden (genau fünf Stunden und 24 Minuten), die ich für mich behielt. Daraufhin gab ich Jesus mein Ja für die knapp zweieinhalb Stunden pro Tag.

Unvorstellbar, wie viel Zeit ich mit einem Mal hatte, um Kranke und Einsame zu besuchen, Briefe zu schreiben, um Bücher zu lesen, die mich in meinem Bibelstudium weiterbrachten.

Meine Tage waren nie langweilig gewesen, aber nun waren sie auf einmal mit Werten und Inhalten gefüllt, von denen ich vorher nichts ahnte. Ich selbst wurde reich gesegnet dabei.

Gott fordert von uns nicht Aktivitäten, die den Leuten ins Auge springen. Wir müssen nicht großartige Dinge vollbringen. Gott erwartet nur unsere Treue im Kleinen (1. Korinther 4,2) und Gehorsam gegen sein Wort.

Es ist gut, wenn wir uns als Christen bemühen, Gott gehorsam zu sein, und zwar nicht, weil er Segen dafür verspricht, sondern in erster Linie aus Dankbarkeit, dass er seinen Sohn Jesus für uns geopfert hat – das war mehr, als nur der zehnte Teil seiner Göttlichkeit, das war er selbst.

Mich hat er durch diese Lektionen vorbereitet auf seinen späteren Ruf in den vollzeitlichen Dienst.

Kinderlosigkeit – ein Segen?

Als wir uns kennenlernten, hatte meine Frau schon ein Kind geboren. Es war Krieg, und der Vater des Kindes kehrte von der Front nicht zurück. Ihr Töchterchen kam 1945 zur Welt – und starb wenige Wochen danach. 1949 lernten wir uns kennen und heirateten 1950. Wir arbeiteten beim Berliner Rundfunk – meine Frau als Toningenieur an verantwortlicher Stelle in der Technik, ich als Regisseur. Da war ich auch für den Kinderfunk zuständig, gestaltete also mit Kindern aller Altersklassen Hörspiele, Features und aktuelle Sendungen. Ich merkte: Mit Kindern umgehen – das machte Spaß und lag mir.

Schon am Anfang unserer Ehe waren wir uns einig in dem Wunsch, viele Kinder zu bekommen. Ich sagte manchmal – halb im Scherz: »Ich möchte ein Dutzend Kinder!«

So warteten wir mit großer Spannung auf den Nachwuchs. Aber Monat für Monat wurden wir ernüchtert. Manchmal blieb die Regel aus. Dann hofften wir und fingen an, Pläne zu machen ... Aber ein paar Tage später gab es dann die große Enttäuschung.

Im sechsten Jahr unserer Ehe erlebten wir – am gleichen Abend – unsere Hinwendung zu Jesus Christus. Wir nahmen ihn als unseren Heiland und Herrn an. Vieles wurde neu in unserm Leben. Das betraf auch das Thema »Kinderlosigkeit«. Wir erkannten, dass wir darum beten konnten, und fingen natürlich an, Gott darum zu bitten, er möge uns doch mit Kindern segnen. Wir beteten inständig und in der Zuversicht, dass Gott diese unsere Bitte erhören konnte.

Ein uns befreundetes gleichaltriges Ehepaar – beide hatten mit dazu beigetragen, dass wir Jesus kennenlernten – litt auch darunter, dass sie keine Kinder hatten. Die beiden suchten Ärzte auf und ließen sich auf vielfältige Weise behandeln. Sie befolgten alle ihre Ratschläge – ohne das gewünschte Ergebnis. Sollten wir den gleichen Weg gehen? Es gab manches Gespräch darüber. Meine Frau hatte doch schon vor Jahren den Beweis erbracht, dass sie fähig war, ein Kind zu gebären. Und auch ich fühlte mich durchaus gesund.

Wir beteten um Weisheit. Und eines Tages sagte Brigitte: »Wir haben während unserer Ehe all die Jahre nichts unternommen, um die Entstehung eines Kindes zu verhüten. Warum sollten wir nun etwas unternehmen, um eine solche selbst herbeizuführen?«

»Kinder«, so machte uns Gottes Wort klar, »sind eine Gabe des Herrn« (Psalm 127,3). Sollten wir ein solches Geschenk Gottes erzwingen durch ärztliche Kunst oder durch unsere fordernden Gebete? Und stand nicht auch in der Bibel, dass »denen, die Gott lieben, alle Dinge zum Besten dienen«? Wusste nicht Gott, was am besten für uns ist? Dann musste uns also auch unsere Kinderlosigkeit – wenn Gott das so beschlossen hatte – zu unserm Besten sein.

Von nun an lauteten unsere Gebete anders. Da gab es nicht mehr ein »Herr, mach doch ...«, sondern es wurde ein »Herr, wie du willst ...« daraus, in der festen Gewissheit, dass unser Gott keine Fehler macht. Wir ahnten noch nicht, was ER mit uns vorhatte.

Vier Jahre, nachdem wir zum lebendigen Glauben gekommen waren, rief uns unser Herr in den vollzeitlichen Dienst. Wir halfen, den ERF aufzubauen, konnten uns also einbringen mit unseren erlernten Berufen, um Menschen, die vielleicht nie in eine christliche Versammlung gingen, die Frohe Botschaft in ihre Wohnzimmer zu bringen. Meine Frau leitete das Studio, in dem die deutschsprachigen Sendungen von Trans World Radio produziert wurden, und ich gestaltete Programme redaktionell und führte Regie.

Am 5. Februar 1961, als das erste deutschsprachige Programm von Monte Carlo aus über den Sender ging, gab die Leitung des ERF mir den Auftrag, neben meiner Regiearbeit einen Kinderfunk ins Leben zu rufen und zu leiten. Fortan war es zehn Jahre lang meine Aufgabe, zweimal wöchentlich ein Programm für Hörer unter 14 Jahren zu gestalten. Woche für Woche hatten Brigitte und ich nun mit Kindern aller Altersklassen zu tun – mit jungen Hörern, »Funkkindern« vor dem Mikrofon, jungen Menschen aus allen Schichten, denen wir im persönlichen Begegnen oder per Brief oder Telefon Freunde, Berater, Seelsorger – ja, manchmal eine Art Eltern sein konnten. Obwohl wir keine eigenen Kinder hatten, gab Gott uns große Freimütigkeit zu diesem Dienst.

Mehr noch: Oft war es nötig, dass ein Mitarbeiter aus der Redaktion und ein Kollege von der Technik miteinander nach außerhalb fahren mussten, um von einer christlichen Veranstaltung Tonaufnahmen zu machen, die dann im Studio redaktionell und technisch für eine Sendung bearbeitet werden mussten. Familienväter oder gar -mütter wurden von solchen Einsätzen möglichst verschont; sie sollten sonntags bei ihren Familien bleiben können. So kam es, dass meine Frau und ich sehr oft unterwegs waren. Da wir kinderlos waren, fielen uns diese Fahrten nicht schwer. Auf uns wartete ja niemand zu Hause. Und wie reich wurden wir durch diese Dienste hin und her im Land gesegnet!

Es ergab sich auch, dass wir neben unserm Dienst im ERF noch »privat« Kinderstunden in einem sozialen Brennpunkt hielten und da vielfachen Kontakt mit Heranwachsenden hatten.

Und dann gründeten wir 1970 den Verein »help center e. V.«, der sich das Ziel setzte, Seelsorgestätten einzurichten – zunächst nur für Jugendliche, die in massiven Problemen steckten. Da lebten wir zusammen mit Suchtmittel-Abhängigen, psychisch Gestörten, okkult Gebundenen, Menschen mit Essproblemen, Mädchen, die sexuell missbraucht worden waren, Jungen, die mit ihrer Sexualität nicht klarkamen ... (Mein Vater, wenn er noch lebte, würde schmunzelnd bemerken, wir kümmerten uns um »anderer Leute Kinder«). Dieser so reich gesegnete Dienst des help centers geschieht immer noch – zum Wohl vieler Menschen, die sich nach einem Leben in Frieden und Freude sehnen. Ob wir ihn mit gleichem Einsatz und gleicher Hingabe hätten tun können, wenn wir uns um eigene Kinder mit ihren Wünschen, Sorgen, Nöten und Aufsässigkeiten zu kümmern gehabt hätten?

(An dieser Stelle sei all der Mitarbeiter im help center dankbar gedacht, die sich trotz eigener Familie mit Kräften einsetzten und noch einsetzen, um für »anderer Leute Kinder« da zu sein!)

Mehrfach traten junge Menschen an uns heran mit der Bitte, uns »Vater« und »Mutter« nennen zu dürfen. Dieser Wunsch war verständlich – aus der Sehnsucht heraus, Menschen für sich zu haben, die sich wirklich wie Eltern verhalten. Aber Jesus weist uns in Matthäus 23,9 darauf hin, dass wir nicht unechten Ersatz für den echten Vater anbieten sollen.

Noch etwas ganz Großes hat Gott uns, den Kinderlosen, geschenkt: 1986 konnten wir als eine weitere Initiative der help-center-Arbeit das »Haus des Lebens« einrichten. Das ist ein Angebot für Schwangere, die die menschenverachtende, frauenfeindliche Praxis der Abtreibung nicht mitmachen wollen, sondern bereit sind, ihrem Ungeborenen das Leben zu schenken. Sie können während der ganzen Zeit der Schwangerschaft und bis über die Geburt hinaus in diesem Haus mitleben, ohne dass sie etwas dafür bezahlen müssen. Die vielen kleinen Erdenbürger, die während des Aufenthalts ihrer Mütter im »Haus des

Lebens« geboren wurden, sind halt ein bisschen auch »unsere« Kinder …

»Herr, dein Wille geschehe …« – manchmal ist diese Bitte im Vaterunser schwer über die Lippen zu bringen. Wenn man diese Bitte aber bewusst und ehrlich vor Gott bringt, segnet ER. Immer.

Kinderlosigkeit. Gott hat uns eine Aufgabe versagt (vielleicht wären wir ihr auch gar nicht gewachsen gewesen). Stattdessen hat er uns freigestellt für andere erfüllende, beglückende Aufgaben.

Kinderlosigkeit – von Gott gegeben, nicht als Makel, sondern als Befähigung, für andere Kinder da zu sein, die Zuwendung und Liebe brauchen.

Kinderlosigkeit – für uns Segen und Geschenk. Schon lange können wir IHM dafür danken. Paulus schreibt – nicht nur für die Christen in Ephesus: »Saget Dank allezeit und für alles Gott, dem Vater, im Namen unseres Herrn Jesus Christus« (Epheser 5,20).

Wegweisungen Gottes *(bri)*

In meinem Leben gab es drei Entscheidungen, die für mich von größter Bedeutung waren. Die erste war die Entscheidung für meinen Beruf. Und ich nahm sie sehr ernst. Mein eigentlicher Berufswunsch war im Bombenhagel des Krieges vernichtet worden. Da bot sich mir etwas für die damalige Zeit ganz Exotisches: Der deutsche Rundfunk begann, für die technischen Aufgaben seines Sendebetriebes eine Ausbildung für Frauen anzubieten. Bis dahin hatte man für diese Aufgaben nur männliche Mitarbeiter. Nun aber waren durch den langen Krieg die Männer knapp geworden und man entschloss sich, Frauen zu dieser Arbeit auszubilden. – Ich war begeistert!

Aber nach einigen Jahren – der Krieg war beendet und ich hatte wieder eine Anstellung beim Rundfunk in Berlin bekommen – stand eine zweite Entscheidung vor mir: Ich hatte im Rundfunkbetrieb einen netten jungen Mann kennengelernt. Er war dort Volontär in der Abteilung »Künstlerisches Wort« und machte eine Ausbildung zum Hörspiel-Regisseur, und ich entschloss mich, seine Werbung mit einem »JA« zu beantworten. Das nun schien mir wieder die wichtigste Entscheidung zu sein.

Wir waren knapp sechs Jahre verheiratet und hatten uns inzwischen aus der DDR nach Westdeutschland abgesetzt, da kam die dritte und wirklich lebenswichtige Entscheidung, als ich von Jesus und seinem Angebot gehört hatte. Da entschied ich mich, mein Leben ihm anzuvertrauen. Das Schönste an diesem Erlebnis war, dass mein Mann am gleichen Abend auch Jesus in sein Leben ließ.

Da wir in Westdeutschland keinen Kontakt zu einer der Rundfunkanstalten bekamen, hatte Richard einen neuen Beruf erlernt. Er war nun Texter in der Werbeabteilung eines großen Betriebes. Aber an den Rundfunk dachten wir immer noch. Wir waren so in unserer Arbeit aufgegangen, die Technik mit künstlerischer Gestaltung verquickte, dass wir sie immer noch liebten. Nach unserer Hinwendung zu Jesus drehten sich unsere Gedanken und Gespräche oftmals darum, dass man doch über den Rundfunk das Evangelium verkündigen könnte. Es würde viel mehr Menschen erreichen, als das in den Kirchen geschehen kann. Aber in Deutschland war damals ein privater Rundfunk, der eigenes Programm ausstrahlt, nicht möglich, da es außer den rechtlich und staatlich zugelassenen Rundfunkanstalten keine Lizenz für einen privaten Sender gegeben hätte. Wir fingen an, dafür zu beten, dass es so etwas, wie z. B. in Amerika, doch auch in Deutschland eines Tages geben möchte.

Dann erfuhren wir von einem Freund, dass Bestrebungen im Gang sind, über einen ausländischen Sender ausschließlich christliche Programme nach Deutschland zu senden. Wir horchten auf und begannen intensiv dafür zu beten. Als es dann eines Tages Wirklichkeit wurde, dass die Radiostation »Trans World Radio« mit ihrem Sender in Monte Carlo für den deutschen Zweig Mitarbeiter suchte, stand für uns fest: Da gehören wir hin.

Gott geht manchmal seltsame Wege, um mit uns zu seinem Ziel zu kommen. Wir hatten liebe Freunde gefunden, denen wir eine Freude machen wollten, und bestellten – bei einem uns unbekannten Verlag – eine Schallplatte mit christlichen Liedern. Wir selbst hatten gar keinen Plattenspieler und wären nie auf die Idee gekommen, mit dieser Firma in Kontakt zu treten. Aber Gott gebrauchte diese Gelegenheit für seine Ziele. Als Kunden dieses Verlages bekamen wir nun auch seine Werbeschriften. Da fand ich einmal die Nachricht drin, dass in

Deutschland der »Evangeliums-Rundfunk« gegründet worden sei. Er würde über einen Sender in Monte Carlo das Evangelium in viele Länder der Erde ausstrahlen. Am Ende dieser Nachricht stand dann: »Wir suchen für die deutschen Sendungen vollzeitliche Mitarbeiter.«

Das war eine Nachricht!

Ich hängte mich gleich ans Telefon, um Richard anzurufen und mit dieser guten Botschaft zu überraschen. Er gab mir sofort den Auftrag, bis zum Abend Passbilder von uns rauszusuchen, damit wir am nächsten Tag gleich unsere Bewerbung abschicken konnten – denn, was könnte es Schöneres geben, als Jesus im erlernten Beruf zu dienen!

Am Abend saßen wir und schrieben Lebensläufe und Bewerbung. Ich sollte am nächsten Tag diesen Brief gleich zur Post bringen. Als ich am nächsten Morgen erwachte, war Richard schon zum Dienst gefahren.

Da kam für mich die große Überraschung: Beim Waschen merkte ich, dass ich ja mein rechtes Auge gar nicht zumachen konnte – es kam mir Seife rein, daran merkte ich das. Als ich in den Spiegel schaute, erstarrte ich vor Schreck. Die ganze rechte Gesichtshälfte war wie verschoben und starr. Ich konnte keinen Muskel bewegen. Ich versuchte zu beten, was mir sehr schwerfiel, ich fragte nur: »Herr, was ist das, was soll das, was wird jetzt?« Da kam Richards Mutter auf dem Weg zum Einkaufen bei mir vorbei, und ich war dankbar, nun mit ihr alles vor Gott bringen zu können, was mich so stark erregt hatte. Danach wurde ich ganz getrost.

Nachdem ich einen Arzttermin ausgemacht hatte, machte ich mich auf den Weg zur Post. Danach fuhr ich zum Arzt. Und da bekam ich die erschreckende Auskunft, dass ich eine Fazialislähmung der rechten Gesichtshälfte habe. Mein Hausarzt schickte mich zum Facharzt, der meinte, dass diese Krankheit nur bei jungen Menschen heilbar wäre –

und meinte, dass es bei mir auch noch möglich sein sollte (ich war damals 35 Jahre alt). Aber ich müsse mich auf mindestens ein Jahr intensive Behandlung einstellen. Dann erst könne man sagen, ob die Behandlung erfolgreich war. Ich erschrak zunächst, aber meine Zuversicht, dass Gott uns ab 1. Januar in Wetzlar haben wollte, war so stark, dass ich zu ihm sagte: »Herr Doktor, am 1. Januar muss ich so gesund sein, dass ich wieder arbeiten kann. Dann wollen wir in einer Radiomission mitarbeiten.«

Ich bekam täglich eine elektrolytische Behandlung und sollte mich nach sechs Wochen wieder bei dem Arzt sehen lassen. Als ich zu ihm kam, war er sehr erstaunt, wie weit die Lähmung schon zurückgegangen war. Er meinte, das sei sonst frühestens nach einem halben bis dreiviertel Jahr zu erwarten. Ich sagte zu ihm: »Für meine Gesundung haben ja auch viele Menschen gebetet!« Er sah mich kurz an und meinte: Sooo?« – Mehr sagte er nicht. Es schien ihm peinlich zu sein, dass nicht er, sondern Gott der Heilende sein sollte.

Am Jahresende (es waren keine vier Monate vergangen) merkte man kaum noch eine Veränderung im Gesicht. Erst jetzt wurde uns so richtig bewusst, in welcher Weise Gott schon vorgesorgt hatte, während wir noch mitten in der Welt standen und ihn gar nicht kannten. Er hatte uns schon damals die Berufe lernen lassen, von denen er wollte, dass wir sie eines Tages für ihn ausüben sollten.

Und nun setzte Jesus einen Wegweiser in unser Leben und sagte: »Kommt in meinen Dienst!«

Am 1. Januar 1961 begann unser erster missionarischer Dienst in Wetzlar beim Evangeliums-Rundfunk. Richard bekam den Auftrag, einen Kinder- und Jugendfunk ins Leben zu rufen (er hatte schon beim Berliner Rundfunk Kindersendungen geschrieben und produziert). Ich wurde gebeten, den technischen Betrieb aufzubauen und zu leiten. Das war für uns eine besondere Freude, nun wieder an einem gemeinsamen Arbeitsplatz in unserem geliebten Beruf beim Rundfunk zu stehen – und das diesmal für unsern Herrn Jesus!

Es war eine beglückende Zeit. Wir lernten viele wertvolle Menschen kennen. Nicht nur die Verkündiger, deren Ansprachen ich aufnehmen durfte, sondern auch überall im Land Menschen, die mit ganzem Herzen sich einsetzen, dass die frohe Botschaft von der Erlösung durch Jesus Christus – die jedem Menschen gilt – durch die Ätherwellen in die Häuser und Familien getragen wurde.

Zu manchen Gemeindeveranstaltungen unterschiedlichster Größe wurden wir geschickt, um Tonbandaufnahmen zu machen, aus denen wir dann nachher Sendungen zusammenstellten. – So wurde vielen Christen, die nicht die Möglichkeit hatten, große Konferenzen und Treffen zu besuchen, das Wort Gottes und die gesegnete Atmosphäre einer Großveranstaltung ins Haus gebracht. Immer wieder beglückte es, wenn man durch Briefe erfuhr, dass auch viele »Noch-nicht-Christen« durch unsere Sendungen aufgeweckt wurden.

Richards Hauptaufgabe waren die Kindersendungen. Sie fanden großes Echo – übrigens nicht nur bei Kindern. Auch viele Erwachsene schrieben, wie gerne sie die biblischen Hörspiele, die Bibelarbeiten für Kids und die Hinführung der Kinder zu Jesus anhörten. Der Posteingang zeigte, wie viele Kinder zu Hause oder in Gemeinschaft mit anderen die Sendungen hörten. Es gab zeitweise eine Flut von Briefen, unter denen nicht wenige seelsorgliche Anfragen waren.

Manches Mal fuhren wir zu einer Gemeinde, um mit den dortigen Jungscharkindern Sendungen aufzunehmen. Es waren meistens sogenannte »Jungscharwettbewerbe«, zu denen von der Jungschar vor Ort eine Jungschar aus einer Nachbargemeinde eingeladen wurde zum Wettstreit über Gottes Wort. Es war beglückend zu merken, wie ernst diese Kids es nahmen, sich auf solche Begegnungen vorzubereiten. Es gab auch dieses und jenes Seelsorge-Gespräch unter vier Augen, das manchem Jungen oder Mädchen hilfreich war, in der Schule oder wo auch immer, seine Jesus-Nachfolge zu leben und zu bezeugen. Manches Problem konnte auf diese Weise besprochen und bewältigt werden. Aber die weitaus meisten seelsorglichen Anfragen kamen mit der Post. Es war nicht immer leicht, die einzelnen Problemfelder richtig einzuordnen.

Richard erinnert sich: »Manchmal brachte ich auch eine Rätselsendung im Radio mit dem Titel: »Wo steht es geschrieben?« Ich erzählte dazu eine Geschichte in Bruchstücken. Die jungen Hörer sollten herausfinden, um welche Geschichte, welches Gleichnis oder welche Person es sich handelte. Die Kinder sollten schreiben, in welchem Evangelium diese Begebenheit steht. Sie konnten ihre Antworten einsenden, und der ERF loste einige Preise aus. Unter den vielen Hörern gab es auch eine Kinderschar aus einer Sinti-Siedlung, die mit ihrer Leiterin jede Woche in einer Kinderstunde zusammenkam. Einmal verspätete sich die Frau, und die Zigeunerkinder, recht unbeholfen im Schreiben, hörten tapfer allein die Sendung. Sie konnten alle Fragen richtig beantworten – wenn auch in nicht immer in einwandfreiem Schriftdeutsch. Und sie gaben auch die Bibelstelle an, die sie ganz allein herausgefunden hatten. Bei meiner Frage nach Verkündigern der Weihnachtsbotschaft hatten die kleinen Sinti – ein bisschen ungelenk und auf einen abgerissenen Pappdeckel, geschrieben: »Engels wahrn dat. Bibel Seite 121.« Ich schickte ihnen einen Preis ... Aber den größten Gewinn hatten die Kinder, wenn sie lernten, mit der Bibel umzugehen, und sie dadurch lieb gewannen!«

Ziemlich im Anfang unserer Tätigkeit in Wetzlar wurde Richard gebeten, eine seit zwei Tagen angefangene Kinderwoche weiterzuführen. Peter van Woerden, der begnadete Musiker und Kinderevangelist, war an einer schweren Grippe erkrankt und konnte die Woche nicht zu Ende führen. Das war ein gewaltiger Schrecken für Richard, denn so etwas hatte er noch nie gemacht. Über einige Sonntagschulstunden für Kinder in der Gemeinde war unsere Mitarbeit nicht hinausgegangen. Und nun sollte er – frei »aus dem Ärmel« eine angefangene Veranstaltung weiterführen. Damals mussten wir erst eine neue Erfahrung mit unserm Gott im Himmel machen, dass er die, die er gerufen hat, auch befähigt für seine Aufträge, die er ihnen gibt. Und so gab es unter Jesu Leitung eine gute Kinderwoche, in der viele ihr Leben in seine Hände gaben.

Schon ein Jahr später begab es sich, dass wir miteinander unsere erste eigene Kinderwoche gestalten sollten. Wir haben uns mit viel Eifer und Hingabe vorbereitet und erlebten täglich, wie Jesus zu den Kindern sprach. An zwei Erlebnisse kann ich mich noch heute – nach 48 Jahren – ganz gut erinnern.

Nachdem in der Versammlung den Kindern wichtig gemacht wurde, dass sie Jesus ihr Leben anvertrauen könnten, baten wir am Ende diejenigen, die das mit Ernst tun möchten ins »kleine Zelt« – gleich neben dem Verkündigungszelt – zu kommen, damit wir mit ihnen persönlich sprechen und beten konnten. Da kam ein achtjähriger Junge – seinen Namen weiß ich nicht mehr – und seine ersten Worte waren: »Ich will auf dem schmalen Weg gehen, und wenn ich mir die Füße wund laufe!« (Über diese Worte Jesu vom schmalen und breiten Weg aus Matthäus 7,13.14 hatten wir die Stunde gehalten – und das war die Konsequenz, die er daraus zog.) Ein anderer Junge von etwa 12 bis 13 Jahren nahm Jesus an und hatte schon damals – wir erfuhren das später – den Vorsatz, nicht nur in Jesu Nachfolge, sondern, wenn er groß wäre, in seinen Dienst zu treten. Er wurde Prediger und Evangelist. Wir treffen ihn noch heute auf der Evangelisten-Konferenz, die jedes Jahr im Dezember stattfindet.

Gut in Erinnerung ist mir auch noch eine Woche, zu der uns der gläubige Pfarrer einer süddeutschen Stadtgemeinde einlud. Wir fuhren fröhlich zu der Vorbesprechung hin. Wie erstaunt, ja fast entsetzt waren wir, als sich herausstellte, dass dieser Mann in seinem Kirchenrat fast ganz alleine stand mit seinem Glauben an Jesus. Man merkte, wie schwer er zu kämpfen hat gegen Unglauben und äußere Frömmigkeit. Ganz deutlich wurde uns das, als einer der leitenden Herren Richard fragte: »Sie haben vor, den Kindern und jungen Leuten aus der Bibel zu erzählen? Wissen Sie, wir haben ein wunderschönes neues Gemeindehaus gebaut mit ganz moderner Einrichtung, gerade für die Jugend. Wir vermeiden es, sie mit der Bibel zu konfrontieren. Die liegt unter den Tischen, und wer unbedingt da reinschauen will, kann das auch tun.« Wir waren im Moment etwas schockiert, aber der Pfarrer lächelte uns mutmachend zu und sagte: »Machen Sie nur Ihre Veranstaltungen, wie Sie es für richtig halten.« (Ein innerliches »Danke, Herr!« war uns jetzt ein Bedürfnis).

Wir konnten also eine Woche lang den Nachmittag für Kinder und den Abend für die Jugend der Gemeinde gestalten. Hier stand uns im schönen neuen Gemeindehaus außer dem großen Saal für die Veranstaltung, der kleinere Jugendraum für Gespräche zur Verfügung. Von dieser Möglichkeit wurde sowohl von den Kids als auch am Abend von der Jugend Gebrauch gemacht.

Auch hier sind mir zwei Erlebnisse in guter Erinnerung: Nach einer Kinderstunde, als wir wieder zu Gesprächen und zum Beten in den Nebenraum eingeladen hatten, kam Sonja.

Sie gehörte in den Kreis der »Hörerkinder« des ERF und hatte uns schon manches Mal geschrieben. Ihren Namen kannten wir und nun sollten wir sie persönlich kennenlernen. Sie kam und wollte den Herrn Jesus in ihr Leben hineinnehmen. Es war eine große Freude für uns, wie vorbereitet diese Zehnjährige zu diesem Schritt war. Sie wohnte nicht in dieser Stadt und ihr Vater erzählte uns nachher, dass sie am Vorabend zu ihm gesagt habe: »Papa, morgen Nachmittag musst du mich zu Onkel Richard und Tante Brigitte fahren. Ich will mich bekehren!«

Das zweite Erlebnis war recht aufregend. Am letzten Abend standen vor dem Gemeindehaus plötzlich eine ganze Menge junger Männer und Frauen, die den Eindruck machten, zur Abendstunde zu kommen. Aber ihr Verhalten war so seltsam, dass wir innerlich unruhig wurden. – Es war ja damals nicht auszuschließen, dass christliche Versammlungen von jungen Leuten gestört wurden. – Wir gingen zunächst mit dem Pastor und seinem Vikar noch einmal in ein intensives Gebet, in dem wir Jesus baten, sich dieser jungen Leute anzunehmen. Und wenn es wirklich geschehen sollte, dass sie Radau machen, baten wir um seine Hilfe, damit wir nicht falsch reagierten. Auch riefen wir noch zu Hause in unserer Gemeinde an und baten um besondere Gebetshilfe für diesen Abend.

Der Saal füllte sich, und wir sahen manches bekannte Gesicht von vorigen Abenden. Aber schließlich drängelten sich dann auch diese fremden jungen Leute hinein und verteilten sich im Raum. Obwohl wir spürten, dass sich auch bei den anderen Teilnehmern eine Unruhe ausbreitete, hatten wir beide einen tiefen Frieden in uns, und jeder für sich befahl diese Jungen und Mädchen ganz besonders dem Wirken Jesu an. – Etwas zögerlich und kläglich klang zunächst der Gesang, aber nachdem Richard alle begrüßt hatte, und besonders die, die heute zum ersten Mal unter uns waren, in seine Begrüßung und sein Gebet einschloss, löste sich die Spannung unmerklich. Es wurde ein gesegneter Abend, den uns Jesus bescherte. Ich weiß nicht mehr, ob unter denen, die zur Nachversammlung blieben, auch von den »Problemkindern« einer oder etliche kamen, aber von dem tiefen Frieden und Segen dieses Abends war wohl jeder der Teilnehmer berührt.

Wir waren durch diesen gesegneten Dienst, den Gott uns aufgetragen hatte, ausgefüllt und erfüllt. Wenn uns damals jemand nach Zukunftsplänen gefragt hätte, würden wir gesagt haben: »Unsere Zukunft hat schon begonnen. Hier in unserer geliebten Rundfunkarbeit wollen wir alt werden!«

Aber Gott sah das anders. Eines Tages stellte er einen weiteren Wegweiser in unser Leben, der wies uns den Weg in eine neue Aufgabe.

Ruhet ein wenig!

Es ist wieder einmal Samstagnachmittag. Unsere Kinder in Klein Marokko warten auf ihre Kinderstunde. Es beglückt uns, dass sie so gerne kommen. Mit welcher Inbrunst und Hingabe singen sie alle Lieder mit, die wir ihnen beizubringen versuchen. Es macht ihnen gar nichts aus, wenn es melodisch vom Keller bis in die höchsten Höhen klingt. Sie sind mit solcher Begeisterung dabei, dass wir immer nur staunen können.

Wir machten uns auf den Weg zu unserem »(Aufenthalts-) Andachtsraum«, den wir ja erst noch aufräumen und sauber machen mussten. Und dann kamen sie – meistens gelaufen und gestürmt. Aber an diesem Samstag ist etwas anders als sonst. Die großen Jungen (zwischen acht und 14 Jahren) kamen nicht – sie hatten mal wieder Fußballtraining. Macht nichts, hat auch was Gutes, dann ärgern sie auch die Kleinen nicht und es ist mehr Aufmerksamkeit zu erwarten.

Aber, was ist das? Mitten im Erzählen der biblischen Geschichte hören wir plötzlich Geräusche. Wer kann da kommen? Samstags arbeitet doch keiner hier. Zunächst gehen wir darüber hinweg, und die Kinder hören gespannt zu. Plötzlich hören wir ein Geräusch auf dem Dach. Dann schleicht scheinbar jemand um das Haus und plötzlich fliegt ein großer Stein in die Fensterscheibe mitten zwischen die Kinder. Aber unser Herr hat seine Hand über ihnen gehalten. Keinem ist etwas passiert. Aber die besinnliche Atmosphäre ist mit einem Mal zu einer angstgeladenen Stimmung umgeschlagen. Die großen Jungen – wie viele es sind, wissen wir nicht – machen sich eine Gaudi daraus, die Kinder zu ängstigen und uns zu stören. Ein gutes – und dann ein strenges Wort von uns richtet überhaupt nichts aus. Sie sind außer Rand und Band. Wir sitzen mit unsern kleinen Zuhörern förmlich in einer Falle.

Wir beten zunächst mit ihnen und versuchen dann erst mal wieder mit Liedern den Krach zu übertönen. Schließlich ziehen unsere »Belagerer« sich zurück und wir erzählen unsere Geschichte zu Ende. Ehe wir die Kinder dann rauslassen, schauen wir nach, ob draußen wirklich alles wieder ruhig ist. Aber o weh, was stellen wir fest: Der ganze Hof um die Fabrik ist dicht bestreut mit Glasscherben! Mitten drin steht unser kleiner Fiat 500 und hat keine Möglichkeit, unbeschadet aus dem Inferno herauszukommen.

Auf der andern Seite der Straße ruft uns jemand zu: »Fahren Sie bloß jetzt nicht mit Ihrem Auto los! Das kommt nicht heil raus.«

Das Ehepaar, das dort wohnt, kommt schon mit einem starken Besen, mit dem wir die Scherben wegkehren sollen. Es ist keine leichte Arbeit, einen Weg reifensicher für das Auto zu machen. Die älteren der Kinder packen mit an und sammeln die großen Scherben auf. Wir sind nicht etwa verzweifelt oder gar ärgerlich. Aber die Zeit wird uns knapp, bis alles so weit aus dem Weg geräumt ist, dass wir wegfahren können. Nun aber schnell nach Hause, denn wir haben noch eine große Fahrt am Abend vor uns.

An diesem Wochenende ist in Ahlden – Norddeutschland – der Jugendtag von Pastor Kemner. Wir haben den Auftrag bekommen, hinzufahren und Tonbandaufnahmen zu machen. Die Veranstaltung soll dann in Ausschnitten für die Hörer des Evangeliums-Rundfunks gesendet werden.

Also, ab nach Hause. Die Sachen sind schon gepackt, und nach einem kurzen Imbiss können wir aufbrechen. Es wird spät werden, bis wir heute dort ankommen.

Wir sind schon etwas aufgeregt wegen dem Zeitverlust in Klein Marokko. Aber wir denken, das wird sich legen, wenn wir erst einmal auf dem Weg nach Ahlden sind. Die Post im Briefkasten nehmen wir mit, um sie in Ruhe unterwegs zu lesen.

Im Auto lese ich Richard einen Brief von lieben Freunden aus unserer Heimatgemeinde vor. Sie nehmen regen Anteil an unserem Dienst in Wetzlar. Aber heute empfinden wir es gar nicht als angenehm, wie sie sich äußern. Sie schreiben, dass wir doch nicht zu viel tun sollten, mal frei machen, mal gründlich ausruhen usw. usw. Als dann schließlich noch das Wort Jesu an seine Jünger zitiert wird: »Ruhet ein wenig!« (Markus 6,31), da ist unsere Beherrschung am Ende. Wir sind beide richtig wütend auf die Briefschreiber. Das passt jetzt gar nicht in unsere angeschlagene Verfassung und wir müssen sehr intensiv darum beten, dass Jesus uns hilft, diesen Zorn zu überwinden und wieder ruhig zu werden. – Jesus schaffte es. Aber dennoch bleibt ein Rest unruhiger Gedanken zurück, die uns den ganzen Abend beschäftigen.

Am nächsten Morgen gibt es eine Predigt von Pastor Klaus Vollmer. Er will damit Mut machen zum Dienst für Jesus, auch wenn er mit Schwierigkeiten und Widerwärtigkeiten verbunden ist. Er nimmt die Begebenheit am See Genezareth als Beispiel (Lukas 5,1–6). Hier sind die Fischer nach einer vergeblichen Nacht auf dem See entmutigt, weil sie nichts gefangen haben. Jesus benutzt ihr Schiff, um zu der großen Menschenmenge am Ufer zu sprechen. Danach sagt er zu den Fischern: »Fahrt jetzt noch mal hinaus auf den See und werft eure Netze aus!«

Die müden Männer sind wohl nicht sehr erbaut von diesem Ansinnen. Lieber würden sie nach Hause gehen und sich ausruhen. Schließlich hatten sie die ganze vorige Nacht auf dem See zugebracht, ohne einen einzigen Fisch zu fangen. Aber dennoch sagt Petrus: »Ja, Herr, weil du es sagst, wollen wir es tun!« Das Ende dieses Gehorsamsschrittes ist, dass sie so viele Fische fangen, dass ihre Netze zerreißen – auch das noch – und die wieder flicken müssen!

Diese Tatsache greift Klaus Vollmer jetzt auf. »Jesus *darf* Netze zerreißen!«, ruft Klaus Vollmer über den Platz. »Auch wenn es uns Mühe macht und mehr Arbeit bedeutet – er darf das, lassen wir ihn doch ran!«

Das ist für uns das hilfreiche, unseren Ärger lösende Wort.

Was sind denn unsere »Netze«? Im gestrigen Fall war das »unser Zeitplan« für diesen Tag. Und den hatte Gott durch das Erleben in Klein Marokko gründlich zerrissen. Das konnten aber unsere lieben Freunde in der Heimatgemeinde nicht wissen. Und wir legten ihre Aufforderung »ruhet ein wenig« als ärgerliche Korrektur aus – und es war so gut gemeint von ihnen!

Jetzt schämen wir uns richtig über unsere Reaktion und bitten Jesus um Vergebung, dass wir so undankbar waren in unserm Zorn auf liebe Menschen. Wir sagen ihm: »Herr Jesus, du darfst auch in unserem Leben Netze zerreißen, denn das bedeutet immer, dass du gleichzeitig hautnah bei uns bist, um durch die jeweilige Situation hindurchzuhelfen.« Wie oft haben wir uns an dieses Erlebnis erinnert in den weiteren Jahren unseres Dienstes. Wenn wir am Ende waren mit Kraft, Mut und Ausdauer, dann sagte gewiss einer von uns: »Du – Jesus darf Netze zerreißen!« Diese Gewissheit hat uns manches Mal Ärger und Niedergeschlagenheit erspart.

Heiße Eisen

Sie war 16 und wollte uns für ein Wochenende oder höchstens ein paar Tage besuchen, um über ihre Probleme zu sprechen. Sie blieb vier Monate. Es war einfach nicht möglich, sie bei ihren massiven Belastungen wieder nach Hause fahren zu lassen, da in ihrem Heimatort der Heilpraktiker seine Praxis hatte, der dieses Menschenkind in unendlich tiefe Bindungen an Satan gestürzt hatte.

Da Richard schon seit etlichen Wochen ihre fast täglichen Anrufe entgegennahm, ahnte er, dass es nicht ganz einfach würde, ihr eine durchgreifende Hilfe zu geben. Als er sie fragte, ob sie uns mal besuchen würde, damit wir sie persönlich kennenlernen konnten, sagte sie freudig Ja und fügte hinzu: »Wenn ich zu euch komme, dann pack ich aber aus.«

Als sie dann kam, erlebten wir gleich etwas Seltsames. Wir hatten ihr gesagt, dass wir sie in Wetzlar am Bahnhof abholen würden. Der Zug kam, und wir standen an der Sperre, um sie zu empfangen. Viele Reisende kamen vorbei – aber niemand war dabei, der den Eindruck machte, abgeholt werden zu wollen. – Wir warteten noch eine ganze Weile, dann ging Richard durch die Sperre zum Bahnsteig, um sicher zu sehen, ob sie vielleicht dort auf uns wartet, aber er kam unverrichteterdinge zurück. Wir erkundigten uns, wann der nächste Zug käme. Aber wir erfuhren, dass dieses der letzte Zug aus dieser Richtung an diesem Tag gewesen sei. Wir gingen nach draußen, um zu sehen, ob wir uns doch verfehlt hatten. Aber auf niemanden passte die Beschreibung, die sie uns gegeben hatte. Es war inzwischen eine beträchtliche Zeit vergangen, als wir zum Parkplatz zu unserm Auto kamen.

Erstaunt sahen wir eine junge Frau direkt daneben stehen und fragten sie nach ihrem Namen, ob sie unser erwarteter Gast sei. Fröhlich sagte sie: »Ja, ich bin A.« Aus unserer erstaunten Frage, ob sie uns nicht an der Sperre gesehen hatte, sagte sie nur: »Nein, ich bin gleich hinten rausgegangen zu eurem Auto – ich wusste ja, dass ihr einen roten Opel habt.« – Ich glaube, wir haben ganz dumm aus der Wäsche geschaut bei dieser Antwort. Auf unsere Frage, woher sie das wusste, denn Richard hatte es ihr nicht gesagt, meinte sie nur ganz lässig: »Ich wusste es eben.« – Bei dieser Antwort wurde uns aber sofort klar, dass es eine schwere Zeit mit ihr geben würde und wir total auf Jesus angewiesen waren, wenn wir ihr helfen wollten. Denn entweder war sie eine große Lügnerin oder die okkulten Belastungen, die sie mit sich rumschleppte, waren sehr viel schwerer, als wir bisher jemals erfahren hatten.

In den nächsten Tagen baten wir einige vertrauenswürdige Christen, für uns zu beten, dass wir ihr rechte Hilfestellung geben können. Von einem Gemeindeleiter in einer Freikirche bekamen wir die Antwort: »Nein, dafür bete ich nicht. Wir haben in unserer Ausbildung gelernt, dass wir von okkulten Dingen die Hände lassen sollen, das wäre ein zu heißes Eisen.«

Mit dem heißen Eisen hatte er zwar nicht ganz Unrecht, aber wir vertrauten darauf, dass es das für Jesus nicht gibt. – Freilich, um diesem Mädchen bei der Lossage von ihren satanischen Bindungen Hilfestellung zu geben, war viel Zeit nötig. Schließlich aber mussten alle Mächte der Finsternis, die sie bisher beherrscht hatten, weichen. Sie wurde frei durch Jesus, den Sieger.

Hier möchte ich Richards Zeugnis über diese große geistliche Erfahrung, die wir machen durften wiedergeben:

»Ich will«, so schreibt er, »keine Einzelheiten, die wir erfuhren, berichten. Aber zur Ehre Jesu möchte ich erwähnen, was ich aus diesem Fall gelernt habe:

Erstens: *Ich habe gelernt, Satan ernst zu nehmen.* Er ist keine Kasperlepuppe mit Pferdefuß, rotem Kopf und Hörnern, sondern der unheimlich mächtige Fürst dieser Welt – der Gegenspieler Gottes. Er bietet einem Menschen, der sich ihm ausliefert, viel. Aber er quält ihn unsagbar. Kein Mensch ist zu beneiden, der sich an den Herrn der Finsternis ausgeliefert hat.

Zweitens: *Ich habe erfahren, dass ich mich unbedingt auf Jesus verlassen kann.* Er ist ja in die Welt gekommen, um ›die Werke des Teufels zu zerstören‹ (1. Johannes 3,8). Er allein – kein noch so berühmter Seelsorger, auch kein Mensch mit sogenannten ›besonderen Gaben‹ ist in der Lage, einen hart gebundenen, von Dämonen geplagten Menschen zu befreien. Allein Jesus hat diese Macht!

Drittens: *Den Dämonen zu gebieten,* von einem Menschen auszufahren, ist kein Auftrag, den Jesus an einige wenige Spezialisten gegeben hat. Der Befehl ›treibt die bösen Geister aus!‹ (Matthäus 10,8) und Satan in seine Schranken zu weisen, ist allgemein seinen Jüngern gegeben. Es ist eines der Zeichen, die denen folgen, die an Jesus glauben (Markus 16,17).

Viertens: *Nicht auf meine Tüchtigkeit oder Fähigkeit kommt es an,* sondern allein auf die Tatsache, ob ich meinem Herrn Jesus etwas zutraue und ihm deshalb gehorsam bin.

Fünftens: *Jesus kann und will auch von schwersten Gebundenheiten befreien.* Selbst für solche Gräuelsünden wie das Einlassen mit den Geistern Verstorbener, Wahrsagerei und Zeichendeuterei, gibt es Vergebung, wenn der Mensch ernsthaft darum bittet und sein falsches Handeln dann auch lässt.

Ich habe diese Tatsache selbst erfahren, als mir einmal unter der

Verkündigung bewusst wurde, wo in meinem Leben Wahrsagerei und Tagewählen eine Rolle gespielt hatten. Als ich aufhörte, diese Dinge zu verharmlosen, sondern sie in Gegenwart eines Seelsorgers beim Namen nannte und Jesus um Vergebung bat, erfuhr ich völlige Befreiung. Seitdem weiß ich, dass ich nun ›den Rücken frei habe‹, um anderen Gebundenen zu helfen.«

Ich, Brigitte, erlebte etwas Ähnliches. Es war in einer Bibelwoche in unserer Landeskirchlichen Gemeinschaft. Wir waren seit einigen Monaten beim Evangeliums-Rundfunk und wohnten zunächst in Gießen. Es waren gute geistliche Abende. Der Prediger sprach ganz offen davon, dass es okkulte Belastungen und persönliche Bindungen an Satan gibt. Wie er das alles so klar und deutlich beim Namen nannte, war mir das zunächst sehr neu. Ich wusste zwar, dass es in Evangelisationen jeweils einen Abend gibt, an dem der Evangelist über okkulte Dinge spricht. Aber was ich da bisher gehört hatte, waren meist mehr oder weniger düstere Beispiele, die sehr geheimnisumgeben waren und entsprechend erzählt wurden. Nie aber hatte ich bis dahin gehört, dass jeder Mensch, solange er nicht ein Eigentum Jesu ist, mit okkulten Dingen in Berührung kommt, oftmals, ohne das als solches zu bemerken.

An diesen Abenden erklärte der Verkündiger anhand der Bibel, wie Gott zu solchen Praktiken steht und wie er in seinem Wort warnt, sich mit satanischen Dingen einzulassen. Zum ersten Mal hörte ich, wie viele alltägliche Dinge in diese Rubrik »okkult« gehören. Dinge, die man im Tagesablauf so selbstverständlich sagt oder tut.

Ich wurde sehr angesprochen, denn mir fielen manche Erlebnisse und Begebenheiten in meiner Kindheit ein, von denen ich nun hörte, dass Gott davon sagt: »Das ist mir ein Gräuel!« Ich merkte genau, ich müsste darüber mit dem Seelsorger reden. Und als Richard nach der

Bibelstunde zu mir sagte, ich möge bitte auf ihn warten, weil er mit dem Verkündiger reden müsse, da war ich gar nicht überrascht, sondern entgegnete nur, dass ich den gleichen Wunsch habe. Nach diesen zwei entscheidenden Seelsorgegesprächen gingen wir, mit frohen Herzen und befreit von Lasten, nach Hause.

Ich möchte hier zur Ehre Jesu mein Befreiungszeugnis wiedergeben.

Ich hatte gute, treusorgende Eltern, die versuchten, ihre Kinder – ich hatte noch eine ältere Schwester – zu Menschen zu erziehen, die im Leben bestehen können. Sie achteten immer darauf, dass wir nicht vorlaut, aber auch nicht duckmäuserisch anderen begegneten – dass wir in der Schule einen guten Eindruck bei unseren Lehrern hinterließen, und sie waren in ihrer Freizeit für uns da.

Meine Mutter las uns, als wir noch kleiner waren, fast täglich aus Geschichtenbüchern vor, und mein Vater war darauf bedacht, seinen Töchtern viel von seinen umfangreichen Kenntnissen zu vermitteln. Er war Apotheker und hatte erstaunliches Wissen in Dingen der Natur.

Was mir bei meiner Mutter auffiel, war, dass sie oftmals traurig oder gar schwermütig war. Wir wussten keinen Grund dafür. Sie vertraute mir viel von ihren persönlichen Sorgen an. Dabei erfuhr ich auch, dass sie sich dagegen wappnen wollte, so oft traurig zu sein, indem sie sich hatte wahrsagen lassen. Viel später erfuhr ich, dass sie für die ganze Familie ein Horoskop hatte stellen lassen. Mich kümmerte das zunächst überhaupt nicht. Ich war froh, wenn meine Mami fröhlich war, wodurch auch immer das ausgelöst wurde.

Ich selbst lebte mit den üblichen Aberglaubensdingen aus der Zeichendeuterei: Hufeisen oder vierblättriges Kleeblatt, die Glück bringen – die schwarze Katze, die Unglück bringt auf dem Weg – wenn alles aufgegessen wird, gibt es schönes Wetter und was so an Redensarten, die Voraussagen geben sollen, im Umlauf ist. Meistens machten wir uns lustig über all diese Dinge und vergaßen sie schnell wieder. Es war mir alles nicht so besonders wichtig – jedenfalls nicht so wichtig, wie es meine Mutter nahm. Das merkte ich jedoch erst viel später, als ich erwachsen wurde.

Unsere Eltern machten mit uns auch gern Spiele. So spielten wir die üblichen Familienspiele. Ein besonders beliebtes Kartenspiel war »Rommé«. Meine Mutter war rein versessen darauf, es mit mir immer wieder zu spielen. Mit der Zeit wurde ich das leid und kam mir schließlich mit meinen 14 Jahren zu albern damit vor. So fing sie an, allein zu spielen.

Da sie dabei oftmals irgendwelche halblauten Bemerkungen machte, zornig wurde oder übertrieben fröhlich war, machte mich das stutzig. Ich merkte, dass sie besondere Gedanken und Wünsche mit ihrem Spiel verband und von den Karten Antworten erwartete, von denen sie sich dann beeinflussen ließ. Ich gab mehr acht darauf und merkte, wie sich in mir zunächst Abneigung gegen dieses Verhalten meiner Mutter – die ich im Grunde sehr liebte – bemerkbar machte. Ich versuchte ihr das zu erklären, aber fand kein Verständnis für meine Argumente. Ich selbst konnte aber auch nicht in Worte kleiden, was mich so sehr an dieser Spielerei störte. (Ich hatte ja damals keine Ahnung, dass hier dunkle Mächte im Spiel waren.) Schließlich wurde ich jedes Mal ärgerlich, wenn ich aus der Schule kam und Mami Karten spielte.

Eines Tages überkam mich Zorn. Ich packte die Karten mitten in ihrem Spiel zusammen, machte den Küchenherd auf und warf sie ins Feuer. Man kann sich das Hallo nicht vorstellen, das es daraufhin gab. Ich jedenfalls hielt die Aggressionen für überzogen und unsinnig.

Ich hätte nicht erklären können, was mich zu solchem Ärger und solcher Handlung trieb. Aber ich fühlte danach eine gewisse Beruhigung und fand wieder zu innerem Frieden. – Meine Mutter kaufte sich ein neues Kartenspiel, und es ging weiter wie bisher.

Als ich nach vielen Jahren – ich war schon 32 – zum Glauben an Jesus kam, lernte ich, was Gottes Ansicht über okkulte Praktiken und Handlungen ist. Bis dahin hatte ich nicht mal das Wort »okkult« gekannt.

Aber in dieser oben erwähnten Bibelwoche hatte der Prediger so nachhaltig darauf aufmerksam gemacht, wie sehr uns solche Gewohnheiten an Satan binden. Er erklärte, dass man nicht zur ganzen Freude an Jesus kommen könne, weil Satan das Leben immer wieder mit Angst befrachtet, die uns von Jesus fernhalten will. Augenblicklich fielen mir all diese Kindheits- und Jugenderlebnisse ein. Er verstand es auch klarzumachen, dass jeder durch solche Verhältnisse im Elternhaus mit gebunden wird. Er erklärte das Gebot Gottes aus 2. Mose 20, von Vers 1 an:

Ich bin der Herr, dein Gott. Du sollst außer mir keine andern Götter verehren. – Fertige dir auch kein Abbild von irgendetwas an, das du dann verehrst. Ich dulde keinen neben mir!

Wer mich verachtet, den werde ich bestrafen, und sogar seine Kinder, Enkel und Urenkel werden diese Folgen spüren (Hoffnung für alle).

Martin Luther übersetzt hier: *Ich werde die Missetat der Väter heimsuchen an ihren Kindern bis ins dritte und vierte Glied.*

Wie ein Blitz traf mich das, und ich wusste sofort: Ich bin gebunden durch die okkulten Handlungen meiner Mutter. Gott schenkte es, dass ich an diesem Abend im Gespräch mit dem Verkündiger all das Erleben meiner Kindheit und Jugendzeit aussprechen konnte. Ich bekannte Jesus zunächst meine eigenen Bindungen durch meinen Aberglauben – danach aber auch die Bindungen, die meine Mutter (wahrscheinlich unwissentlich) über ihre Familie gebracht hatte. Ich hatte erkannt, dass ich eingebunden war in die Ansprüche, die Satan an meine Familie geltend machte. Ich habe mich im Namen Jesu von all den Dingen – die ich ihm beim Namen genannt habe – losgesagt und Satan mein Recht an mich in Jesu Namen aufgekündigt. Seitdem bin ich frei, um anderen zu helfen, dass sie aus okkulten Bindungen herauskommen können.

Erst mehrere Jahre später kam mir eine Erkenntnis, die mich sehr froh machte: Ich hatte eine betende Großmutter, die für mich gebetet hat. Und Jesus hat diese Gebete erhört!

Er hatte mir – schon ehe ich ihn kannte – eine Abneigung für okkulte Dinge gegeben. Nun wusste ich, woher meine Ablehnung gegen das Kartenlegen meiner Mutter kam, auch ohne dass ich von Jesus wusste und mir der Begriff Okkultismus noch völlig fremd war.

Aus dieser Erfahrung habe ich in der Seelsorge manchen gläubigen Eltern oder Großeltern den dringenden Rat gegeben: »Reden Sie mehr mit Gott über Ihre Kinder als mit den Kindern über Gott. Legen Sie sie täglich in Gottes Hand.«

Mut machende Anfänge

Es ist wohltuend, wenn man sich zurückerinnert, was man alles schon mit Jesus erlebt hat. Man müsste sich viel öfter die Zeit nehmen zu einer solchen Rückerinnerung. Dann erst merkt man, wie reich das Leben durch Jesus geworden ist. Ich bin von Herzen dankbar, dass ich eine solche Zeit des Nachsinnens und des Erinnerns hatte.

Durch einen unglücklichen Sturz, Anfang des Jahres 2008, musste ich mich für längere Zeit in ärztliche Behandlung begeben. Wochenlang war ich zur Nachbehandlung in einer Rehabilitationsklinik und nutzte die viele Zeit, die ich hatte, zu einer solchen Rückbesinnung.

Was alles fällt einem ein, wenn man betend rückwärts schaut. Es sind keine sehnsüchtigen Wünsche, die dabei aufkommen, im Gegenteil, es ist Freude und Dankbarkeit über Gottes Führungen durch Jahrzehnte. Und ich bin glücklich, all das zur Ehre meines Herrn aufschreiben zu dürfen, um auch Sie, die es jetzt lesen, an diesem Dank gegen Gott teilhaben zu lassen.

Als ich darüber nachdachte, wie Gott Richard und mich – seit wir sein Eigentum wurden – geführt hat, fiel mir ein kleines Erlebnis ein, das längst im Unterbewusstsein versunken war.

Wir waren noch beim ERF und machten an einem freien Tag eine Fahrt durch eine – uns noch völlig unbekannte – Gegend des schönen Hessenlandes. Wir fuhren mit unserm kleinen Auto durch den Vogelsberg. Das ist nicht ein einzelner Berg, sondern eine ausgedehnte Landschaft zwischen Alsfeld und Fulda. Als wir uns so freuten an der Schönheit dieser Gegend, sagte Richard plötzlich: »Hier müsste man ein Wochenendhäuschen haben, um diese schöne Gegend richtig genießen zu können!« Das war vor mehr als 40 Jahren.

Wir hätten nie das Geld gehabt, um ein Ferienhäuschen zu kaufen oder gar zu bauen. Aber unser Herr schenkte uns 1971 genau in dieser Gegend unser erstes Haus für das help center. So ist unser Herr!

Damals, 1970, merkten wir, dass Gott von uns will, dass wir diese Arbeit an jungen Menschen machen sollten. Richard schrieb damals einen Brief an unsere persönlichen Bekannten, Freunde und Verwandten über Gottes Auftrag, ein Haus einzurichten, um jungen Menschen in ihren Problemen zu helfen. Unter anderem schrieb er:

- Dieses Haus soll ein Haus für fragende, zweifelnde junge Leute werden.
- Ein Haus, in dem man sich aussprechen kann bei Menschen, die nicht gleich die Hände über dem Kopf zusammenschlagen. Zu denen man Vertrauen haben kann.
- Ein Haus, das unverstandenen Kindern den Weg zu den Eltern weist und unverstandenen Eltern Hilfestellung bietet.
- Ein Haus, das Verwahrlosten Geborgenheit gibt.
- Ein Haus für Gestrandete, die neu anfangen möchten, aber gegen einen Wall von Vorurteilen nicht ankommen.
- Ein Haus, in dem Gebundene frei werden können.
- Ein Haus, in dem Menschen, die selbst die Hilfe Jesu erfahren haben, anderen helfen. Ein richtiges Zentrum der Hilfe oder – um es jugendgemäß auszudrücken: ein »help center«.

Aus dem Freundeskreis bekamen wir sehr viele Hinweise auf Häuser, die für unsere Zwecke brauchbar sein könnten. Die Angebote gingen von einer exklusiven Ostseevilla über ein Jagdschloss in der Eifel und eine verlassene Kiesgrube bei Wetzlar – etwa 40 Angebote. Viele von ihnen haben wir geprüft, angesehen, Fotos oder Baupläne begutachtet, aber zu keinem gab Jesus uns grünes Licht. Bis – ja bis schließlich der Hinweis auf das kleine ehemalige Krankenhaus in Herbstein im Vogelsberg kam.

Was Jesus gab, waren ständig in unserer täglichen Bibellese mutmachende Bibeltexte. Wir suchten uns nichts Besonderes aus, sondern lasen in den »Lichtstrahlen« den jeweils angegeben Text. So war für den 10. Juni 1970 5. Mose 10–12 dran:

Wenn dich nun der Herr, dein Gott, in das Land bringen wird, das er deinen Vätern geschworen hat zu geben – große und schöne Städte, die du nicht gebaut hast, und Häuser voller Güter, die du nicht gefüllt hast, und ausgehauene Brunnen, die du nicht gegraben hast, und Weinberge und Ölbäume, die du nicht gepflanzt hast, damit du isst und satt wirst, so hüte dich, dass du nicht den Herrn vergisst.

Wir fragten uns, sind das Voraussagen für unsere neue Aufgabe? Werden wir denn solcher Aufgabe gewachsen sein? Müssten da nicht größere, bedeutendere Menschen ran? Da antwortet Gottes Wort am nächsten Tag mit 5. Mose 7, 7.8:

Nicht hat euch der Herr angenommen und erwählt, weil ihr größer wäret als alle Völker – denn du bist das Kleinste unter allen Völkern – sondern weil er euch geliebt hat.

Wir merkten, Gott macht uns Mut zu der neuen Aufgabe.

Nun versuchten wir uns auf das Neue einzustellen. So fragten wir z. B. die Zigeunermissionarin Gertrud Wehl in Hamburg, wie man einen Verein gründet. Dass das nötig wäre, wussten wir aus der Arbeit des ERF. Schwester Gertrud gab uns den weisen Rat: »Bemüht euch nicht um Menschen mit Einfluss, Geld, Titel oder Namen – sucht euch sieben Beter, mit denen ihr den Verein gründet.« (Sieben Personen ist die Mindestzahl, die für die Gründung eines gemeinnützigen Vereins vorgeschrieben ist.)

Eine weitere biblische Weisung kam darauf hin aus 5. Mose 9,1.3:

Wenn du nun kommst, das Land einzunehmen, das ich dir geben will, so sollst du heute wissen, dass der Herr vor dir hergeht.

Und zwei Tage später 5. Mose 10,18.19:

Der Herr, euer Gott, hat die Außenseiter lieb, dass er ihnen Speise und Kleider gibt. Darum sollt auch ihr die Außenseiter lieben.

Bei dieser Zusage wurde uns klar: Das Haus soll nicht ein »Freizeitheim« werden, sondern ein Glaubenswerk, für das sich der Herr Jesus selbst verantwortlich fühlt. Ein Haus, in dem jeder junge Mensch Hilfe finden kann, der sie braucht und haben will. Wir sagten: »Danke, Herr. Wir verlassen uns ab sofort auf dein Wort aus Matthäus 6,33:

Trachtet zuerst nach dem Bau des Reiches Gottes, so wird euch zufallen, was ihr braucht.«

Und dann kam sein Angebot: das kleine, ehemalige Krankenhaus in Herbstein im Vogelsberg!

Voller Zuversicht fuhren wir nach Herbstein zu einem Besichtigungstermin. Wir nahmen das junge verlobte Paar mit, das mit uns zusammen diese Arbeit beginnen wollte. Als wir durch ein kleines Tor der Stadtmauer kamen, deutete der Verkäufer auf ein Haus gleich hinter der Stadtmauer und sagte: »Das ist es.« Wir vier schauten uns an und sagten einstimmig: »Das ist es!« Wir hatten solche Gewissheit, dass dieses das Haus ist, das Gott für uns bereit hat, dass wir sogar den Mut zu einem Kauf hatten – denn eine Vermietung, wie wir geplant hatten, kam für den Verkäufer nicht in Frage.

Noch ein Vierteljahr ging ins Land, bis wir den Kaufvertrag unterschreiben konnten. Es war inzwischen Frühling geworden. Am 1. Mai 1971 nahmen wir »unser« Haus ein und weihten es Jesus. An diesem Tag erinnerte uns Gott noch einmal an seine Zusage vom vorigen

Jahr, die wir in der nächsten Zeit sinngemäß erlebten. Es war das Wort aus 5. Mose 8,7–9:

Du kommst in ein Land, da Bäche, Brunnen und Seen sind – ein Land, darin Feigenbäume, Granatäpfel und Honig wachsen, ein Land, da du Brot genug zu essen hast und dir nichts mangelt. Ein Land, des Steine Eisen sind.

Am nächsten Tag begann der Umbau.

Das Haus hatte zwei Jahre lang leer gestanden, und es war sehr viel daran zu reparieren. Die Wasserleitungen waren inzwischen alle undicht, und die Stromleitung schien aus »Luthers Zeiten« zu stammen und musste für neuzeitliche Verhältnisse ganz neu verlegt werden.

Aber als die Tage wärmer wurden, merkten wir, dass Gott uns manches zukommen ließ, was wir nicht erwartet hätten. Der total verwilderte Garten brachte zwar keine Granatäpfel und Weizen, dafür aber Erdbeeren, Johannisbeeren und Stachelbeeren hervor. Während alle fleißigen Helfer und Handwerker am Bau arbeiteten, konnte ich in einem geliehenen Wohnwagen Beeren und Marmelade einkochen. Als wir am Kamin im Keller etwas zu machen hatten, stellte sich heraus, dass das fast nicht möglich war, so hart waren die Steine. Zufällig erfuhren wir in einem Gespräch mit dem Bürgermeister, dass dieser harte Stein Basalt ist, denn die ganze Stadt Herbstein ist auf einem Basaltkegel erbaut. Ein Lexikon informierte uns, dass Basalt auch Eisenstein genannt wird! (siehe 5. Mose 8.9).

Unser kleiner Freundeskreis wuchs und versorgte uns mit Spenden, sodass wir jede Handwerkerrechnung, jede Materiallieferung bar bezahlen konnten. Das war uns eine besondere Freude.

Schon damals, ganz in den Anfängen, erfuhren wir, wie wichtig es ist, treue Freunde in der Reichsgottesarbeit zu haben. Über all die Jahre, die das help center jetzt besteht, haben Freunde mit Hingabe die Arbeit getragen, sowohl finanziell als auch im Gebet. Ohne ihre Gebetshilfe und ihr treues Dahinterstehen hätten wir die Arbeit nie tun können. Und wir sind dankbar, dass es heute, nach mehr als 38 Jahren, nicht anders ist als am Anfang.

Die Frage »Wer bezahlt denn das alles?« wurde uns bis heute (2008, wo ich diese Zeilen schreibe) immer wieder gestellt. Als ich in alten »Nachrichten vom help center« blätterte, fiel mir ein Artikel auf, der im Juni 1985 diese Frage zum Anlass hatte. Eine Empfängerin unserer »Nachrichten« schrieb:

»Ihnen, Ihrer Frau sowie Ihren Mitarbeitern einen herzlichen Gruß des Gedenkens. Jetzt war ja gerade unsere ›besondere‹ Gebetszeit von 14.30 bis 15 Uhr! Möge der Herr Sie alle segnen und Sie seine Nähe erfahren lassen.

Heute habe ich eine Frage: Im Gespräch über das help center meinte einer unserer leitenden Brüder der Gemeinde, Sie erhielten bestimmt für Ihre Gäste, also die zu betreuenden Menschen, einen Tages- bzw. Verpflegungssatz vom Sozialamt oder einem ähnlichen Amt, da Sie keine kirchlichen oder staatlichen Zuschüsse erhielten. Ich konnte ihm darauf keine endgültige Antwort geben. Ob Sie mir die Frage einmal beantworten könnten?«

Richards Antwort:

»Liebe Schwester G.!

Herzlichen Dank, dass sie so treu hinter unserer Arbeit stehen und so oft an uns denken und sogar in unserer täglichen Gebetszeit mit uns verbunden sind.

Ihre Frage ist schnell beantwortet:

Wir erhalten keinen Pfennig von irgendeiner staatlichen, kirchlichen oder sonstigen Institution. Unsere Arbeit wird *ausschließlich* von freiwilligen Einzelspenden aus dem Freundeskreis finanziert.

Für die Gäste, die bei uns sind, beantragen wir keinerlei Tagegelder, Sozialhilfe oder Arbeitslosenunterstützung. Sie stehen ja auch dem Arbeitsamt – während ihrer Zeit bei uns – nicht zur Vermittlung zur Verfügung. Auch Krankenkassen zahlen uns keine Beträge – da ja oftmals unsere Gäste überhaupt keine Krankenversicherung haben. In Einzelfällen kommt es vor, dass ein Gast krankenversichert war und vom Arzt krankgeschrieben wurde, bevor er zu uns kam. In diesem Fall bekommt er persönlich von seiner Kasse Krankengeld ausbezahlt. Aber es bleibt ihm völlig freigestellt, ob er davon einen Teil als Spende dem help center gibt oder nicht. Wir stellen diese Bedingung nicht. Also weder von Gästen noch von ihren Eltern oder sonstigen Verwandten verlangen wir eine Beteiligung an den Kosten, die sie uns verursachen.

Wir bleiben bei unserem bisherigen Prinzip: Seelsorge und alle dazugehörige Hilfe für den ganzen Menschen wollen wir uns nicht bezahlen lassen. Wir vertrauen allein darauf, dass Gott uns versorgt, indem er Menschen willig macht, uns Mittel als Spenden zur Verfügung zu stellen. Zu seiner Ehre dürfen wir sagen: Er hat es bisher immer in einer großzügigen Weise getan.

Liebe Grüße Ihr Richard Straube«

An noch eine andere Begebenheit kann ich mich erinnern.

In den ersten Jahren unserer Arbeit in Herbstein hatte der Kreisjugendring von Lauterbach, unserer Kreisstadt, sich bei uns angemeldet zur Besichtigung des Hauses und Gesprächen über die Arbeit. Es war eine Gruppe überwiegend politisch interessierter Herren, aber auch Pfarrer, Jugendleiter und Lehrer aus der Umgebung waren dabei. Nach der Besichtigung stellten sie viele Fragen, und Richard hatte Gelegenheit, von dem Auftrag und den Zielen unserer Arbeit, in der Gott der Mittelpunkt ist, zu berichten.

Schließlich wollte auch einer der Teilnehmer wissen, warum wir keine staatlichen Gelder in Anspruch nehmen. »Die stehen Ihnen doch zu«, meinte er. »Die würden Sie doch ohne Weiteres bekommen.« Richard versuchte ihm klarzumachen, dass auch der Staat nicht »ohne weiteres« Gelder gibt, sondern solche Zuschüsse von Auflagen abhängig macht. »Auch kann ich es nicht verantworten«, so sagte er weiter, »Steuergelder vom Staat zu verlangen für eine Arbeit, die nicht nach politischen Zielen oder humanistischen Ideen, sondern allein nach den Maßstäben Gottes ausgerichtet ist.« Als immer wieder Gegenargumente kamen und der Leiter dieser Gruppe schließlich meinte, staatliche Gelder seien doch »sicherer« als unregelmäßig eingehende Spenden, entgegnete Richard: »Niemand kann mir garantieren, dass wir in zehn Jahren noch eine Regierung haben, die bereit und in der Lage ist, uns auch nur einen Pfennig für unsere Arbeit zu geben. Unser Gott aber ist in zehn Jahren noch der gleiche!«

Dieses Gespräch fand 1972 statt.

In den 38 Jahren im help center machten wir die Erfahrung immer wieder, wie richtig unsere Entscheidung war. Es gibt inzwischen eine Reihe christlicher Lebenshilfen, die einen anderen Weg gehen. Sie haben sich mit Erfolg darum bemüht, als Reha-Einrichtungen anerkannt zu werden, und bekommen von zuständigen Stellen Zuschüsse oder Tagegelder für die bei ihnen lebenden Rehabilitanden. Für alle diese Gelder müssen sie regelmäßig Rechenschaft geben, Belege vorweisen, Ausgaben nachweisen und begründen – kurz: weit mehr Papierkrieg führen, als ihnen lieb ist. Und sie müssen manche baulichen Veränderungen vornehmen, die ihnen vorgeschrieben werden und sie weit über die Zuschüsse hinaus viel Geld kosten. Manche bekommen sogar Anweisungen und Vorschriften – nicht nur, was ihre Ausgaben, sondern auch ihre Konzepte betreffen –, die es ihnen schwer machen, ihre christusorientierte Arbeit unbeschadet weiterzuführen. Und man schreibt ihnen vor, wen sie aufnehmen dürfen und wen nicht. (Vor allem sind sie verpflichtet, nur aus dem Verwaltungsumkreis ihres Amtes Leute aufzunehmen). Mit all dem, was die anderen erleben, mussten wir uns nie befassen.

Wir erfuhren damals von einem CVJM-Haus, das für seine Mitarbeiter die Gehälter von amtlicher Stelle bekam. Dessen Leitung teilte man mit, sie dürften nur einmal in der Woche ein geistliches Programm anbieten – und das natürlich nur auf freiwilliger Basis für die Teilnehmer ... Danach müssen sie sich richten, wenn sie weiterhin diese Zuwendung in Anspruch nehmen wollen.

Als wir den Verein »help center e.V.« gründeten, haben wir gebetet: »Lieber Herr, wir wollen tun, wozu wir fähig sind: unter einem Dach mit unsern Gästen wohnen, unser Leben mit ihnen teilen, ihnen Nahrung und Kleidung geben – wie du es uns so ganz persönlich in deinem Wort geboten hast (5. Mose 10,18b.19). Wir wollen ihnen kostenlos Seelsorge und ›Nachhilfeunterricht zum Leben‹ anbieten. Eins aber können wir nicht: uns um Geld kümmern, nebenbei noch einer Erwerbstätigkeit nachgehen, die uns ›etwas einbringt‹. Also bitte, Gott, wenn du diese Arbeit willst: Kümmere du dich bitte um die nötigen Finanzen. Wir verlassen uns ganz auf dich, unsern Auftraggeber.« Dieses Vertrauen hat sich bis heute als eine tragfähige Grundlage erwiesen.

Als 1970 einer der Gründerväter des Evangeliums-Rundfunks, Hermann Schulte, von unserm Vorhaben erfuhr, vom Funk wegzugehen und ein eigenes Missionswerk aufzumachen, fragte er nach unsern Finanzen. Als wir ihm antworteten, dass wir das ganz unserm Herrn überlassen wollen, bestätigte er uns das: »Gott hat schon zehn Jahre lang den ERF versorgt, er wird auch euch versorgen können.«

Hermann Schulte hat recht behalten. Fast 50 Jahre gibt Gott dem ERF, was nötig ist, fast 40 Jahre bekommen auch wir durch IHN, was wir brauchen.

Natürlich müssen auch wir im help center uns als gute Haushalter erweisen. Unsere Buchführung ist jederzeit transparent. Jedes Jahr bei der Mitgliederversammlung legen wir einen detaillierten Finanzbericht zur Genehmigung durch die Vereinsmitglieder vor. Ein vereidigter Steuerberater – der nicht Vereinsmitglied ist – hat ihn geprüft und bestätigt, dass »die von der Arbeitsgemeinschaft evangelikaler Missionen (AEM), der Deutschen Evangelischen Allianz (DEA) und dem Ring missionarischer Jugendbewegungen (RMJ) herausgegebenen Grundsätze eingehalten« wurden.

Aber unsere »Geldgeber« machen uns keine Vorschriften, durch die wir unserm eigentlichen Auftrag – den Menschen Jesus lieb zu machen – untreu werden müssten. Gott gebraucht viele liebe, treue Beter und Spender unseres Freundeskreises. Sie tragen die Arbeit »nicht mit Unwillen oder aus Zwang, sondern freiwillig und fröhlich« (2. Korinther 9,7). So tragen sie zu unserm Unterhalt bei. Wir können nur danken!

Wir haben nur *einen* Arbeitgeber: Gott. Nur *einen* Herrn, der uns anweist, wie wir unsere Gäste versorgen, pflegen, umhegen sollen: unsern Herrn Jesus, ER versorgt, pflegt, umhegt auch uns Mitarbeiter. So können wir unseren Dienst anbieten, wie es auf unseren Briefbogen steht: »Hilfe zum Leben, wie Gott es will!« Und das nicht nur in einem kleinen Bezirk Deutschlands, sondern im ganzen deutschsprachigen Raum Europas. »Dank sei IHM für alles!«

Die Kindertante aus Amerika (ri)

»Herr, wie lange sollen die Gottlosen prahlen und so trotzig reden und alle Übeltäter sich so rühmen?«, klagt ein Gottesmann (Psalm 94,3.4). Er leidet darunter, dass Feinde Gottes so oft die Oberhand haben, und er klagt seine Empörung darüber seinem Herrn. Das ist ein guter Weg, den er da eingeschlagen hat. Denn wohin sollten wir sonst gehen in unseren Anfechtungen und Nöten – wenn nicht zu IHM, unserm Herrn!

Freilich, nicht immer scheint dieser direkte Weg gangbar zu sein. Manchmal gehen wir Umwege. Oder gar falsche Wege. Mir erging es einmal so.

Es ist viele Jahre her. Ich saß im ERF an meinem Schreibtisch und wollte eine Sendung zu Papier bringen. Aber vorher blätterte ich noch ein wenig im »Spiegel«, dem Magazin, das so viel Bildung vermittelt …

Da stieß ich auf einen Artikel, der mich erregte und faszinierte. Ein Herr von D. – ein Wissenschaftler wohl – hatte eine sensationelle These aufgestellt. Einige uralte Funde ließen ihn vermuten, dass es vor zigtausenden von Jahren irgendwelche intelligenten Lebewesen gegeben haben muss, die von anderen Sternen – vielleicht sogar aus anderen Galaxien – unsere Erde aufgesucht haben. Anders seien alte Spuren auf dem Meeresgrund – der früher mal Festland gewesen sein muss – nicht zu erklären. Unter anderem behauptete er auch, dass das Volk Israel vor etwa 3600 Jahren auf seinem Zug durch die Wüste durch eine ihnen bis dahin fremde Speise – die aus dem Himmel zu ihnen herunterfiel – ernährt worden ist. Da sie das nicht erklären konnten, hätten sie diese Tat dem von ihnen erdachten Gott zugeschrieben ... Der Autor dieser Vermutung behauptete nun, das seien in Wirklichkeit sicher Wesen von einem anderen Stern gewesen, die mit ihren Raumschiffen die irdische Menschheit vor dem Aussterben bewahren wollten und deshalb Nahrung aus ihren Fahrzeugen abgeworfen hätten ...

Ich las diese Zeilen. Und mit einem Mal sprang mich der Gedanke an: Das könnte doch so gewesen sein! Das klingt so logisch! Und sofort kam der nächste Gedanke: Dann ist Gott also bloß eine Erfindung von Menschen. Wenn das stimmt – ich wagte gar nicht, weiterzudenken, aber es arbeitete in mir – wenn das stimmt, dann gibt es Gott also gar nicht! Und folgerichtig der nächste Schluss: Was mache ich dann noch hier? Ich sollte sofort aufhören, Sendungen zu schreiben und zu gestalten. Ich muss gehen! Der Gedanke, dass es Gott nicht geben könnte, erschreckte mich zutiefst. Was sollte ich tun?!

Und dann tat ich etwas ganz »Unmögliches«: Ich ging auf die Knie und rief zu diesem Gott, der nicht zu existieren schien: »Lieber Herr, bitte, hol mich da wieder raus!« Und als ich Amen gesagt hatte und aufstand, wusste ich: Selbst wenn es irgendwelche Lebewesen irgendwo im All gibt – dann hat unser Gott auch die geschaffen! Psalm 139, 8–10 kam mir sofort in den Sinn: »Stiege ich hinauf zum Himmel, so bist du da. Machte ich das Totenreich zu meinem Lager, so bist du auch da! Nähme ich Flügel der Morgenröte und ließe mich nieder am äußersten Ende des Meeres, so würde auch dort deine Hand mich führen und deine Rechte mich halten!« (Übersetzung Schlachter 2000). Mir wurde bewusst: Und wenn ich mit Lichtgeschwindigkeit ins Weltall hinausgeschossen würde – überall würde ich IHM begegnen, selbst am entferntesten Fleck des Alls ist Gott da! Und ich konnte meinem Schöpfer danken, dass er mich aus diesem furchtbaren Tief herausgeholt hatte! Was für ein HERR!

Ich weiß nicht mehr, wie viel Zeit seit diesem Erschrecken und Erleben des Eingreifens Gottes verging. Eines Tages bekam ich einen Brief aus Südamerika. Eine deutsche Kindergartentante (hier sagen wir ja jetzt »Erzieherin«) in einer deutschen Siedlung schrieb, sie hätte meine Kleinkinder-Sendungen im ERF gehört. Die fände sie so gut, dass sie diese ihren Schützlingen auch nahebringen möchte. Ob sie wohl ein paar Manuskripte von diesen Sendungen bekommen könnte, um sie ihren kleinen Schützlingen zu vermitteln.

Ich schickte sie ihr. Aber irgendwie trieb es mich, in meinem Begleitbrief anzufragen: »Sind Sie selbst schon ein Eigentum des Herrn Jesus? Denn sonst wäre es doch unglaubwürdig, den Kindern etwas zu erzählen, was Sie selbst nicht glauben.« Und ich war so kess, gleich hinzuzufügen, wie sie ihr Leben unter die Herrschaft des Herrn Jesus stellen könnte – jetzt gleich, nach dem Lesen dieser Zeilen. An Hand der »Vier geistlichen Schritte« (einer Verstehenshilfe von »Campus für Christus«) erläuterte ich ihr, was sie tun könnte.

Ein Antwortbrief ließ nicht lange auf sich warten. Empört meinte sie: »Sind Sie immer so dreist und stellen solche Fragen?« Ich antwortete ihr postwendend und entschuldigte mich, dass ich ihr in meiner direkten Art zu nahe getreten sei. Aber da es sich nun mal um eine so persönliche und für sie notwendige Frage handelte, auf die sie mir nicht geantwortet hatte, möchte ich mein Angebot wiederholen. Und noch einmal schrieb ich ihr, wie sie ein Eigentum Jesu werden könnte.

Diesmal kam kein Antwortbrief ...

Etwa ein halbes Jahr darauf rief sie an: »Ich bin jetzt bei meinen Eltern in Deutschland auf Urlaub. Nicht weit von Wetzlar entfernt. Kann ich Sie mal besuchen?« Und dann saß sie in meinem Arbeitszimmer im Rundfunk. Drückte ihr Befremden aus über mein forsches

Vorgehen. Ich entschuldigte mich noch einmal – und erklärte ihr dann, wie wichtig aber dieses Thema für sie persönlich sei. Schließlich hinge doch ihre Existenz in der Ewigkeit davon ab!

Sie hörte zu. Aufmerksam. Gab zu, dass sie fromme Eltern hatte. Dass sie aber selbst nicht »fromm« werden wollte. Wir sprachen auch darüber. Und über manche Dinge in ihrem Leben. Plötzlich fragte sie mich: »Sagen Sie mal, haben Sie noch nie an Gott gezweifelt?«

Ich schluckte und wusste: Jetzt muss ich ganz ehrlich sein. Dann berichtete ich ihr von meinem Erleben, das ich hier am Anfang dieses Kapitels beschrieben habe. Wie Gott mich aus diesem Tief herausgeholt hatte. Sie hörte zu – und schwieg. Bis zum Abend blieben wir beisammen, meine Frau lud sie noch zum Abendessen ein, und bevor sie heimfuhr, sagte sie: »Bitte seien Sie mir nicht böse, dass ich mich nicht bekehrt habe.« Und ging. Aus!?

Nein! Einige Monate später kam wieder Post aus Südamerika. Sie wollte wieder mal Manuskripte zum Vorlesen haben. In ihrem Brief erklärte sie: »Jetzt gehöre ich nämlich selber zu Jesus. Nun ist es mir erst recht wichtig, dass meine Kinder im Kindergarten von IHM hören und ihn kennenlernen!«

Was für ein Herr, dieser unser großer Gott!

(Über den »Erfinder« der Besucher aus fernen Welten las ich später, es handele sich bei ihm um einen Gastwirt, der schon mal wegen Betrugs im Gefängnis gesessen hatte ...)

Der neue Auftrag

In den zehn Jahren unserer Mitarbeit beim ERF bereitete uns Gott auf seinen nächsten Auftrag vor. Während wir der Meinung waren, das ist nun unsere Lebensaufgabe hier beim ERF, hatte Gott ganz andere Dinge im Sinn mit uns.

Durch die Produktionen der Kinder- und Jugendsendungen meines Mannes bekamen wir viele persönliche Kontakte zu jungen Menschen. Sie schrieben, riefen an, kamen über ein Wochenende zu Besuch oder sprachen uns in Kinder- und Jugendevangelisationen an, zu denen wir zweimal im Jahr für je eine Woche freigestellt wurden.

Jedenfalls merkten wir sehr bald, dass junge Menschen massive Probleme haben, mit denen sie allein gelassen wurden unter dem Motto »Mit 17 hat man noch Träume«. (Das war ein gängiger Schlager der 60er-Jahre). Man nahm den jungen Menschen in seinen Nöten und Problemen nicht ernst. So fragten wir Gott im Gebet: »Herr, was kann man tun, um dieser Oberflächlichkeit zu begegnen?« Und Gott gab uns den Gedanken, um ein »Haus für junge Menschen mit Problemen« zu beten. Es sollten Christen in diesem Haus wohnen, die Zeit haben, sich der jungen Leute anzunehmen. Wir stellten uns vor, dass sie in einer Art Familien- oder Lebensgemeinschaft zusammenleben sollten, um zu lernen, ihre Probleme mit Jesus anzupacken. Wir meinten natürlich nicht, dass *wir* eine solche Arbeit machen sollten, denn wir hatten ja unseren Auftrag beim ERF. Und eine Missionsarbeit gibt man nicht auf wie einen Job, wenn was Interessanteres oder besser Bezahltes in Aussicht ist. Jesus musste sich schon etwas Besonderes einfallen lassen, um uns seinen Willen klarzumachen.

Eines Nachts – gegen 1 Uhr – klingelte unser Telefon. Mein Mann ging in den Flur. Ich blieb im Schlafzimmer und hörte ihn sprechen. Es war zu merken, dass es ein seelsorgliches Gespräch wurde, und so stieg ich aus meinem Bett, kniete mich hin und begann für den Menschen am Telefon zu beten, dass er seine Probleme klar sagen konnte, und für meinen Mann, dass er durch den Geist Gottes geleitet wurde zu guten Antworten.

Nach etwa 45 Minuten kam mein Mann ins Schlafzimmer, kniete sich neben mich und ich hörte ihn zu Jesus sagen:

»Herr, wenn du willst, dass ich solchen jungen Menschen wie diesem Mädchen helfe, dann musst du mir das ganz narrensicher zeigen. Du weißt, von mir aus gehe ich vom Evangeliums-Rundfunk nicht weg! Da musst du mir schon einen Tritt geben.«

Der Tritt kam! Ganz anders als von uns erwartet.

Eines Tages sagte ein Arzt meinem Mann aus heiterem Himmel: »Sie haben das Herz eines alten Mannes – ich gebe Ihnen noch ein halbes Jahr zu leben!« Mein Mann war gerade mal 43 Jahre alt ...

Aus heiterem Himmel kam das deshalb, weil außer ein paar normalen Beschwerden keinerlei Anzeichen für eine Herzkrankheit vorlagen. Aber der Arzt hatte festgestellt, es gab einen stillen Herzinfarkt vor etwa einem halben Jahr, der sich ohne Voranmeldung jederzeit wiederholen konnte.

Theoretisch ist man als Christ bereit, einen solchen Schicksalsschlag von Gott anzunehmen. Wenn man dann aber so plötzlich vor die Frage gestellt wird: »Hast du ein JA dazu, deinen Mann loszulassen, wenn Gott ihn fordert?« –, dann ist man doch eher geneigt zu fragen: »Warum muss das geschehen?« und an Gottes Liebe zu zweifeln. Man möchte mit ihm handeln, feilschen, um nur ja so gut wie möglich aus solcher Situation herauszukommen.

Als diese erschreckende Nachricht in unsere damals 20-jährige, glückliche Ehe fiel, waren wir zunächst erschüttert, ratlos. Es brauchte einige Kraft, sich mit dem Gedanken vertraut zu machen: »Es kann jeden Tag geschehen und du stehst alleine!« Problem! Gott redete zu mir durch sein Wort und machte mir klar, dass »festhalten« eigener Wünsche nicht immer seinem Willen entspricht. Ich lernte unter Tränen, meinen Mann loszulassen und ihn ganz in Gottes Hände zu geben. Da bekam ich Frieden. Ich konnte getrost Ja sagen zu Gottes Weg, wohin er auch führen würde.

Aber wohin wollte Gott uns führen?

Wir hatten uns seit einigen Jahren angewöhnt, in jeder fragwürdigen Situation zuerst zu Gott zu gehen und nicht eigenen Rat zu suchen. So fragten wir auch hier wieder: »Herr, was willst du uns damit sagen?«

Er begann unsere Gedanken zu lenken.

Der Arzt hatte bereits unwissend das Stichwort für uns gegeben: Sein dringender Rat war, den Lebensstil völlig zu ändern, das hieß: keine Arbeit unter Zeitdruck – keine Überstunden – keine weiten Dienstreisen – jeden Mittag ruhen – und vieles mehr. Mein Mann hatte zu ihm gesagt: »Herr Doktor, dann muss ich meinen Beruf aufgeben, denn Rundfunkarbeit ohne Zeitdruck, Überstunden und Dienstreisen gibt es nicht!«

Während er mir das erzählte, kam uns schlagartig das »Haus für junge Menschen« wieder ins Gedächtnis. Aber würde das nicht viel aufreibender sein?

(Was wir damals nicht wussten: Es *ist* viel anstrengender. Die Arbeitstage sind nicht kürzer, nur nennt man es nicht mehr Überstunden, weil man in einer Familie keine Überstunden macht, sondern einfach da ist, wenn man gebraucht wird.)

Aber Gott ebnete den Weg zu diesem Projekt, und eines Tages wussten wir genau: »Das ist sein Wille, dass wir solche Arbeit ins Leben rufen!«

(Auch das geschah wieder durch Gottes Handeln, dass wir frei wurden vom Hängen an der bisherigen Aufgabe!)

Jedenfalls war das die Geburtsstunde des help center im Jahre 1970. Unser Trauspruch – in einer Zeit empfangen, als wir Jesus noch nicht kannten – kam nun zum Tragen:

Dienet einander, ein jeder mit der Gabe, die er empfangen hat, als Gottes gute Haushalter! (1. Petrus 4,10).

Inzwischen habe ich eine neue Erfahrung mit meinem Herrn gemacht: Er gibt nicht nur *eine* Gabe. Mit dem Auftrag weckt er oftmals Gaben, die wir selbst nicht vermutet haben.

In unserer neuen Aufgabe an jungen Menschen sind es eine ganze Reihe Gaben, die wir entdeckt haben und anwenden konnten.

Mein Arbeitsgebiet im help center z. B. hieß nun: hauswirtschaftliche Leitung und Buchhaltung. Aber es reichte von der Buchführung bis zum Führen der Freundeskartei – und in der hauswirtschaftlichen Leitung genügt es nicht, dafür zu sorgen, dass das Haus immer sauber ist, der Küchenzettel durchdacht und die Einkäufe rechtzeitig erledigt werden. Nein! Fast täglich flattert Wäsche auf unserer Leine. Mit meiner Mitarbeiterin stopfe ich die Socken unserer »Buben«, wir flicken die Jeans, die sie beim Herumtoben zerrissen haben – wir nähen Reißverschlüsse in Anoraks und Kleider und was es halt sonst in einem Haushalt mit acht bis zehn heranwachsenden Jugendlichen zu tun gibt.

Da braucht es oftmals auch die Gabe der Geduld, wenn es gilt, immer und immer wieder zu ermahnen: »Räum bitte dein Zimmer auf – lass deine Wäsche nicht zu schmutzig werden« – und ähnliches.

Da müssen Haare geschnitten und Köpfe gewaschen werden (nicht moralisch, sondern tatsächlich), da sind Hosen zu bügeln und Schlipse zu binden und vieles mehr. Und dazu kommt ja auch noch die seelsorgliche Betreuung der Gäste.

Aber eine Erfahrung habe ich immer wieder machen dürfen: Gott gibt keine Aufgabe, ohne die nötige Begabung dafür zu schenken. Einen Missionar hörte ich einmal sagen:

Gott ruft nicht die fähigen Leute in seinen Dienst, sondern er befähigt seine Berufenen!

Aber wir müssen lernen, dass »Aufgabe« etwas mit »aufgeben« zu tun hat. Nur wenn wir bereit sind, eigene Wünsche, Bequemlichkeiten, Angewohnheiten loszulassen, (also aufzugeben), bekommen wir die Kraft, unsere Aufgaben zu bewältigen.

So hat Jesus mich durch die Jahre meines Dienstes hindurchgeführt, und ich habe viele Erfahrungen mit ihm gemacht. Es war nicht immer »Sonnenschein und eitel Harmonie«. Aber ich habe ein Geheimnis entdeckt:

Wenn ich mich durch schwierige Erlebnisse nicht in eine Klage- und Jammerstimmung drängen lasse, sondern – auch wenn es mir schwerfällt – Gott meinen Dank, mein Lob und die ihm gebührende Anerkennung gebe, dann erfahre ich im Leid Trost – im Kampf Stärkung – in Müdigkeit und Mutlosigkeit, dass ich aufgebaut werde – und in der Freude, dass sie mir nicht zu Kopf steigt und ich ausflippe. Ich erfahre, dass Gottes Zuspruch mir immer wieder Gelassenheit vermittelt und dass seine große Liebe mich durch alles hindurchträgt.

Das habe ich in all den Jahren meines aktiven Dienens im help center erfahren und erfahre es noch heute in den Aufgaben, die Jesus mir zuteilt.

Die Fleischtöpfe Ägyptens

Es war schon eine komische Situation. Ich lag wegen meines Herzens für vier Wochen im Krankenhaus, bekam alle möglichen Medikamente und hatte viel Zeit zum Nachdenken.

Weihnachten 1970 stand kurz vor der Tür. Vor einigen Monaten hatte ich beim Evangeliums Rundfunk gekündigt. Ich wusste, dass Gott mich berufen hatte, eine neue Arbeit zu beginnen. Ich sollte ein Haus einrichten für junge Menschen in Not, für okkult Belastete und Drogenabhängige und solche, die aus irgendwelchen anderen Gründen seelsorgliche Hilfe in Anspruch nehmen wollten. Meine Frau Brigitte und ich hatten zu diesem Weg ein klares Ja gefunden.

Aber hatte dieses Ja wirklich Bestand? Jetzt kamen Zweifel. – Gewiss, meinen stillen Herzinfarkt und die nachfolgenden Beschwerden hatte ich als Hinweis Gottes angesehen, die Arbeit beim Evangeliums Rundfunk aufzugeben. Brigitte und ich hatten so rechtzeitig gekündigt, dass Nachfolger für uns gefunden und eingearbeitet werden konnten, und nun würde in wenigen Wochen mein Dienst dort beendet sein. Was würde dann werden?

Noch hatten wir nicht mal ein Haus für solche Arbeit.

Wo würden wir eigentlich in wenigen Wochen das Geld für unseren Unterhalt hernehmen? Bisher hatte ich ein Gehalt und Brigitte verdiente ja auch mit. Natürlich – auch beim Evangeliums-Rundfunk waren wir bereit gewesen, jederzeit auf einen Teil des Gehaltes zu verzichten, wenn es nötig gewesen wäre. Aber der Spendeneingang war so, dass unsere Gehälter immer hatten ausgezahlt werden können. Während der zehn Jahre dort hatten wir es schließlich als etwas ganz

Selbstverständliches angesehen, dass für unsern Lebensunterhalt gesorgt war. Aber was nun, wenn ich von dort wegging und ein eigenes Missionswerk einrichtete? – Und was, wenn mein krankes Herz nicht mitmachte?

Dann brachten mich die Argumente von Menschen, die es gut meinten, ins Fragen. Da meldete sich ein Missionsinspektor, der uns kannte, bei der Leitung des Rundfunks: »Hat man denn wirklich alles getan, um Richard Straube in der Radiomission zu halten?« – Oder da besuchte mich im Krankenhaus der Rektor eines großen Diakonissen-Mutterhauses. Er sagte nichts gegen meine Pläne, die ich ihm erläuterte, aber seinem Gesicht glaubte ich anzusehen, dass er mit diesem Weg nicht ganz einverstanden war. Ein leitender Mitarbeiter des Evangeliums-Rundfunks ließ mich wissen, dass die Möglichkeit zu einer Rückkehr an den alten Arbeitsplatz immer noch für mich offen stehe. Sicher waren das alles gutgemeinte Ratschläge und wohlwollende Empfehlungen. Aber sie gingen von einer bestimmten Voraussetzung aus. Die Menschen, die mir so rieten, meinten wohl, es sei meine eigene Idee gewesen, ein Haus für junge Menschen einzurichten. Hatten sie damit recht? Hatte ich mir alles nur eingebildet?

Mancher würde sich sicher gefreut haben, wenn ich jetzt gekommen wäre und gesagt hätte: »Ich habe es mir anders überlegt. Ich bleibe am alten Platz.«

Bleiben würde bedeutet haben, es kann alles bleiben wie bisher. Man hätte auch weiterhin seine Arbeit, sein Auskommen, seine Wohnung, seine Freunde, seine Anerkennung gehabt und behalten.

Ja, auch das ist natürlich wichtig: Anerkennung. Als Mitarbeiter des Evangeliums-Rundfunks, der viel im Lande herumkam, war ich doch jemand! Stellte etwas dar! Die Leute kannten den »Onkel Richard« und die »Tante Brigitte« vom Kinderfunk – oder den Jugendevangelisten Richard Straube. Nun aber würde ich »irgendwo in der Versenkung« verschwinden ...

Während einer Rüstzeit hatte mich eine Lehrerin, die daran teilnahm, gefragt: »Wie können Sie das nur tun? Bisher haben Sie einen gesegneten Dienst getan, haben Hunderten, ja vielleicht Tausenden das Evangelium gebracht, haben über den Rundfunk vielen jungen Menschen geholfen, zu Jesus zu finden – und nun wollen Sie sich irgendwo ans Ende der Welt, auf irgendein Dorf zurückziehen, um drei, vier oder fünf junge Leute bei sich aufzunehmen? Kann denn das im Sinne Gottes sein?«

Ich konnte ihr damals antworten: »Wissen Sie, in meiner Bibel wird von einem Mann berichtet, der Leiter in einer blühenden Gemeinde war. Gott rief ihn da heraus und schickte ihn in die Wüste, an den Rand der Zivilisation, damit er dort einem einzelnen Menschen begegnen und ihm das Wort Gottes sagen sollte (Apostelgeschichte 8). Wir haben also nicht danach zu fragen, ob eine Arbeit wirkungsvoll, erfolgreich oder anerkennenswert erscheint, sondern wir haben auf den Ruf Gottes zu horchen und ihm gehorsam zu sein.« – Es war in diesem Augenblick noch gar nicht so lange her, dass ich das gesagt hatte.

Aber nun war ich hier im Krankenhaus, in meinem Einzelzimmer, allein mit meinen Gedanken. Gott nutzte diese Zeit der Stille, um mich durch Anfechtungen gehen zu lassen. Manches Mal überlief es mich heiß und kalt, ich hätte schreien mögen – so stark war der Sog zurück zu den Fleischtöpfen Ägyptens. Der Krankenhausseelsorger wusste um meine Not und stand mir tapfer bei. Auch eine ältere Diakonisse, der ich mich anvertraute, betete für mich und mit mir. Viele Male am Tag kniete ich in der Stille meines Einzelzimmers hin und sagte Gott meine Not. Ich bat ihn um Kraft zum Durchhalten, wünschte, er möge mir die Gedanken an das Früher nehmen. Danach hatte ich für kurze Zeit Ruhe. Aber dann kamen die Gedanken von Neuem! Gott wollte, dass ich durch diesen Kampf hindurchging. Und das war gut so!

Eines Tages erhielt ich im Krankenhaus einen Brief. Ein junges Mädchen, das vor längerer Zeit einmal bei mir in der Seelsorge gewesen war, hatte von meiner Entscheidung gelesen. Nun schrieb sie mir sinngemäß: »Das ist doch total verrückt. Das kann man doch nicht machen! Sie können doch nicht einfach Ihre Wohnung und Ihre Stellung aufgeben und damit vor dem Nichts stehen! Sie können doch nicht einfach aufs Geratewohl darauf warten, dass Gott Ihnen den nächsten Schritt zeigt. Sie können doch nicht ohne finanzielle Rücklage einen neuen Dienst anfangen!«

Was sollte ich ihr antworten? Mit einer empörten Abwehr war ihr nicht gedient. Eine solche Empörung von mir wäre ja auch nicht ehrlich gewesen! So schrieb ich ihr zurück:

»Liebe E., dein Brief hat mich tief bewegt. Denn er stimmt Satz für Satz. Du hast genau meine Gedanken formuliert, die mich hier täglich immer wieder neu anspringen. Alle paar Minuten überfallen sie mich. Ich muss dir also recht geben. Ja, es ist verrückt, so zu handeln. Ja, es ist ein Ding der Unmöglichkeit, es ist unrealistisch und undurchdacht, alle Brücken hinter sich abzubrechen und einfach so ins Ungewisse zu ziehen.

Allerdings – eins hast du übersehen. Es ist ein Ruf Gottes da. ER hat gesagt: Geh! Und ich kann nicht anders, liebe E., ich muss so verrückt, so unrealistisch sein und ihm gehorchen. Denn ich weiß: Nur im Gehorsam liegt wirkliches Glück. Das hat Abraham erfahren, der auf Gottes Geheiß aus Ur in Chaldäa auszog und nicht wusste, wohin. Er war gehorsam. Und von ihm heißt es in der Schrift, dass er ein

Freund Gottes genannt wurde. Ich möchte gern ein Freund Gottes sein. Denn ich weiß, dass er mich unwahrscheinlich liebt. Er hat so viel für mich getan. Ich möchte ihm gehorsam sein – da können die Menschen (und auch ich selbst) von mir denken, was sie wollen. Gott geht vor!«

Mit diesem Brief habe ich mich festgelegt. Und so festgelegt möchte ich bleiben.

Seinen Jüngern hat der Herr Jesus gesagt, dass sie seine Freunde seien. Es ist sein erklärtes Ziel mit ihnen, dass »ihre Freude vollkommen sei« (Johannes 15,11). Wenn Nachfolger Jesu aber nicht voller Freude sind – hat dann Jesus sein Versprechen nicht gehalten? Hat er »versagt«? Sicher nicht. Viel wahrscheinlicher ist, dass seine Jünger die Bedingung nicht gelesen haben, die an diese Verheißung der vollkommenen Freude geknüpft ist: Gehorsam!

Verrückt geworden?

Es waren noch etwa sechs Monate bis zum Jahresende, die wir noch vor uns hatten, denn so lang war unsere Kündigungszeit beim ERF, wenn wir die neue Arbeit wirklich anfangen sollten.

Eines Tages, beim Spaziergang in der Mittagspause, kam mir ein Gedanke, den ich auch gleich aussprach. »Wenn wir eine solche Betreuungsarbeit machen sollen, dann muss uns aber unser Herr innerlich völlig von der uns so lieb gewordenen Rundfunkarbeit lösen. Es geht nicht, dass wir was Neues anfangen, ohne auch dieser Aufgabe völlig hingegeben zu sein. Stell dir vor«, so sagte ich, »es kommen Schwierigkeiten oder wir werden mit unangenehmen Situationen konfrontiert. Was würde geschehen? Wir würden mit Sehnsucht an unsere so geliebte, aufgegebene Rundfunktätigkeit zurückdenken. Und das ist keine Grundlage für einen Missionsdienst.« Richard erkannte gleich, welche Gefahr das für uns war. Wir suchten uns ein stilles Plätzchen, setzten uns auf eine Bank und gingen ins Gebet. Wir baten Jesus darum, uns total von unserer inneren Bindung an die Rundfunkarbeit zu lösen, damit wir ihm von ganzem Herzen an jungen Menschen, die am Abgrund stehen, dienen könnten. Dann sprachen wir nicht mehr darüber.

Am Abend desselben Tages sagte ich zu Richard: »Du, ich kann an meine Arbeit denken, als ob es gar nicht meine wäre«, worauf er antwortete: »Jetzt, wo du das sagst, merke ich, dass es mir ganz genauso geht.« Wir sagten unserm Herrn sofort von ganzem Herzen ein Dankeschön.

Nun hatten wir die Freiheit, zu kündigen und den Verein zu gründen. Dabei merkten wir, dass wir wirklich los waren von der inneren Bindung, aber immer noch mit der gleichen Freude unsere täglichen Sendungen herstellten. – Ich erinnere mich daran, wie wir die letzte Kinderfunksendung des Jahres und unserer Mitarbeit auf Tonband aufnahmen. Es wurde mir schwer zu sprechen, da mir immer wieder die Tränen dazwischenkamen. Es waren doch »unsere Hörerkinder«, von denen wir Abschied nahmen. Horst Marquardt war diesmal bei der Aufnahme dabei und verabschiedete uns mit warmen brüderlichen Worten über den Sender.

Es waren auch bald Nachfolger für uns gefunden, und wir begannen sie einzuarbeiten. Daneben nutzten wir die freie Zeit – und auch den ausstehenden Urlaub, um Vorbereitungen für die neue Aufgabe zu treffen.

Wir begannen vor allem, uns gleich eine Kartei der Adressen unserer Freunde anzulegen, die uns zahlreich geantwortet hatten. So kam mancher Brief mit mutmachenden Worten und Zusagen Gottes, mit denen uns die Freunde bedachten. Fast täglich erreichte uns Post mit Zustimmung und Ermunterung. Auch gaben viele unsere Mitteilung an eigene Bekannte weiter, und so kamen Briefe von Menschen, die uns ganz fremd waren und die darum baten, über den Fortgang und Aufbau unserer neuen Arbeit unterrichtet zu werden. Durch ihre Anteilnahme vergrößerten sie den Freundeskreis.

Auch schickten etliche von ihnen Angebote für Häuser, die wir begutachten sollten. Wir hatten zwar schon in unserer Wohnung unsere drei Gästezimmer mit jungen Mädchen belegt, die in Schwierigkeiten waren. Aber wir hätten nicht jemanden für längere Zeit hier wohnen lassen dürfen. So wurden wir immer wieder gefordert, Entscheidungen zu treffen, Häuser anzusehen oder uns zugesandte Fotos und Prospekte, Beschreibungen und Baupläne zu prüfen. Wir taten das alles unter Gebet und ließen uns nicht entmutigen, dass Gott zu all den Vorschlägen »Nein« sagte.

Es war inzwischen Weihnachten vorbei und wir wollten nach Hamburg fahren, um mit unseren Sintigeschwistern im Gebet das neue Jahr zu beginnen. Gerade in diesen Tagen bekamen wir wieder einen Hausvorschlag. Dieses Mal in der Lüneburger Heide. Wir waren begeistert, denn dort mussten wir ja vorbei, wenn wir nach Hamburg wollten. Und so planten wir auf der Hinreise das Haus zu besichtigen.

Es war ein ehemaliges Jugendheim – ein sehr großes Haus, das baulich in recht ordentlichem Zustand war. Natürlich würden wir etliche Umbauten vornehmen müssen, aber damit rechneten wir sowieso. Es waren große Schlafsäle in diesem Heim. Das würden wir natürlich ändern, denn uns schwebte für die Arbeit eine sehr familiäre Atmosphäre vor. Wir wollten den jungen Leuten Eltern sein und schöne heimelige Ein-, Zwei- und höchstens mal noch ein Dreibettzimmer einrichten. Außerdem müsste sich auch unsere Wohnung in diesem Haus befinden.

Als die Eheleute, die uns durch das Haus führten, von unsern Plänen hörten, sagten sie: »Eine Wohnung für den Leiter ist vorhanden.« Und als wir alles gesehen hatten – außer dieser »Wohnung für den Leiter«, gingen wir nach draußen und man zeigte uns etwas abseits neben dem Heim ein Einfamilienhaus. Hier, so hieß es, wohnt jeweils der Leiter des Hauses. Wir waren leicht frustriert, aber wollten uns nichts anmerken lassen.

Aber dieses separat liegende Leiterhaus war der Anstoß zu unserm »Nein« für das ganze Projekt. Wir erklärten diesem Ehepaar, dass wir uns diese Arbeit in familiärem Charakter vorstellen und, so sagte Richard: »Eltern bauen sich ja auch kein extra Haus, sondern wohnen mit ihren Kindern unter einem Dach.«

Ob sie unsere Ablehnung richtig einordnen konnten, war uns nicht klar. Aber Jesus bestätigte uns im Nachhinein, dass auch er dieses Haus nicht für die Arbeit wollte.

Es war Anfang September 1972. In gut zwei Wochen sollte unser erster »Jugendtag Vogelsberg« steigen. Diese Zusammenkunft für unsern Freundeskreis hatten wir von da an immer in dieser Zeit, weil der Jahrestag unserer Einweihung sich in diesen Wochen jährte. In dieser Zeit war es, dass wir eines Nachts geweckt wurden. Es klopfte an unsere Schlafzimmertür. Draußen stand Ursula. Sie war erst wenige Tage bei uns. Als ich die Tür öffnete, sprudelte es aus ihr heraus. »Jetzt halt ich es nicht mehr aus. Bitte gebt mir irgendetwas – ein ganz kleines ›Schüsschen‹ (*sie meinte wenigstens ein wenig Heroin*) oder ein Glas Wein oder wenigstens eine Zigarette!«

Natürlich gaben wir ihr nichts Derartiges. Aber wir nahmen uns Zeit für sie. Wir widmeten uns ihr, sprachen mit ihr – zunächst nur, um sie von ihrem unbändigen Verlangen abzulenken. Ich sagte ihr, sie solle sich in unser Wohnzimmer setzen – das lag auf dem gleichen Flur – wir würden uns anziehen und zu ihr kommen.

In diesem Moment fiel mir das Haus in der Lüneburger Heide ein. Mir wurde ganz anders bei dem Gedanken, was Ursula gemacht hätte, wenn sie in der Nacht über den Hof zu einem andern verschlossenen Haus hätte laufen müssen, um mit uns zu sprechen. Ich glaube, sie wäre nicht erst gekommen, sondern hätte gleich das Weite gesucht, um sich »Stoff« zu besorgen (also Drogen). Wie froh wurde ich bei dem Gedanken, dass Gott auch bei der Auswahl des Hauses alles so gut bedacht hatte.

Als wir in jener Nacht dann mit Ursula im Wohnzimmer zusammensaßen, beteten wir zunächst mit und für Ursula. Langsam kam sie zur Ruhe, und das Gespräch wurde ernster und konzentrierter. Schließlich fing sie an, aus ihrem Leben zu erzählen.

»Ich war 14«, so begann sie, »da fing ich an, mir Gedanken über den Sinn und das Ziel meines Lebens zu machen. Wer bin ich? Was will ich überhaupt? Und – wozu das ganze: arbeiten, lernen, essen, schlafen?«

Ursula ging es wie vielen jungen Menschen. Sie waren auf der Suche nach Abenteuern. Sie meinten, das Leben im Elternhaus sei langweilig, die Berufsarbeit eintönig, das Freizeitangebot fade. Sie suchten nach einem wirklichen Sinn im Leben. Sie sehnten sich nach etwas Besonderem.

»In mir kam ein ganz großes Suchen auf«, berichtete Ursula, »nach Freiheit von gesellschaftlichen Zwängen und bürgerlichen Schablonen. Ich suchte nach der Liebe, die mehr ist als ein Gefühl. Ich suchte nach Erfüllung statt meiner schrecklichen inneren Leere und Sinnlosigkeit. Aber ich sah nur Heuchelei und Falschheit bei vielen Menschen und erlebte Enttäuschungen. Ich lernte Menschen kennen, die total anders waren. Ihr Lebensstil faszinierte mich, denn sie lebten gerade so, wie sie es wollten. Ihnen schloss ich mich an. In ihren Kreisen kam ich dann mit Drogen in Berührung, die eine wunderbare Auswirkung auf mich hatten. Hier konnte ich alles vergessen und in dieser neuen Scheinwelt völlig aufgehen. Hier war mir die hässliche, graue und langweilige Realität egal; man konnte weit weg entfliehen in eine Welt, die aufregend und schillernd bunt und neu war. Ich nahm mehr und mehr Drogen. Ich stieg um auf härtere Sachen, Opium und Morphium. Ich brauchte immer mehr, um in den gewünschten Zustand zu gelangen. Es war ein unheimlicher Sog. Ich wusste: Hier gibt es kein Zurück mehr – bis zu meinem Tod.

Eine Entziehungskur in einer psychiatrischen Klinik blieb ohne Erfolg. Aber da war eine Krankenhausseelsorgerin, die mir immer von Jesus Christus erzählte. Ich merkte, dass sie Frieden hatte und auch das meinte, was sie sagte. Andere Menschen begegneten mir, die auch von Jesus Christus erzählten. In mir kam ein ganz neues Fragen auf. Sollte das die Antwort sein – Jesus? Mich ließ das Verlangen, ihn kennenzulernen, nicht mehr los. Ich kaufte mir eine kleine Bibel, in der ich las. Aber ich verstand nicht viel davon.

Aber dann begann mein Abenteuer mit Jesus! Eines Tages nahm mich, die Anhalterin, ein Autofahrer mit. Unterwegs erzählte mir der junge Mann, was er für einen Beruf hätte. Er stand in der Ausbildung in einem Missionsseminar, ihn interessierte besonders Jugendarbeit. Also wieder irgendwas Christliches. Ich erzählte ihm von mir, davon, wie mein Leben im Augenblick verlief.

Angefangen hatte es damit, dass ich Haschisch geraucht und LSD-Trips geschmissen hatte, und jetzt meinte ich, Heroin sei das Beste, was ein Mensch sich antun könnte, und das Wichtigste, was ein Mensch zum Leben braucht. In Wirklichkeit wusste ich längst, dass ich etwas darum geben würde, von dem Zeug wieder loszukommen.

Der junge Mann sagte, Jesus könne mich frei machen! Das habe ich nicht begriffen, aber wir blieben in Verbindung: und einige Wochen später lieferte ich Jesus Christus mein Leben aus.«

Nun wollte Ursula keinen Stoff mehr nehmen. Sie hörte sofort auf zu fixen. Aber sehr bald merkte sie, dass sie das nicht durchhalten konnte – den psychischen und physischen Entzug auf eigene Faust. Und tatsächlich – nach zwei Tagen kam der befürchtete Rückfall. »Da wurde ich auf Menschen hingewiesen«, berichtete sie weiter, »die mir gerne helfen würden. Ich erfuhr vom help center.«

So saß sie eines Tages bei uns. Voll gepumpt – also noch unter Einfluss harter Drogen – kam sie in Herbstein an. Sie machte einen Entzug durch – und zwar einen sogenannten »Cool Turkey« ohne medikamentöse Unterstützung. Der Suchtstoff wurde dabei nicht allmählich reduziert, sondern augenblicklich radikal abgesetzt, und es gab keinen Ersatz. Auf ihre Frage, warum es denn im help center keine Medikamente zur Erleichterung des Entzuges gibt, sagten wir Folgendes:

Wenn wir jemandem die psychischen und physischen Begleiterscheinungen eines Entzuges ersparen, würden wir die Sucht verharmlosen, in der er steckt. Er würde den Eindruck gewinnen, dass ja alles »gar nicht so schlimm« sei.

Wir würden ihn der großen Gefahr aussetzen, von dem einen Suchtstoff loszukommen und gleichzeitig an einen anderen Stoff – das Medikament – gebunden zu werden. Eine wirkliche Befreiung würde so nicht erreicht werden.

Wir würden von der Hauptsache ablenken, wenn wir dem Entzug so viel Bedeutung beimessen würden. Wir haben doch Besseres, Wichtigeres zu bieten. Wer das begreift, lässt die Drogen von selbst. Dieses »Bessere« ist Jesus.

Wir wollen unsern Gästen mehr bieten als nur die Befreiung vom Heroin. Denn Jesus macht nicht nur von Drogen frei. Er macht frei von Sünde und Schuld. Deshalb sagen wir ihnen, dass Drogenmissbrauch Sünde und Schuld vor Gott ist. Gott hat uns nicht geschaffen, damit wir uns selbst zerstören, weder durch Heroin noch durch andere Selbstmordmittel, weder durch Essensverweigerung noch durch Völlerei im Essen und Trinken, weder durch Vernachlässigung oder durch Vergötzung unseres Körpers. Wenn man aber eine begangene Schuld als solche erkannt hat, dann gibt es nur eins, um zurechtzukommen: um Vergebung bitten und mit der Sünde brechen, und zwar radikal und sofort.

Mit einem Mal erkannte Ursula ihre Vergangenheit im Licht Gottes. Der Herr schenkte ihr ehrliches Erschrecken über das, was sie getan hatte. Von da bis zur Bitte um Vergebung war es dann nur ein

Schritt. Ursula sagte sich im Namen Jesu los von all dem, was sie gebunden hielt, und bat Jesus, in allen Bereichen ihres Lebens ihr absoluter Herr zu werden. Als sie gegen Morgen – es war inzwischen vier Uhr früh geworden – in ihr Zimmer ging, war nicht mehr die Rede von einem »kleinen Schüsschen« oder einem Ersatz dafür. Ursula sagte: »Jetzt bin ich hundemüde, aber glücklich.«

Ursula ging nun zielstrebig ihren Weg mit Jesus.

Richard und ich hatten einige Monate später noch ein ganz persönliches Erlebnis mit ihr. Sie bekam aus ihrer Heimatstadt Gießen ein Schreiben, das sie aufforderte, auf irgendeinem Amt vorzusprechen. Ich weiß heute im Einzelnen nicht mehr, was der Anlass war. Aber in solchen Fällen lassen wir unsere Gäste nie alleine gehen, sondern begleiten sie, falls sie irgendwelche Hilfestellung brauchen. Wir gingen durch die Innenstadt in Gießen und merkten plötzlich, dass Ursula nicht mehr neben uns geht. Wir blieben stehen und sahen uns nach ihr um. Sie stand in geringer Entfernung mit vier oder fünf Mädchen zusammen und sprach mit ihnen. Als wir dazu kamen, hörten wir, wie eines der Mädchen sagte: »Uschi *(das war ihr Name auf der Drogenszene, den sie bei uns abgelegt hat)*, wo bist du abgeblieben? Wir haben dich so lange nicht gesehen.« Ursula antwortete: »Das werdet ihr auch nicht mehr, denn ich nehme keine Drogen mehr. Ich gehöre jetzt Jesus Christus.« – Zunächst sprachloses Staunen, dann die Frage: »Bist du verrückt geworden?« – »Vielleicht kann man das so nennen«, war Ursulas Antwort, »denn in meinem Leben sind jetzt nicht mehr die Drogen das Wichtigste, sondern Jesus ist in meine Lebensmitte gerückt.« Daraufhin verschwanden die Mädchen, ohne zu antworten.

Jahre später, beim ersten Freundestreffen in Buchenau 1978, kam Ursula und berichtete den erstaunten Zuhörern:

»Im help center bin ich sieben Monate als Gast gewesen. Ich erlebte viele Wunder, die Jesus an mir tat. Er befreite mich von der Gebundenheit an Drogen. Er bereinigte meine Vergangenheit, in der sich viel Schuld angesammelt hatte. Ich schrieb Briefe und entschuldigte mich bei einigen Menschen. Ich suchte eine ganze Reihe Geschäfte und Kaufhäuser auf, in denen ich gestohlen hatte, um meine Drogenkarriere zu finanzieren, bekannte meine Schuld und bot an, den Schaden wiedergutzumachen. Ich brach alle Kontakte zu den Kreisen ab, in denen ich gelebt hatte, und gewann dafür mehr als Freunde, nämlich Geschwister, die auch in der Nachfolge Jesu stehen. Ich zerbrach meine alten Schallplatten und trennte mich auch von Kleidern, die zu meinem alten Leben gehörten. Jesus Christus veränderte mich.

Ich gewann eine ganz neue Einstellung dem Leben gegenüber. Durch die Bibel lernte ich Gott kennen und seinen Plan mit der Menschheit. Für meine Schuld erfuhr ich Vergebung aus der grenzenlosen Liebe Gottes heraus, weil sein Sohn Jesus für mich am Kreuz starb. Weil ich Vergebung erfahren habe und aus der Vergebung täglich lebe, kann ich auch vergeben. Seit sechs Jahren bin ich nun in der Nachfolge Jesu. Das ist kein leichter Weg. Aber es ist der richtige Weg.«

Ursula hat nach einer dreijährigen Bibelschulausbildung mehrere Jahre im Dienst für Jesus gestanden, bis sie dabei ihren Mann kennenlernte und heiratete. Sie haben eine Familie gegründet und das große Wunder erlebt, dass jedes ihrer Kinder gesund ist – leiblich und geistig. Das ist nicht selbstverständlich bei jemandem, der längere Zeit harte Drogen genommen hat. Es war einfach Gottes Geschenk an sie für ihren Gehorsam.

Bilderbuchstart (ri)

Gemütlich saßen wir beieinander und tauschten uns aus über die Erlebnisse der letzten Wochen. Eine merkwürdig bunt gewürfelte Gesellschaft war da beisammen. Rainer, ein ausgeflippter Typ aus der Drogenszene, und Tommy, ein 16-jähriger, fröhlicher Junge, dessen Ausgelassenheit aber nicht darüber hinwegtäuschen konnte, dass er schwere Probleme mit sich herumschleppte. Marlene war dabei, die von Zeit zu Zeit epileptische Anfälle bekam, und Reinhild, die als 16-jährige Schülerin ein Verhältnis mit einem verheirateten Mann gehabt hatte. Dann war noch Brigitte, meine Frau, dabei und unsere beiden treuen Helfer Christel und Karl-Heinz. Wir alle wollten Karin und ihren Verlobten, Hermann, verabschieden.

Karin war unser erster Gast gewesen. Noch während der Umbauzeit kam sie, um sich anzumelden. Wir sagten ihr zu, dass sie gleich nach der Einweihung des help center, die in zwei Wochen geplant war, als Gast zu uns kommen könnte.

Hier ist eine kleine Erklärung nötig, damit man weiß, wieso wir die jungen Leute, die zu uns kommen, Gäste nennen. Wir meinten, das wäre die beste Bezeichnung für sie. Patienten werden wir keine haben, denn wir sind kein Krankenhaus mit medizinischem Personal. Den Ausdruck Rehabilitanden fanden wir weder richtig noch angemessen. Diese Bezeichnung war uns irgendwie degradierend, denn wir wollten nie eine Rehabilitationsstätte sein – dass ungeachtet dessen zunächst überwiegend Drogenabhängige zu uns kamen, lag an der Zeit der frühen Siebzigerjahre. Gott hatte uns gerufen zur Seelsorge. Und da wir grundsätzlich unsere Plätze kostenfrei anboten, kam uns der Name »Gäste« als der geeignetste vor. Denn ein Besucher, der zu Gast ist, muss auch nicht seinen Gastgebern Kost und Logis bezahlen. Wir fanden diese Bezeichnung goldrichtig für jeden, der zu uns kam, um Hilfe bei seinen Problemen zu suchen.

Die Kostenfrage wurde übrigens für uns durch Gottes Wort geregelt. Jesus sagte zu seinen Jüngern: *Umsonst habt ihr's empfangen, umsonst gebt es auch weiter!* (Matthäus 10,8). Außerdem ist von Anfang an unser Leitwort für die gesamte Arbeit der Auftrag aus Matthäus 6,33:

Trachtet zuerst nach dem Bau des Reiches Gottes, so wird euch zufallen, was ihr braucht.

Aber zurück zu Karin. Als sie kam, um sich anzumelden, sahen wir eine gepflegte, gut angezogene junge Dame vor uns. Und doch konnte ihre ganze Aufmachung nicht darüber hinwegtäuschen, dass sie am Ende war. Sie sagte selbst von sich, dass sie tablettensüchtig sei, und erzählte uns, wie es dazu kam.

Seit sechs Jahren nahm sie regelmäßig eine bestimmte Sorte Beruhigungstabletten, die ihr – in großer Dosis genommen – Euphorien verschafften. Es hatte harmlos angefangen, als ihre Mutter ihr einmal in einer kritischen, aufregenden Situation eine dieser Tabletten gegeben hatte. Da hatte Karin eine positive Wirkung verspürt. Sie wurde zunehmend ruhiger und das war wohltuend. Bei nächster Gelegenheit, als sie wieder einmal im Begriff war, sich über etwas sehr aufzuregen, wurde sie an dieses Erlebnis erinnert und nahm wieder eine Tablette. Dann wurden die Abstände, in denen sie sich nach der beruhigenden, euphorischen Wirkung des Mittels sehnte, immer kürzer und die Dosis immer höher. »Und schließlich«, so sagte sie, »brach ich bewusst mit meiner Mutter einen Streit vom Zaun, wegen irgendeiner Lappalie, nur um einen Grund zu haben, wieder nach den Tabletten zu greifen.«

In den letzten zwei Jahren, bevor sie zu uns kam, war sie regelrecht süchtig. Sie arbeitete nicht mehr, sondern lebte bei ihrer Mutter. Täglich gegen Mittag, wenn sie wach wurde, nahm sie eine enorme Anzahl »ihrer« Tabletten (übrigens gab es die damals ohne Rezept in den Apotheken). Dann döste sie den ganzen Nachmittag vor sich hin, ging am Abend auf die Szene, wo sie mit anderen jungen Leuten rumgammelte und redete, kam wieder zurück in ihr Zimmer, legte Platten auf und stellte die Musik brüllend laut an. Dazu nahm sie dann nochmals einen Stoß Tabletten und döste vor sich hin bis gegen zwei Uhr nachts. Dann fiel sie in einen unruhigen Schlaf, aus dem sie dann gegen Mittag wieder erwachte. Der Kreislauf begann von Neuem.

Sie war in verschiedenen psychiatrischen Krankenhäusern und anderen Anstalten gewesen – man hatte sie hinter Gitter gesperrt, angeschnallt, gewaltsam festgehalten – Befreiung von ihrer Sucht hatte sie nicht erfahren.

Dieser Bericht erschreckte uns gewaltig, da wir das erste Mal so konkret mit der Sucht konfrontiert wurden. Werden wir ihr helfen können, nach all den vergeblichen Versuchen von Ärzten, Psychiatern, Pflegern, ihrer Mutter und Verwandten? Wir haben doch keinerlei Erfahrung und auch kein theoretisches Wissen im Umgang mit so stark abhängigen Menschen. Und doch wusste ich genau, dass einer ihr helfen kann: Jesus. Weil er allein die Veränderung von innen her schafft. Er macht neue Menschen. Und mir war klar, dass sie das erfahren musste.

Und dann hörte ich mich sagen: »Wir können Ihnen auch nicht helfen, Karin. Aber ich bin sicher, wenn Sie zu uns kommen und die Botschaft annehmen, die wir Ihnen zu bieten haben, wenn Sie Jesus in ihr Leben einlassen, wird der Tag kommen, an dem Sie in eine Apotheke gehen, um irgendetwas zu kaufen, aber nach den Tabletten keinerlei Verlangen mehr haben werden.« Da schaute sie mich an wie ein Kind – mit weit aufgerissenen Augen: »Das ist zu schön, um wahr zu sein!« – »Doch«, sagte ich ihr, »es ist wahr: Jesus Christus macht frei.«

Am liebsten bliebe sie jetzt gleich da, aber wir sind noch im Umbau – noch ist kein Gästezimmer beziehbar – und sie hat schließlich auch noch keine Sachen dabei, um bleiben zu können. »Aber gleich nach der Einweihung«, so sagte ich ihr, »können Sie anreisen.« Sie freute sich darauf. –

Aber als sie dann schließlich kam, musste sie fast mit Gewalt gebracht werden, mehr getragen als hereingeführt. Sie war erschreckend heruntergekommen in den wenigen Wochen. Drei Tage vor ihrem Kommen hatte sie einen Selbstmordversuch unternommen mit einer so starken Dosis, dass selbst ihr an so vieles gewöhnter Körper das fast nicht verkraftet hätte. Nun hat sie keinen Lebenswillen mehr. »Lasst mich nach Hause, dass ich dort sterben kann«, weint sie. Mit viel Mühe gelingt es ihrer Mutter, sie zu überreden, doch wenigstens 24 Stunden bei uns zu bleiben.

An diesem Abend setzen Brigitte, unser Mitarbeiterehepaar, Karin und ich uns in unser provisorisch eingerichtetes Wohnzimmer. Wir wollen miteinander eine kurze Abendandacht halten. Ich bitte im Stillen den Herrn um ein Wort. Mir fällt keines ein. Doch eins, aber das kann ich jetzt im September nicht nehmen. Es ist ein Wort aus der Weihnachtsgeschichte. Aber es drängt sich mir förmlich auf. Und so bin ich schließlich Gott gehorsam und lese den Jubelruf des Engels in Bethlehem vor: »Euch ist heute der Heiland geboren, welcher ist Christus der Herr!«

Ich rede davon, dass dieses Wort absolute Gültigkeit hat, dass ER der Heiland ist, der, der heil machen kann, der erneuern kann, der in der Lage ist, völlig zu verändern. Jesus kann Sünde vergeben, neues Leben, neue Gesinnung schenken. Ich rede davon, dass vor 2000 Jahren dieser Heiland nicht allein für die Menschen damals, sondern ebenso für uns heute gekommen ist. Scheinbar teilnahmslos hört Karin zu. Wir andern beten noch miteinander, Karin schweigt. Dann geht sie in ihr Zimmer.

Wir haben ihr gesagt, wann gefrühstückt wird – aber wird sie kommen? Wir denken an ihren Tagesablauf zu Hause, den sie uns geschildert hat. Wir wissen ja auch nicht, ob sie noch Tabletten bei sich hat, die sie vor dem Schlafengehen nehmen kann. Wir haben uns vorgenommen, unseren Gästen einen Vertrauensvorschuss zu geben, und so haben wir nur gefragt, ob sie noch etwas dabei hat. Sie hat es verneint und merkt, dass wir ihr Glauben schenken. Nun warten wir ab und geraten ins Staunen, als sie pünktlich am Kaffeetisch erscheint.

Gleich nach dem Frühstück machen wir miteinander Bibelarbeit. Das war unsere – Straubes – Gewohnheit, und da wir mit unseren Gästen familiär zusammenleben wollen, ist es selbstverständlich, dass wir sie an der Bibelarbeit teilhaben lassen.

Karin hört aufmerksam zu. Wir staunen wieder. Sie redet auch nicht mehr davon, dass sie abreisen will. Sie bleibt und beteiligt sich am Tagesablauf, so gut sie das mit ihrem geschwächten Körper kann. So geht es auch am zweiten, dritten und am vierten Tag. Und, oh Wunder, jetzt beteiligt sie sich sogar schon bei der Bibelarbeit, stellt Fragen, sagt ein paar Gedanken.

Schließlich spreche ich sie darauf an: »Karin, wenn man Sie so reden hört, kann man den Eindruck gewinnen, Sie hätten längst begriffen, worauf es ankommt.«

Ihre Antwort verblüfft mich. »Das habe ich auch, denn ich habe inzwischen Ja gesagt zu Jesus.« Und dann erzählt sie freimütig von ihrem Erleben:

»Am ersten Abend hatte ich fest vor, in diesem Haus nicht einmal 24

Stunden zu bleiben. Ich sah alles als völlig sinnlos an. Ich wollte nur so schnell wie möglich wieder abhauen. Aber ich wusste nicht, ob ihr mich gehen lasst, und deshalb nahm ich mir vor, heimlich in der Nacht zu fliehen. So lag ich nun nach dem Gute-Nacht-Sagen auf meinem Bett und wartete, dass es im Haus ruhig wurde. Dann – so hatte ich mir vorgenommen – wollte ich aus dem Fenster steigen.« Meine zaghafte Frage: »Im ersten Stock, wie sollte das gehen?« – »Das«, so meinte sie, »ist für mich kein Problem. Ich war schon manches Mal ausgebrochen und habe viel Geschick darin. – Aber an diesem ersten Abend, während ich so da lag und wartete, kamen mir allerlei Gedanken. Schließlich fragte ich mich: Warum bist du eigentlich hierhergekommen? Du willst doch frei werden! Nun, und die Leute hier haben dir von Jesus erzählt. Sie haben gesagt, dass er frei machen kann. Komische Heilige! Aber das, was sie sagten, klang glaubwürdig. Und vor allen Dingen, wie sie es sagten! Das sind sicher keine Menschen, die bloß etwas sagen, weil es ihr Job ist. Diese Leute müssen selbst etwas mit Jesus erlebt haben – sonst könnten die nicht so reden!

Plötzlich tat ich etwas, was ich seit meiner Konfirmationszeit nicht mehr getan hatte; ich faltete meine Hände und betete. ›Herr Jesus‹, sagte ich, ›wenn das stimmt, was ich hier am ersten Abend in diesem Haus gehört habe, wenn du wirklich frei machen und ein neues Leben schenken kannst, dann tu das bitte auch bei mir.‹ – Und das war komisch, als ich Amen sagte, hatte ich plötzlich das ganz feste Wissen: Ich brauche nie mehr eine Tablette anzurühren.«

Karin, unser erster Gast, ist die Erste in einer langen Reihe von Gästen des help center, die Ähnliches erfahren haben. (Und sie blieb frei; das konnten wir mit Freuden feststellen, als sie uns Jahre später besuchte.)

Ich sagte ja schon, dass wir damals noch keinerlei Erfahrung im Umgang mit Abhängigen hatten, aber als Karin nach etwa zwei Wochen sagte, nun möchte sie nach Hause, erschien uns das doch etwas zu früh. Wir versuchten ihr klarzumachen, dass sie nun wohl ein Eigentum Jesu sei, dass sie aber doch noch etliches lernen müsse, was zur Nachfolge Jesu gehörte, z. B. mit innerem Gewinn die Bibel zu lesen, ein Gebetsleben einzuüben und sich Aufgaben von Jesus zeigen zu lassen. Aber sie hatte so Sehnsucht nach ihrem Verlobten. Sie sah unsere Ratlosigkeit und Unentschlossenheit, sie gehen zu lassen, dass sie selbst plötzlich den Vorschlag machte: »Wir wollen darum beten. Jesus kann mir doch zeigen, ob es gut ist, jetzt schon zu gehen oder nicht.« – Nach diesem gemeinsamen Gebet wurde sie ganz ruhig und sprach nicht mehr vom Weggehen, Gottes Antwort kam sehr prompt. Ohne von Karins Wunsch etwas zu wissen, rief ihr Verlobter am selben Tag an und fragte, ob er für einige Wochen zu uns kommen könnte, er sei krank geschrieben, aber müsse nicht am Wohnort bleiben. Richard sagte ihm zu, und am nächsten Tag reiste er an. Welches Wunder war für ihn der neue Mensch Karin. Als sie im Ort einen Spaziergang machten und an der Apotheke vorbeikamen, hielt er an, weil er gewöhnt war, dass sie ihn reinschickte, um ihr Tabletten zu besorgen. Dieses Mal schüttelte sie nur den Kopf und sagte: »Brauch ich nicht mehr.« Er merkte, bei seiner Karin war eine kolossale Veränderung vorgegangen. Darüber kam er ins Staunen. Hermann kurierte sich bei uns aus – nicht nur körperlich. Seine Seele genas bei uns. – Als er einige Zeit da war, bat er mich um ein Gespräch. Er hatte begriffen, dass auch er sich entscheiden musste, und nahm Jesus in sein Leben auf.

Das alles war jetzt etliche Wochen her, und nun also feierten wir mit den beiden Abschied. Am nächsten Morgen reisten sie ab als ein glückliches Paar, das jetzt unter der Führung Jesu das Leben gemeinsam meistern wollte.

Lernen in Gottes Schule (bri)

Ich erinnere mich an ein Erlebnis, das ich während des Umbaus unseres ersten Hauses hatte.

Mitte Mai 1971. Ich sitze in der Abenddämmerung mit einer 15-Jährigen auf den Stufen unseres geliehenen Wohnwagens. Vor uns steht ein großes Haus, in dem aber niemand wohnen kann, denn es sieht aus wie ein Schweizer Käse, durchlöchert in allen Richtungen. Vom Keller bis zum Dach kann man schauen und von vorne nach hinten wieder raus. Wände, Decken und Böden sind durchlöchert. Es muss nämlich eine völlig neue Wasser- Elektro- und Heizungsinstallation eingebaut werden.

Gisela neben mir schaut versonnen auf das Haus. Plötzlich durchbricht ihre Stimme fröhlich die Abendstille: »Ich stell mir das vor, wie Jungen und Mädchen herkommen. Dann sitzen sie traurig oder weinend auf den untersten Treppenstufen. Und wenn sie dann ein paar Wochen da sind und Jesus kennengelernt haben, dann nehmen sie zwei Stufen auf einmal und springen fröhlich durchs Haus und singen und freuen sich!«

Heute würde man sagen: »Sie hatte eine Vision.« Aber es war mehr als das, es war ihr eigenes Erleben, als sie selbst wenige Wochen vorher an einem Jugendabend, den wir hielten, Jesus ihr Leben gegeben hatte. Jetzt war sie bei uns, weil sie mit anderen jungen Leuten zusammen beim Umbau des ersten help-center-Hauses helfen wollte.

Als dann unsere ersten Gäste zu uns kamen und wirklich traurig, hoffnungslos und kaputt auf den Treppenstufen saßen, waren das gar nicht »brave Kinder aus gutem Haus«. Sie waren längst aus- und umgestiegen in eine Scheinwelt. Die meisten von ihnen waren rettungslos drogenabhängig. Da gab es keine »Freude die Fülle«! Und wir – wir waren ahnungslos, so wie damals noch fast alle Menschen in Deutschland, bis hin zu Medizinern und der Justiz, wenn es um Drogen ging. Wir wollten mit ihnen wie in einer Familiengemeinschaft leben. Aber das ging gar nicht so ohne Weiteres. Sie hatten ja so konträre Lebensgewohnheiten.

Wollten wir schlafen, dann waren sie hellwach und beanspruchten uns bis tief in die Nacht hinein.

Wollten wir arbeiten, dann waren sie müde und kaputt.

Wollten wir essen, dann hieß es »ich habe keinen Bock auf Essen«.

Da war Mike, der sich tagsüber heimlich aus dem Haus stahl, um sich einen Joint zu besorgen. (Die Namen sind verändert.)

Kati setzte alles daran, an rezeptfreie Tabletten zu kommen. Und die Apotheke war nur 150 m weit um die Ecke. Wie konnten wir ihnen helfen, sie wollten doch loskommen davon?

Bigi war clever. Sie meldete sich freiwillig dazu, alle Schuhe zu putzen. So konnte sie sich Schuhspray mit auf ihr Zimmer nehmen und nebelte sich damit ein, bis sie »high« war.

Billy ging in den Handwerkskeller und schnüffelte am Zaponlack, bis er ein sogenanntes schönes Gefühl hatte.

Pat und Horst klauten sich bei einem Gast Geld und hauten ab, um sich Stoff zu besorgen.

Wir kamen sehr schnell an unsere Grenzen und merkten: Da kann nur Gott selbst eingreifen. Es waren zwei verschiedene Welten, die aufeinanderprallten.

Aber wir wussten ja um unseren Auftrag, der von Gott kam, und übertrugen ihm die ganze Verantwortung für das Gelingen der Arbeit. Er musste uns zubereiten, diesen armen Menschenkindern hilfreich zu sein. Wir merkten, wir haben im Grund Suchende vor uns, die nur an der falschen Stelle suchten. Die jetzt weniger denn je einen Sinn in ihrem Leben sahen. Und dieser Resignation hatten wir etwas entgegenzusetzen – nämlich Jesus und ein Leben mit ihm.

Und bis heute ist der Mittelpunkt unseres Hilfsangebotes im help center das Wort Gottes und seine Maßstäbe für den Menschen. Wir wollen Hilfe geben »zu einem Leben, wie Gott es will«. Dann erleben wir und der Hilfesuchende »Freude die Fülle«. –

Aber wir müssen bereit sein, zu lernen in der Schule Gottes.

Aussprüche zum Thema Arbeit! (bri)

»Hoch lebe die Arbeit, so hoch, dass man nicht mehr ranlangt!« – »Wer Arbeit kennt und danach rennt und sich nicht drückt, der ist verrückt!« – »Arbeit adelt! Wir bleiben bürgerlich!« Das sind bekannte Sprüche, die manche Menschen im Scherz sagen. Die jungen Menschen, die Anfang der 70er-Jahre zu uns kamen, sagten sie auch – aber sie meinten das ernst! Gammeln (faulenzen) war »in« – Malochen (arbeiten, schuften) das war nur was für Doofe ...

Wir setzten uns an einem Nachmittag zusammen, um mit ihnen zu plaudern. Während Brigitte mit Christel, unserer ersten Mitarbeiterin, in Küche und Haus zu tun hatten, saßen ihr Mann Karl-Heinz und ich im Wohnzimmer mit unsern Gästen. »Was haltet ihr vom Arbeiten?«, fragte Karl-Heinz. Und dann kamen zuallererst die bekannten Sprüche ...

Aber plötzlich sagte ein Mädchen: »Jetzt hab ich ein ganzes Jahr lang gegammelt. Jetzt reicht mir das! Ich will endlich mal wieder was tun, damit ich befriedigt und froh sein kann!« Da wandte sich das Blatt. Es gab ein gutes Gespräch, in dem mancher unserer Gäste zum Nachdenken kam.

Auch ältere Menschen äußerten sich manchmal zum Thema Arbeit – besonders solche, die unsere jungen Leute nicht liebten und sie verurteilten, weil sie sie nicht näher kannten. »Ins Arbeitslager gehören die«, ist so eine der Bemerkungen, die wir manchmal in Bezug auf unsere Gäste hörten. Brigitte meinte dazu:

»Wir sind nicht der Überzeugung, dass das Arbeiten das beste Therapieangebot wäre, das jungen Leuten helfen könnte. Nur eine klare

Ausrichtung auf Jesus hin kann Hilfe auf Dauer schaffen, deshalb ist unser Angebot in erster Linie ein seelsorgliches.«

Dennoch kommt es auch entscheidend darauf an, einem jungen Menschen auf vielfache Weise Hilfestellung zu geben, damit er sich in unserer Gesellschaft wieder zurechtfinden kann. Da ist die Korrektur seiner Arbeitshaltung ebenso wichtig wie seine geistliche Gesundung. Deshalb ist »Arbeitszeit« als fester Bestandteil unseres Therapieangebotes in den Tagesablauf mit eingeplant. Wir wollen unsere Gäste nicht einfach »beschäftigen«, damit die Zeit schneller vergeht, sondern ihnen bei der praktischen Arbeit wichtige Erkenntnisse vermitteln. Jeder soll merken, dass er Teil einer Gemeinschaft ist, die ihn braucht – so wie er sie braucht. Da ist es eben wichtig, dass jeder mit seinen Kräften zum Erhalt der Gemeinschaft beiträgt. Ganz krass gesagt: Es ist unmöglich, dass jemand nur zu den Mahlzeiten erscheint, sich aber beim Schuhe putzen oder beim Straße fegen drückt.

So ermuntern wir unsere jungen Gäste, dass jeder auch etwas für einen oder alle anderen macht. Beispielsweise werden die Zimmer nicht von deren Bewohner, sondern von einem anderen Gast geputzt. So lernen sie wirklich gemeinschaftlich zu leben. Sie sind herausgefordert, ihre Abneigung gegen Arbeit und auch gegen andere Mitbewohner zu überwinden.

Da war z. B. Wolfgang – er war an einem Samstagmorgen eingeteilt, alle Schuhe zu putzen. Aber er saß in seinem Zimmer und döste vor sich hin. Auf Richards Frage, warum er nicht seine Arbeit erledige, sagte er: »Ich habe keine Lust! Mir sind meine Schuhe gut genug. Und die andern können ihre selbst sauber machen!« – »Nun gut«, antwortete Richard: »Dann wird meine Frau heute sicher auch keine Lust haben, für dich zu kochen. Du kannst während des Mittagessens auf deinem Zimmer bleiben.« So geschah es auch.

Wir waren schon fast am Ende der Mahlzeit, als leise die Tür aufging. Wolfgang schaute rein. Er sagte ganz verlegen: »Ich melde mich freiwillig zum Abwasch, darf ich dann doch etwas zu essen kriegen?« Sogleich sprang ein anderer auf und stellte ihm einen Stuhl und einen Teller hin! Und wir freuten uns über sein freiwilliges Kommen und ließen ihn das auch spüren.

Aber unsere Gäste sollen noch mehr durch die gemeinsame Arbeit lernen: Sie sollen Freude daran empfinden, dass sie (wieder oder noch) etwas leisten können, dass sie in der Lage sind, etwas zu tun. Sie sollen dankbar werden für kleine Erfolgserlebnisse. Sie können lernen, Rücksicht zu nehmen auf die andern um sie herum. Notwendige Ordnungen lernen sie einzuüben. Sie entdecken, wo sie helfen können oder wo sie selbst Hilfe in Anspruch nehmen können. Sie kommen los vom Sich-Drehen um sich selbst.

Es war an einem Vormittag. Ich stehe in der Küche und bereite das Mittagessen. Als ich mal aus dem Küchenfenster schaue, sehe ich Reinhard, wie er sich abmüht, eine Matratze zu klopfen. Aber es scheint, als ob er die Matratze streichelt. Ich öffne mein Fenster und will ihm Mut machen, da kommt er mir zuvor und sagt: »Ich kann nicht mehr! Das ist so anstrengend!«

Reinhard ist noch nicht sehr lange bei uns – er kommt aus der Drogenszene und braucht erst noch Verständnis für seine Schlappheit. Ich sage ihm, er solle in sein Zimmer gehen, sich eine halbe Stunde hinlegen und ausruhen. Als ich nach einer halben Stunde nach ihm sehen will, kommt er mir schon auf der Treppe entgegen und meint »Es geht wieder – aber es hat gutgetan, ein wenig zu ruhen. Danke.« Das war eine ungewohnte Reaktion, die mich aber sehr froh machte. Er hatte gemerkt, dass er beachtet und umsorgt wird.

Eine Mitarbeiterin, die die Gäste in der Hausarbeit anleitet, sagte einmal: »Wichtig ist mir, dass ich bei den Arbeiten selbst Vorbild bin und unsere Gäste zur Treue im Kleinen anleite. Es ist ein Bestandteil unseres Glaubenslebens, auch in der praktischen Arbeit treu zu sein.«

Doris (Gast) bezeugt: »Wenn ich diese Putzarbeiten hier nicht für Jesus tun würde, dann würde ich wahrscheinlich nur grob darüberwischen ...«

Auch in der Küche herrscht das gleiche Grundprinzip. Die Hausmutter eines unserer Häuser sagte einmal zu ihrer Aufgabe: »Für mich ist das Essen zubereiten eine ganz praktische Möglichkeit, unsere Gäste die Liebe Jesu ›schmecken‹ zu lassen. Dies ist für mich ein Übungsfeld, unabhängig von Reaktionen, alles, was ich tue, mit ganzer Freude und mit ganzem Einsatz zu tun – letztlich für meinen Herrn.«

Beim Wäsche bügeln und Ausbessern ergeben sich gute Gespräche zwischen Mitarbeiterin und Gästen. Da meinte kürzlich Ina: »Auch daheim möchte ich später alles, was anfällt, zur Ehre Jesu tun. Ich habe hier erst wieder richtig arbeiten gelernt und bin dankbar, dass ich so richtig rangenommen werde.«

Die männlichen Gäste haben natürlich andere Aufgaben. Verschönerungs- und Renovierungsarbeiten im und ums Haus – Gartenarbeiten – Gelände pflegen ... Rudi bemerkte einmal, während er die Toiletten putzte: »Auch das ist ja eine für die Gemeinschaft wichtige und nötige Arbeit.«

Es ist manchmal ein langer Prozess, unsere Gäste dahin zu führen, dass sie ein Ja zu körperlicher Arbeit finden. Einem unserer Mitarbeiter wurde wichtig, dass sich alle, auch bei der Arbeit, der Nähe Jesu bewusst werden. »Wenn Jesus jetzt hier dabeistünde«, so sagte er einem Gast, »sollte er mir auf die Schulter klopfen und sagen können: Das hast du gut gemacht!« Das Bewusstsein der Nähe Jesu den Gästen zu vermitteln, ist uns Mitarbeitern ein großes Anliegen.

So dürfen wir auch im Arbeitsbereich erfahren, wie manche unserer Gäste eine »neue Kreatur« werden. Einer sagte beim Schuhe putzen: »Die Schuhe müssen geputzt werden, damit sie ordentlich sind, wenn wir aus dem Haus gehen. Und ich möchte auch zur Arbeit allgemein sagen, dass ich irgendwie eine ganz andere Beziehung dazu gefunden habe; denn früher habe ich echt nie Bock gehabt zum Arbeiten. – In der Bibel steht ja: ›Wer nicht arbeitet, soll auch nicht essen‹, und das schwirrt mir oft durch den Kopf. Seitdem arbeite ich irgendwie anders und mit mehr Liebe. Da sehe ich jetzt einen Sinn drin, was ich früher nicht gesehen habe.«

Immer wieder merken wir, dass Jesus Menschen verändert, dass er ihnen Dinge wichtig macht, über die sie früher gelacht oder gar nicht wahrgenommen haben. Sie selbst merken das auch, und das tut ihnen gut, weil sie so die Liebe Jesu spüren und sie ihm auch entgegenbringen können.

Auch in der Bibel finden wir ja eine ganze Reihe Aussagen zum Thema Arbeit. Richard fand einige heraus, die hier als Beispiel für viele andere dienen sollen. »Sechs Tage sollst du deine Arbeit tun«, sagt Gott, »aber am siebenten Tag sollst du feiern, auf dass dein Ochs und Esel ruhen und deiner Magd Sohn und der Fremdling sich erquicken« (2. Mose 23,12). Oder »Wer lässig ist in seiner Arbeit, der ist ein Gefährte dessen, der das Seine verschleudert« (Sprüche 18,9). Und »Der da pflanzt und der da begießet, ist einer wie der andere. Ein jeglicher aber wird seinen Lohn empfangen nach seiner Arbeit« (1. Korinther 3,8). Richard meint dazu: »Man könnte ein Dutzend Predigten halten über den Segen der Arbeit. Aber die beste Predigt ist, mit gutem Beispiel voranzugehen. Mir hat es immer große Freude gemacht, im Gelände, oder bei handwerklichen Arbeiten, die ich beherrschte, selbst mit anzupacken – trotz meiner Position als ›Chef‹

– und dazu einige unserer Gäste dazuzunehmen. Sehr oft geschieht es, dass sie dann am Ende der Arbeitszeit sagen: ›Danke, dass ich dabei sein durfte. Das hat Spaß gemacht!‹

Übrigens, an das Erlebnis mit Reinhard und den Matratzen möchte ich noch anfügen, was ich ein halbes Jahr später mit ihm erlebte: Wir hatten Umbauarbeiten gehabt und mussten Bauschutt entsorgen. Im Hof – wieder von meinem Küchenfenster aus zu sehen – stand ein Anhänger, der schon mit einigem Schutt beladen war. Da kommt Reinhard um die Ecke, schiebt einen schwer beladenen Schubkarren singend vor sich her. Als er mich am Fenster sieht, ruft er: »Guck mal zu, was ich kann!« Und mit Schwung fährt er die schwere Karre auf das schräg liegende Brett hinauf zum Anhänger und schüttet sie mit Schwung aus. Dann strahlt er mich an und freut sich, dass Jesus ihm diese Kraft neu gegeben hat – so seine eigenen Worte.

Mitarbeiter sein – ein Traumjob?

Wir sitzen im help center bei unserem gemeinsamen Frühstück und plaudern über allerlei. Unseren neun Gästen wird ihr Tagesablauf für heute erklärt. Es ist ein schöner Frühlingstag, und wir meinen, es wäre dran, unseren Garten nach dem vielen Schnee der vergangenen Monate aus seinem Winterschlaf zu wecken. Unsere Gäste halten sich zurück in ihrer Reaktion – wie meistens, wenn es ums Arbeiten geht – aber Willi ist begeistert. Er stammt von einem Bauernhof und sieht seine Chance. Er kann es kaum erwarten, dass die Bibelarbeit zu Ende ist, damit er rauskann.

Karl-Heinz, unser Mitarbeiter, geht mit den Jungen raus. Das Umziehen zur Arbeit dauert heute bei den meisten von ihnen besonders lange. Man ist bemüht, die Arbeitszeit so gut es geht zu »verkürzen« (nach dem Motto: Wer Arbeit kennt und danach rennt und sich nicht drückt, der ist verrückt!) – außer Willi. Er ist auch der Erste unter ihnen, dem ein Rechen in die Hand gedrückt werden kann. Es gilt, zunächst den Rasen aufzuarbeiten. Das ist dringend notwendig nach der monatelangen Schneezeit, damit er sich wieder gut entwickeln kann. Schließlich hat jeder von ihnen ein Werkzeug in der Hand und wird angeleitet, was er damit tun kann. Willi ist eifrig dabei, mir zu erklären, wozu die einzelnen Werkzeuge da sind. Dann gehen alle mehr oder weniger freudig an ihre Arbeit.

Als unser Mitarbeiter ins Haus gerufen wird, nimmt Willi sofort seine Chance wahr. Und als Karl-Heinz im Haus ist, schaut er durch das Fenster, ob alle weiterarbeiten. Er ruft uns zu sich, und belustigt schauen wir zu, wie unser lieber Willi die anderen herumscheucht und ihnen immer neue Arbeiten zuweist. Er selbst stützt sich auf seinen Rechen und beobachtet wie ein Chef die anderen Gäste. Wir sehen dem Treiben mit Schmunzeln zu, und als Karl-Heinz wieder zu ihnen hinausgeht, fängt Willi ganz schnell selbst wieder zu arbeiten an. Aber er hat sich damit »einen Namen« gemacht. Die Jungen reden nur noch von »Willi, unserem Vorarbeiter!« Willi ist nicht beleidigt, aber wir ermuntern ihn dazu, nun auch ein guter »Vorarbeiter« für die andern zu sein. Damit, so sagen wir ihm, kann er den anderen Vorbild werden und ihnen die Freude am Arbeiten wecken.

Als wir beim Mittagessen sitzen, sagt Willi zu mir: »Ich möchte es mal so gut haben wie ihr. Ich möchte lieber Mitarbeiter sein.« Alle schauen ihn erwartungsvoll an, was er wohl noch zu sagen hat. Aber mehr kommt erst mal nicht. Ich sage zu ihm: »Dann musst du aber auch all das tun, was die Mitarbeiter tun.« – »Na und, was ist das denn schon?«, fragt er zurück. Nun erkläre ich ihm den Tageslauf eines Mitarbeiters.

- »Dienstbeginn 6.30 Uhr – das bedeutet: fix und fertig angezogen sein und seine persönliche Stille Zeit gemacht haben. Dann Gäste wecken. – Zwei Mitarbeiter bereiten das Frühstück, während die anderen im Haus nach dem Rechten sehen: Ist die Heizung in Ordnung? Sind die gemeinsamen Räume (Essraum, Gemeinschaftsraum, Flure, Treppenhaus, Eingangsbereich) gelüftet?
- Um 7.30 Uhr sind dann alle mit den Gästen beim gemeinsamen Frühstück.
- Ab 8.15 Uhr Bibelarbeit für alle. Sind die Gesangbücher da, die Gitarren gestimmt?
- Etwa ab 9.30 Uhr beginnt die am Vorabend geplante praktische Arbeit. Jeder Mitarbeiter hat seine Aufgaben in Küche, Haus, Keller, Garten, Büro usw.«

Bei vielen dieser Arbeiten haben sie Gäste mit dabei. Da ist es wichtig, sie anzuleiten, denn manche Arbeiten sind den Gästen total fremd. Es braucht oft eine Menge Geduld, um einen Gast zu einem fröhlichen Arbeitseinsatz zu ermuntern. Richard erklärt ihm weiter: »Damit ist jeder Mitarbeiter beschäftigt, bis zum Mittagessen um 12.30 Uhr.

Ihr Gäste hört um 12 Uhr auf zu arbeiten, damit ihr euch in Ruhe umziehen und noch ein wenig bis zum Essen verschnaufen könnt.

- Nach dem Mittagessen sind zwei von den fünf bis sechs Mitarbeitern in der Küche. (Die anderen können schon ihre verdiente Mittagspause genießen!) Das Esszimmer muss aufgeräumt und der Abwasch gemacht werden – wobei ja zwei oder drei von euch Gästen mithelfen, ehe auch sie in ihre Mittagsruhe gehen können.

Die Mitarbeiter bleiben noch, um die Essenreste zu versorgen und die Küche zu putzen.« (Zwischenfrage: »Was? Jeden Tag wird die Küche geputzt?«) »Danach gehen auch diese zwei Mitarbeiter in ihre Zimmer, um ein wenig zu verschnaufen.

Gästepause ist vom Ende des Mittagessens (bzw. Abwasch) bis 15 Uhr.

- Wir Mitarbeiter treffen uns um 14 Uhr zur Arbeitsbesprechung und anschließenden Gebetsgemeinschaft, die von 14.30 bis 15 Uhr geht. Da beten sie nicht so sehr für sich, als für euch – übrigens dürft ihr wissen, dass viele unserer Freunde in der gleichen Zeit mit uns für euch und das ganze help center beten« – (murmelnde Zustimmung und betretenes Schweigen bei den Gästen).
- »Um 15 Uhr holen wir unsere Gäste in ihren Zimmern ab, und zwei von uns machen mit ihnen Nachmittagsprogramm verschiedener Art. Irgendwann haben wir ja auch jedes Programm gewissenhaft vorbereitet. Wir schütteln uns so was nicht aus dem Ärmel. Für die anderen Mitarbeiter geht die Arbeit in Haus, Küche, Waschküche Garten, Büro etc. weiter bis zum Abendessen.«

Als ich weiter aufzählen will, welche Pflichten am Abend auf die Mitarbeiter warten, ruft Willi dazwischen: »Aufhören, aufhören! Da bleibe ich lieber Gast.«

»Das ist prima und vernünftig von dir«, antworte ich. »Aber ich möchte euch doch noch den weiteren Tagesablauf der Mitarbeiter schildern:

- Nach dem Abendessen wird der Abwasch gemacht, an dem ihr ja wieder beteiligt seid.
- Für die anderen Mitarbeiter beginnt dann die Arbeitsplanung für den nächsten Tag.
- Um 20 Uhr beginnt für unsere Gäste das Abendprogramm, an dem wieder mindestens zwei der Mitarbeiter beteiligt sind. Die andern haben im Allgemeinen noch mit ihren diversen Arbeiten zu tun, und wenn ihr nach eurem Abendprogramm – das ist ja im Allgemeinen zwischen 21 und 21.30 Uhr beendet – eure müden Häupter zur Ruhe legt, ist noch mancher von uns Mitarbeitern beschäftigt, die Dinge zu erledigen, für die der Tag nicht gereicht hat. – Ihr müsst ja bedenken, dass außer der Arbeit, die immer wieder anfällt, auch unsere Seelsorgegespräche mit euch nicht vernachlässigt werden dürfen. Sie nehmen – das wisst ihr selbst – oftmals viel Zeit in Anspruch. Aber als wir von Gott den Auftrag bekamen, jungen Menschen in ihren vielfältigen Problemsituationen Hilfe zu geben, wussten wir, dass Seelsorgegespräche jederzeit die Hauptsache in unserer Arbeit sein werden. ›Der Mensch geht vor‹ – so hat der Geist Gottes es uns eingegeben.«

Und schmunzelnd wendet Richard ein: »Ihr habt ja auch schon erlebt, dass wir hier und da auch in der Nacht zu seelsorglichem Dienst gerufen werden. Das fordert manches an Kraft und Zeit.

Aber das Wichtigste sind nicht die täglichen Arbeiten, das Wichtigste – gleich nach eurer persönlichen Wichtigkeit für uns – ist, dass ihr Jesus kennenlernt, der allein eure Probleme und euer Zukurzkommen in eurem bisherigen Leben beseitigen kann. Wer ihn annimmt, bekommt eine ganz neue Sicht und Einstellung für sein Leben.«

Schweigen in der Runde – aber diesmal nicht betretenes Schweigen, sondern große Nachdenklichkeit. Da höre ich Richard sagen:

»Sollte jemand von euch noch Fragen zu dem allen haben; wir haben Zeit für euch, kommt und sprecht euch aus.«

Wir hatten mit unserem Mittagessen weit die übliche Zeit überschritten. Unser Tagesplan kam durcheinander – aber wir wussten, das würde sich regeln lassen. Wenn nur das Wichtigste – Jesu Hilfe – in die Herzen gedrungen war.

Übrigens gab es an diesem Tag auch ein verschobenes Nachmittagsprogramm, da einige der Gäste – unter ihnen auch Willi – um ein Gespräch baten. Jesus war wirklich an dem Tag *der* Wichtigste!

Aber, um richtig einordnen zu können, was für uns dieses Erlebnis mit Willi bedeutete, müssen wir noch schildern, warum er überhaupt Gast bei uns war, und wie er im help center die Führung Gottes erlebte.

Als Willi zu uns kam, hatte er bereits Erfahrung mit der Psychiatrie.

Willi kam aus einer bäuerlichen Familie, die in Bayern einen großen Hof bewirtschaftete. In der Schule war er einer der Besten und schloss mit guten Noten sein Abitur ab. Kurz danach begann ein langsamer, aber stetiger Abstieg in seinem Verhalten, das sowohl für Willi als auch für seine Eltern beängstigend war. Schon sehr bald musste er in psychiatrische Behandlung. Es ging auf und ab mit ihm, aber jedes Mal war das Tief, durch das er ging, eine Psychose, die er selbst nicht steuern konnte. Als er zu uns kam, war er seit vier Jahren in nervenärztlicher Behandlung. Er selbst war wegen seines geistigen Zustands sehr mutlos geworden. Er hatte schon vor seiner Erkrankung eine Bekehrung erlebt, aber, da sie nicht die von ihm gewünschten Erfolge brachte, war er enttäuscht, wurde ärgerlich und zerriss in einer seiner Psychosen seine Bibel, die er dann in den Mülleimer warf. Er brauchte einige Zeit und liebevolle Zuwendung, um Vertrauen zu Menschen und zu Gott zu finden. Aber als er ein »JA« zu der Führung Gottes hatte, als er nicht mehr gegen seine Beschwerden rebellierte, kam er zum Frieden und wurde ein lieber, umgänglicher junger Mann. Jetzt setzte er sein Vertrauen – auch in depressiven Phasen – ganz auf Jesus. Er wurde ein froher, ausgeglichener Mensch, der sich freuen konnte an dem, was er schaffte. Und dass er gerne arbeitete, haben wir ja schon erzählt.

Viele unserer Freunde beteten für Willi. Nach etwa fünf Monaten konnten wir in den Nachrichten vom help center berichten: »Willi, der hier ein Ja zu Gottes Führungen gefunden hat, ging in diesen Tagen wieder von uns. Nachdem der Herr ihn aus einem Nervenbündel zu einem fröhlichen, ausgeglichenen Menschen gemacht hat, möchte er nun versuchen, eine Arbeit aufzunehmen. Er möchte in der Nähe seines Wohnortes eine Ausbildung zum Altenpfleger absolvieren.«

Das alles war 1975. Bis heute hat Willi – sporadisch – immer wieder Kontakt gehalten und uns an seinem Ergehen teilhaben lassen. Einmal, als es ihm mal wieder schlecht gegangen war, schrieb er: »Aber meine Bibel zerreiße ich nicht mehr. Die ist mir Hilfe in meinem Leben!«

Das chinesische Amulett *(bri)*

Nennen wir ihn Victor. Vier Wochen lang war er bei uns. Während dieser ganzen Zeit sprach er kaum. Er hockte fast immer still am Boden und döste vor sich hin. Irgendwann, vor Monaten, hatte er eine Überdosis LSD genommen. Seitdem war bei ihm etwas ausgeklinkt. Der Arzt meinte zu seinen Eltern: »Hier steht die medizinische Wissenschaft erst ganz am Anfang.« – Es war auch ganz im Anfang unserer Arbeit, als noch kaum jemand in Deutschland Drogenerfahrungen hatte, außer denen, die sie nahmen. Und das waren ausschließlich negative Erfahrungen. Die Medizin musste sich da erst intensiv mit dem Thema beschäftigen, um Hilfe leisten zu können. – Der Arzt hatte den Eltern noch gesagt: »Es ist möglich, dass Ihr Sohn nach einigen Monaten plötzlich wieder völlig normal ist. Es kann auch sein, dass er nach zwei oder mehr Jahren ganz allmählich wieder gesundet. Es ist aber auch durchaus denkbar, dass er sich einen irreparablen (nicht mehr heilbaren) Gehirnschaden zugezogen hat und in diesem bedauernswerten Zustand 80 Jahre alt wird.« – Die Eltern waren körperlich und seelisch stark mitgenommen, als sie uns ihren Sohn brachten. Wir konnten ihnen auch nichts versprechen, aber wir wollten ihnen wenigstens vier Wochen Zeit zur Ruhe und Erholung geben, und Victor so lange bei uns behalten.

Manchmal machte er einen richtig spitzbübischen Eindruck. Dann sagte er einige Sätze, machte sogar einen Scherz und freute sich, wenn wir ihn verstanden. Oft aber verzog er sein Gesicht zu einer finsteren Grimasse. Seine Augen weiteten sich schreckhaft. Normales Sprechen empfand er als überlaut. Das Ticken einer Uhr oder das Bellen eines

Hundes auf dem Nachbargrundstück ließen ihn ängstlich zusammenzucken. Er selbst flüsterte fast nur, meinte aber, er rede in normaler Lautstärke. Oft benahm sich Victor wie ein kleines Kind, beim Essen wie ein Tier. Messer und Gabel rührte er nicht an. Mit beiden Händen stopfte er alles, was auf dem Teller lag, in seinen Mund. Victor war ein Pflegefall, den wir nicht bei uns behalten konnten, weil wir dazu keine Möglichkeit hatten.

Ob LSD die einzige Ursache war für sein »Kaputtsein«? Wir wissen es nicht und haben auch nie wieder von ihm gehört. »Heute fiel mir etwas auf bei Victor«, so sagte Richard eines Abends. »Als ich ihm vor dem Schlafengehen beim Ausziehen behilflich sein wollte, entdeckte ich an seinem Hals ein Amulett mit chinesischen Schriftzeichen. Ich wollte es abmachen und sagte zu ihm: ›Es ist doch besser, wenn du das zum Schlafen abtust und auf dein Nachtschränkchen legst.‹ Da wurde er richtig wild. Gestikulierend machte er mir klar, dass er nicht daran denke, dieses Halsband je abzulegen. Auf mein Fragen nach dem Grund, bekam ich keine Antwort mehr von ihm, nur einen wütenden Blick.« Das hat mich sehr nachdenklich gemacht.

Gott sagt in seinem Wort: »Ihr sollt euch nicht zu den Wahrsagern und Götzen wenden und sollt euch keine gegossenen Götter machen, denn ich bin der Herr, euer Gott« (3. Mose 19,4).

Gegossene Götter – sind denn das nur große Standbilder in menschlicher Gestalt? Können es nicht auch kleine Anhänger mit Tierbildern, Stern- oder Schriftzeichen sein, auf die der Träger sein ganzes Vertrauen setzt?

Solche Abgötterei ist Gott ein Gräuel – er wendet sich ab von dem, der sie praktiziert. Erschütternd, wie viele Menschen nicht wahrhaben wollen, dass Gott in diesen Dingen nicht mit sich spaßen lässt! Sie erwarten Heilung und Hilfe von Gott, erkennen ihn aber nicht als den an, der in ihrem Leben Maßstäbe setzen darf. Es gibt Zusammenhänge, auf die uns die Bibel hinweist – Zusammenhänge, die wir kennen und erkennen müssen, wenn wir Hilfe des lebendigen Gottes in Anspruch nehmen wollen.

Victor wurde nach vier Wochen Aufenthalt im help center von seinen Eltern wieder abgeholt. Wir haben versucht, ihm ein wenig Geborgenheit in sein kaputtes Leben zu bringen. Ob uns das gelang, konnten wir nicht feststellen und haben es auch nie erfahren. –

Es war ein neuer Lernprozess für uns, zu merken, dass wir keinem Menschen helfen können, aber dass auch Gott sich nicht einfach vor unseren Karren spannen lässt. ER ist souverän in seinem Planen und Handeln. Und das haben wir als seine »Mitarbeiter« zu akzeptieren. Vielleicht hat er Victor nur deshalb zu uns geschickt, damit wir merken, wir sind nicht die großen Könner. *Wir* haben nichts zu bieten, es ist allein Jesus, der Menschen und Verhältnisse verändern kann. Wir merkten immer wieder, es stimmt, was die Bibel sagt: »Ohne mich – Jesus – könnt ihr nichts tun!« (Johannes 15,5b).

Dös koa i net!

Da saß sie vor uns. Wir wollten gerne ein Einführungsgespräch mit ihr machen, aber sie sprach kein Wort. Sie war vom Aussehen her ein nettes, sympathisches Mädchen. Aber ihr Wesen signalisierte extreme Schüchternheit und Ängstlichkeit. Wir fragten sie dies und das, aber Antworten kamen nicht. Sie nickte mal oder schüttelte den Kopf. Auf Fragen zuckte sie nur die Schultern, aber darüber hinaus war nichts zu erreichen. Mir kam der Gedanke, dass sie vielleicht Schwierigkeiten hat, sich auszudrücken, oder Angst, wir verstehen sie nicht. Schließlich war sie Österreicherin, vielleicht war sie nur den heimatlichen Dialekt gewöhnt, den wir ja nicht verstanden, und nun war sie unsicher und schwieg lieber? Aber an Reaktionen merkte man, dass sie uns verstand. Zunächst brachte ich sie auf ihr Zimmer in der Hoffnung, dass sich ihre Schüchternheit legen würde, wenn sie uns alle kennenlernte.

Selbst unsere Gäste, die ja oft ein sehr raues Wesen an den Tag legen, respektierten ihre Schweigsamkeit, nahmen sie aber dennoch mit Freundlichkeit in ihrer Mitte auf.

Sie war schon lange Christ, das hatte sie uns geschrieben, aber auch beim gemeinsamen Austausch über der täglichen Bibellese beteiligte sie sich nicht.

Vorerst nahm ich sie zu mir in die Küche, um mit ihr vertraut zu werden. Ich gab ihr leichte Aufgaben, mit denen sie mir eine Hilfe war. Aber wenn man sie aufforderte, z. B. »wiege bitte mal die Kartoffeln für heute Mittag ab« oder »schneide schon diese Tomaten in Scheiben«, kam stereotyp ihre Antwort: »Dös koa i net!« Erstaunlich war allerdings, dass sie sich sehr geschickt bei den Arbeiten anstellte und auch die Aufträge, die man ihr gab, ausführte, selbst wenn sie vorher gemeint hatte: »Dös koa i net!«

In den Bibelarbeiten war sie still, aber hörte gut zu, das merkte man. Es brauchte lange Zeit und manches interne Seelsorgegespräch, bis sie überhaupt erst mal versuchte, ihre Ängste und Komplexe zu überwinden.

Hier möchte ich sie gerne selbst erzählen lassen, was sie in der Zeit im help center erlebte: »Eine lange Zeit meines Christseins war so, wie es nicht sein sollte. Ich war die meiste Zeit unglücklich und traurig, weil ich nicht reden konnte, so wie ich wollte. Ich hatte Angst, falsch verstanden und ausgelacht zu werden. Deshalb dachte ich: Da kann ich ja gleich schweigen. Obwohl ich dabei richtig unglücklich war. Ich dachte auch nicht in Traum daran, dass sich das ändern könnte. Ich erzählte das mal einer Freundin. Sie machte mir darauf den Vorschlag, ich sollte ins help center gehen. Help center – was ist das? Sie erzählte, dass dort Drogenabhängige sind – weiter ließ ich sie nicht ausreden; ich war wütend, weil sie mir nichts anderes anzubieten hatte. Ich sagte sofort Nein. Denn was tu ich bei Rauschgiftsüchtigen und so, damit hab ich doch nichts zu tun! Nein, da geh ich nicht hin. – Aber das help center ließ mich nicht mehr los. Ich überlegte und überlegte, bis ich sagte: ›Na ja, kannst ja mal hingehen.‹ Ich fragte an, ob man mich aufnehmen kann, und nach einer Wartezeit kam ich also ins help center.

Die erste Zeit fühlte ich mich gar nicht wohl, obwohl alle sehr lieb zu mir waren. Ich dachte immer noch, die können mir doch auch nicht helfen. Erst nach langer Zeit ging mir durch Gespräche auf, dass meine Angst unbegründet ist und ich mit Gottes Hilfe reden kann. Ich fing damit an, dass ich betete: ›Herr Jesus, ich kann nicht reden. Aber wenn du willst, dass ich rede, dann rede du durch mich.‹

Am Anfang war es nur ein Satz. Aber der machte mich unendlich glücklich. Heute macht mir das Reden Spaß, aber auch nur, weil Jesus mich befreit hat von meinen Komplexen. Ihm allein gebührt die Ehre.

Also, help center ist nicht nur für Rauschgiftsüchtige da, sondern auch für die, die Probleme haben, oder die glauben, sie könnten nicht reden, so wie ich.«

Gudrun hat während ihrer Zeit bei uns ihre Gaben in der Hausarbeit entdeckt. Als sie meinte, nun könne sie alleine leben, hat sie sich als Haushaltshilfe in einem christlichen Freizeitheim beworben. Sie nahm die Gelegenheit wahr, zunächst in diesem Haus einen vierwöchigen Bibelkurs zu machen. Anschließend wurde sie in der Hauswirtschaft angestellt.

Es kamen immer wieder Briefe von ihr, und wir freuten uns, dass sie sich dort wohlfühlte. Eines Tages schrieb sie: »Jetzt könnt ihr feste für mich beten. Unsere Köchin ist krank geworden und man hat mir gesagt, ich solle ab sofort in der Küche arbeiten und die Mahlzeiten kochen.« Wir waren erfreut über diese Anerkennung für sie, aber auch über ihren Mut, das anzupacken.

Nach einigen Monaten schrieb sie, dass die Heimleitung ein weiteres Freizeitheim eröffnen will. Da hat man sie gebeten, mitzukommen und mitzuhelfen, das Haus einzurichten. Sie war begeistert, dass man ihr das zutraute, und schrieb, wie schön die Zimmer und alles geworden seien.

Dann kam die Einweihung, und mit ihr sollten die neuen Hauseltern eingeführt werden. Aber die kamen nicht. Sie waren – ich weiß nicht mehr, wodurch – verhindert und hatten ihre Mitarbeit zunächst aufgeschoben. Da wurde unsere Gudrun gebeten, die Hausleitung zu übernehmen, bis die Hauseltern kommen konnten. Sie nahm das Angebot an. Das war ein großer Sieg in ihrem Leben, dass ihr Herr Jesus sie begabt hatte, so eine Arbeit tun zu können.

Gudrun hielt sporadisch Kontakt mit uns. So erfuhren wir, dass sie nach Stuttgart wechselte, um in einem Seniorenheim zu arbeiten. Hier ist sie nun auch schon viele Jahre und tut treu ihren Dienst. Sie ist inzwischen auch nicht mehr die Jüngste, und auf unsere Anfrage, wie sie die viele Arbeit noch bewältigt, schrieb sie uns:

»Ihr Lieben, ihr fragt, wie es mir heute geht. Das ist eine große Frage, die man so oder so beantworten kann. – Nach meinem Weggang aus dem help center fing ja der Lernprozess erst richtig an. Jetzt hatte ich eure Hilfe nicht mehr und musste alleine überlegen, wie ich zurechtkomme. Das Reden verbesserte sich nur langsam, aber ich traute mir immer mehr zu, und es machte mich froh, wenn es gelang. Heute würde man mir hier zutrauen, die ganze Hauswirtschaft zu führen. Doch ich habe nicht vor, noch so viel Verantwortung zu übernehmen! Ich habe mich durch Höhen und Tiefen weiterentwickelt und habe dabei nicht an mich gedacht, sondern an die, die hier im Haus Hilfe brauchen. Aber dadurch ist mein Rücken nicht mehr gesund, und ich habe manche Schmerzen auszuhalten. Ich habe alles gegeben, was ich konnte, und das hat mich glücklich sein lassen. Inzwischen ist vieles anders geworden, auch in meiner Arbeitswelt. Gewinn steht heute an erster Stelle. Ich kann nicht mehr viel bewegen, aber ich möchte für die schwachen Mitarbeiter noch eine Hilfe sein, damit sie nicht verzagen und untergehen. In vielen Dingen durfte ich in all den Jahren erleben, dass der Herr Jesus für mich sorgte. Ob es das Geld für ein Hörgerät war, das ich nicht hatte, oder für eine neue Wohnung, weil ich so krank wurde. Immer ging es besser, als ich geahnt hätte. Manchmal war es sehr schwer, aber ich muss heute sagen, es war gut so und ich will diese Zeit nicht missen.

Ich habe im Lauf der Jahre viele Feste für die Mitarbeiter organisiert, als Dank oder auch weil es ihnen guttat, denn sie brauchten es, dass ihnen jemand ein wenig Freude bereitete. Alle sind immer gern gekommen, und mein Geld hat auch immer gereicht, dies zu ermöglichen. Die fröhlichen Gesichter zu sehen hat mich für vieles entschädigt. Ich habe einfach meine Fähigkeiten wahrgenommen und gemacht, was nötig war.

Langsam komme ich jetzt in das Alter, wo man sagen kann: ›Es darf ein bisschen weniger sein!‹ Ich habe noch sechs Jahre zu arbeiten bis zur Rente und das werde ich mit Jesu Hilfe durchstehen.

Es grüßt euch eure Gudrun.«

Wir waren hoch erfreut, dass sie sich so gut entwickelt hat und mit solcher Zuversicht das Leben bewältigt und ihre Möglichkeiten nutzt, andern wohlzutun. Der Herr wird sie dafür reich segnen.

ER sagt nicht: »Dös koa i net!« (Psalm 115,12–13).

Ein heißer Tag

Der Tagesablauf im help center war ziemlich straff strukturiert. Wir hatten gemerkt, dass das für Leute, die aus der Drogenszene kommen, unumgänglich ist. Es war wichtig und hilfreich, sie in einen festen Ablauf einzubinden. Wir hatten zwar nie vorgehabt, eine Drogenreha zu sein, aber da im Anfang der 70er-Jahre die Drogenwelle über die Bundesrepublik, ja eigentlich über Mitteleuropa schwappte, waren Drogenabhängige die Ersten, die unsere Hilfe in Anspruch nahmen. Im Grunde verstanden wir uns als Seelsorgestätte für junge Menschen aller Couleur – d. h. jeglicher Problemfelder, die einem Jungen oder Mädchen das Leben schwer machen. Dass sich unser strukturierter Tagesablauf auch für minder schwierige Lebenssituationen eignete, war nicht unser Verdienst. Zu allem, was wir taten, brauchten wir Jesu Rat und Hilfe. So auch an dem Tag, den ich jetzt aus Richards Aufzeichnungen in den »Nachrichten vom help center« schildern will:

> 21. Juni, 6.30 Uhr: Brigitte Straube müsste eigentlich längst in der Küche sein, um Frühstück zu machen. Aber noch kniet sie vor ihrem Bett – und weint. Der Tag gestern war einfach zu viel gewesen! Die Nacht zu kurz und die Anstrengung zu groß. Und nun steht der neue Tag wie ein Schreckgespenst vor ihr. Was war gestern alles gewesen? Ein Mädel hatte 20 Tabletten geschluckt, die sie gar nicht hätte haben dürfen, außerdem fanden wir bei ihr noch eine Fixe (Spritze für Heroin). Sie hatte viel passiven Widerstand geleistet, gegen die Hausordnung opponiert, Forderungen gestellt, wollte abreisen – und dann war sie buchstäblich

unter dem Kreuz zusammengebrochen. Angesichts des Kreuzes in unserm Andachtsraum hatte Richard ihr von der Liebe Jesu erzählt, und sie hatte sich diesem Jesus ausgeliefert. – Dann hatte ein Junge Schwierigkeiten gemacht. – Ein Pfarrer war zu Besuch gekommen, um das Haus zu besichtigen und Richard zu einer Diskussion mit seinen Konfirmanden mitzunehmen.

Es war viel Aufregung gewesen. Was würde der heutige Tag bringen? Angst will aufkommen. Wir können nur alles abgeben an Jesus und ihn bitten, auch an diesem Tag die Führung zu übernehmen.

7.30 Uhr: Gaby, die gestern noch solche Schwierigkeiten gemacht hatte, kommt pünktlich zum Frühstück und sagt fröhlich: »Jetzt hab ich mein Zimmer hübsch eingerichtet. Jetzt konnte ich ja auspacken.« Wir freuen uns darüber.

8.45 Uhr: Die Bibelarbeit kann heute nicht ganz glatt ablaufen, weil zwei Leute schon vor dem Abschluss den Raum verlassen müssen: Birgit ist zu einer Leberuntersuchung beim Arzt angemeldet, und da muss eine Mitarbeiterin mitgehen.

9 Uhr: Ein Herr vom Kriminalkommissariat Alsfeld kommt. Er will einen unserer Gäste als Zeugen wegen eines zurückliegenden Vergehens gegen das Opiumgesetz vernehmen.

10 Uhr: Reinhard aus der Schweiz erklärt plötzlich, er wolle abreisen. Er habe es sich endgültig überlegt. Die Sucht in ihm sei so stark, und er wisse gar nicht, ob er die Hilfe überhaupt wolle. Unsere Mitarbeiter Karl-Heinz und Richard sprechen mit ihm, fragen ihn nach eventuellen okkulten Belastungen (das war bei Drogenmissbrauch fast einprogrammiert) und geben ihm eine Bedenkzeit.

11 Uhr: Gaby wünscht ein Gespräch. Sie erklärt: »Wenn Rein-

hard abreist, reise ich auch.« Es gibt ein mühevolles Gespräch mit ihr. Es ändert sich nichts an ihrem spontanen Entschluss. Mittagessen kochen, Arbeitszeit, Wäsche waschen, alles wird unwichtig. Die Mitarbeiter kommen zusammen und beten.

11.30 Uhr: Reinhard will fahren. Telefonat mit seiner Mutter in der Schweiz. Sie redet ihm gut zu. Daraufhin meint er, er wolle es noch 14 Tage bei uns versuchen. Im anschließenden Gespräch kommt heraus: Er ist als Kind einmal besprochen worden. Er sagt sich im Gebet davon los und nimmt den Sieg Jesu ganz persönlich für sich in Anspruch. Jetzt will er bleiben.

Gaby hört davon und sagt, sie wolle auch bleiben.

13.30 Uhr: Gaby ärgert sich, dass sie sich in der Mittagspause nicht in den Garten legen darf. (Es ist irrsinnig heiß, und wir versuchen ihr klarzumachen, dass es unvernünftig ist, jetzt in der prallen Sonne zu liegen.) Sie will abreisen, rennt auf ihr Zimmer und heult. Alles Bemühen um sie ist im Moment zwecklos.

16 Uhr: Die Gäste sind mit Karl-Heinz spazieren gegangen. Gaby war in ihrem Zimmer geblieben. Jetzt soll Bibelarbeit sein. Gaby weigert sich, daran teilzunehmen.

17 Uhr: Gaby hat ihre Sachen gepackt und schon in den Hausflur gestellt. Jetzt versuchen zwei unserer Gäste, Peter und Thomas, mit ihr zu reden. Als Thomas ihr von Jesus und der Befreiung durch ihn sagt, fällt ihm Peter in den Rücken und macht sich lustig über ihn. Thomas ist verzweifelt und kommt weinend zu den Mitarbeitern. Sie beten mit ihm.

18.45 Uhr: Thomas ist wieder im Gespräch mit Gaby. Peter hat sein falsches Verhalten erkannt. Er bittet Jesus um Vergebung – und entschuldigt sich auch bei Thomas. Wer Peter kennt, weiß, was für einen Sieg das bedeutet.

19 Uhr: Gaby kommt zu Richard und Karl-Heinz. Letztes Wort mit Gaby. Wir weisen sie noch einmal auf Jesus hin, versuchen aber nicht, sie zu irgendeinem Entschluss zu überreden. Der muss von ihr kommen. Wir verabschieden uns von ihr. Da kriegt sie Angst. Sagt, sie wolle ja eigentlich doch bleiben – bei Jesus und bei uns; wohin solle sie denn sonst? Wir können wieder miteinander beten.

21 Uhr: Tagesabschluss. In der Gebetsgemeinschaft beten alle und danken für die Wunder, die Jesus an diesem Tag getan hat.

Ein kleiner Einblick in den außergewöhnlichen Ablauf eines Tages. Es gibt eine ganze Reihe solcher Tage. Es gibt scheinbare Niederlagen: Gäste wollen sich nicht lösen von ihren Gebundenheiten und Sünden, sie reisen ab, sie hetzen die andern gegen uns auf, sie versuchen Stoff (Drogen) ins Haus zu schmuggeln, sie schmeißen Türen, toben, laufen davon. Ist es da nicht verständlich, wenn bei den Mitarbeitern Tränen fließen? Wenn die bange Frage aufkommt, ob unsere Arbeit denn Zweck hat? Wenn wir Gott fragen, wie es weitergehen soll?

Aber die Gebete der Geschwister sind da – für uns. Das spüren wir! Und der Herr wirkt – dafür sind wir immer wieder dankbar. Auf dem Hintergrund manch negativer Ereignisse wird es dann umso bedeutsamer, wenn ein Mädchen, das uns viel Mühe gemacht hat, bei seinem Weggang in unser Gästebuch schreibt:

»Jetzt habe ich zum ersten Mal wieder richtige Freude am Leben. Am meisten hat mich eure Liebe zu den Gästen beeindruckt; ich habe diese Liebe überhaupt nicht verdient. Aber die Liebe Jesu, die man daran erkennen kann, hat die Kraft Satans bei mir besiegt.«

Es wäre vielleicht angebracht gewesen, um mehr Erfolge zu beten?!? Aber uns ist bewusst, wenn *wir* Erfolge hätten, würden wir Gott bald nicht mehr nötig haben – wir würden alles selber machen. – Nein –

auch in schwierigen Situationen möchten wir voll auf Jesus vertrauen, der alles in seinen Händen hat, sowohl uns als auch die schwierigen Gäste und die scheinbar unerträglichen Situationen.

Jüngern Jesu sollte es nicht in erster Linie um ihr Wohlbefinden, ihr Rechthaben, ihre Anerkennung gehen. Stephanus wurde gesteinigt – Jakobus wurde enthauptet. Boten Jesu erlitten zu allen Zeiten Anfeindung und Verfolgung, ja Gefängnis. Das alles gehört zur Nachfolge (Johannes 15,20). – Manches Mal in solch schwierigen Situationen fiel uns das Grußwort eines Bruders in der Landeskirchlichen Gemeinschaft Stein, in der wir zum Glauben kamen, ein. Er sagte, als wir in den Missionsdienst verabschiedet wurden:

»Wir beten für euch – nicht, dass ihr Erfolg habt, sondern dass ihr in seinem Segen zur Ehre Gottes wirken dürft!«

Das machte uns immer wieder froh, und wir lernten es, auch für die Negativsituationen unserm Vater im Himmel zu danken.

Gottes Wort in meinem Alltag (bri)

Ein biblisches Ereignis, das selbst »Nichtbibellesern« gut bekannt ist. Ich möchte heute zwei Begebenheiten beleuchten, die mir darin persönlich wichtig wurden.

Es steht in Matthäus 14,22–31a (Übersetzung »Hoffnung für alle«)

Danach befahl Jesus seinen Jüngern, in das Boot zu steigen und an das andere Ufer des Sees vorauszufahren. Er blieb zurück, um die Leute zu verabschieden. Dann ging er allein auf einen Berg, um zu beten.

Es wurde Nacht. Draußen auf dem See gerieten seine Jünger in Not. Ein Sturm war losgebrochen und sie hatten große Mühe, das Boot vor dem Kentern zu bewahren.

Gegen vier Uhr morgens kam Jesus auf dem Wasser zu ihnen. Als sie ihn sahen, schrien die Jünger vor Entsetzen, weil sie dachten, es wäre ein Gespenst. Aber Jesus sprach sie sofort an: »Ich bin es doch! Habt keine Angst!« Da rief Petrus: »Herr, wenn du es wirklich bist, lass mich auf dem Wasser zu dir kommen.«

»Komm her!«, antwortete Jesus.

Petrus stieg aus dem Boot und ging Jesus auf dem Wasser entgegen. Als er aber die hohen Wellen sah, erschrak Petrus und im selben Augenblick begann er zu sinken. »Herr, hilf mir!«, schrie er. Jesus streckte seine Hand aus und ergriff ihn.

Die Schilderung beginnt mit dem Wort »danach«. Es muss also etwas Erwähnenswertes vorausgegangen sein – und in der Tat, die Jünger Jesu hatten gerade etwas Großartiges erlebt, als sie in Jesu Auftrag das Brot und die Fische unter 5000 Menschen verteilten. Fünf Brote und zwei Fische! – Eine lächerlich kleine Menge, die für eine Person gerade gereicht hätte, um satt zu werden. Eine Ungeheuerlichkeit, die Jesus ihnen da zumutet. Werden sie sich nicht unsterblich blamieren vor den vielen Menschen? Aber sie sind ja an Überraschungen gewöhnt bei ihrem Meister. Und so sind sie gehorsam und führen diesen aussichtslos scheinenden Auftrag aus. – Und je mehr sie davon verteilen, je mehr sie abgeben, umso mehr wird es. Brote und Fische werden nicht alle. Schließlich bleibt sogar noch reichlich übrig für sie selbst – zwölf Körbe voll – für jeden von ihnen ein ganzer Korb mit Essen.

Das war mal wieder so ein richtiger Höhepunkt in ihrem Leben mit Jesus – so ein richtiges »High-life-Erlebnis« – sie sind überwältigt davon, einfach happy.

Aber mitten in diese Begeisterung gibt Jesus einen neuen Auftrag.

Im Vers 22 steht*: Danach befahl Jesus seinen Jüngern, in das Boot zu steigen und ans andere Ufer des Sees vorauszufahren.*

Er fordert sie auf, etwas ganz Alltägliches zu tun. Wie ernüchternd muss das für die zwölf Männer gewesen sein. »Auf den See hinausfahren«, das war ja für etliche von ihnen tägliche Arbeit gewesen – Gewohnheit – eine Kleinigkeit für sie.

Ich könnte mir vorstellen, dass sie bei dieser Schifffahrt immer noch über das faszinierende Ereignis der letzten Stunden sprechen. Jeder berichtet aus seiner Sicht, wie dieses Wunder auf ihn gewirkt hat. Ich sehe sie so richtig vor mir, wie sie froh beschwingt in das Schiff steigen und ihre begeisterten Stimmen noch lange über das Wasser zu hören sind. – Das Rudern – das Steuern – das machen sie so nebenbei – es ist ja nichts Besonderes.

Und genau in dieser Situation geschieht das Erste, was mir auffiel:

1. Sie kommen an ihre Grenzen!

Es wurde Nacht. – ein Sturm war aufgebrochen! (Matthäus 14, 24).

Vielleicht hatte ihr seemännisches Gespür sie verlassen. Vor lauter

Begeisterung über das Erlebnis des Nachmittags, hatten sie nicht gemerkt, dass es stürmisch wurde. – Auf dem See Genezareth kann heute noch solch ein Sturm in wenigen Minuten losbrechen. Auch die Dunkelheit kommt in Israel plötzlicher als bei uns. Die Dämmerung, die uns so sanft in die Nacht führt nach einem vollen, heißen Tag, ist dort nur ganz kurz – und so wurden die Jünger von Nacht und Sturm überrascht.

Sie waren auf ihrem Weg mit Jesus schon manches Mal ratlos gewesen, wussten oftmals nicht, was sie machen sollten in gewissen Situationen. Aber die wurden dann immer durch Jesus gemeistert. Dass sie nun aber bei einer Alltagssituation in Not geraten – in Ängste kommen – nicht mehr aus noch ein wissen, das mag sie sehr verunsichert haben.

Gerade in unserem Alltag führt Gott uns oftmals an Grenzen, die uns unüberwindlich scheinen. Gerade da, wo wir so sicher sind, die Lage zu beherrschen – einen Erfolg zu erzielen. Bei den Dingen, die wir so »mit links« machen, da kann es uns passieren, dass wir scheitern. Ich habe einmal in einer solchen Situation gestanden.

Es war an einem Morgen im help center. Meine Kollegin und ich waren früher als sonst aufgestanden. Heute war der Geburtstag eines unserer Gäste, und wir wollten – noch vor dem Frühstück – für die Feier am Nachmittag einen ganz besonderen Kuchen zubereiten. Wir stürzten uns gleich in die Vorbereitungen dazu. Ich begann die Sahne zu schlagen. Aber ich musste feststellen, dass sie wohl nicht mehr gut war, denn sie wurde nicht fest. Zum Glück hatten wir reichlich eingekauft und so konnte ich einen neuen Versuch starten. Aber, was war los? Das hatte ich noch nie erlebt, dass Schlagsahne einfach nicht gelingen will. Ein dritter Versuch musste gestartet werden – aber wenn der auch nicht gelang, was dann?

Da sagte meine Kollegin: »Sag mal, was hältst du davon, wenn wir erst einmal beten um das Gelingen unserer Arbeit?« – Beten, um Sahne zu schlagen? »Ja«, sagte ich, »du hast recht!« Wir falteten unsere Hände, sprachen mit Gott über unser Vorhaben an diesem Morgen und erbaten seine Hilfe dazu. Nach dem »Amen« kam dann der dritte Versuch und gelang großartig.

Ich habe damals gelernt, dass auch meine größten Fähigkeiten versagen, wenn ich sie allein anwende, ohne die Hilfe meines Herrn dazu zu erbitten – denn ER soll ja die Ehre von unserem Tun haben. In unserer Küche auf dem Kühlschrank klebt seitdem ein Zettel mit dem Wort aus Johannes 15,5:

... denn ohne mich könnt ihr ***nichts*** *tun!*

Es ist gut, dass Gott uns manchmal Zügel anlegt. Wie würden wir sonst in Abhängigkeit von ihm bleiben können? In einer verfahrenen Situation sind wir doch ganz schnell bereit, einen eigenen Ausweg zu suchen, weil unser Stolz die Niederlage nicht zulassen will. Anstatt freimütig zuzugeben – zuerst mir selbst und wo es nötig ist, auch vor anderen: Ich bin am Ende meiner Weisheit. Mein Können bringt auch nichts mehr! Es erfordert schon einigen Mut – oder soll ich sagen Demut –, das wirklich auch zuzugeben.

Aber eine von Gott gesetzte Grenze heißt weder »mit Gewalt und Tricks durchbrechen« noch »resignieren«. Sie bedeutet: »Stopp – nachdenken und beten – und auf Gott warten, dass er das neue Signal setzt.«

Und damit komme ich zum Zweiten, was mir wichtig wurde:

2. »Mit Gottes Eingreifen ***rechnen***«

Auch für ein solches Verhalten haben wir ein anschauliches Beispiel in unserm Bibeltext. Petrus gibt es uns in vorbildlicher Weise. Sein Vertrauen zu Jesus ist groß. Als die Jünger Jesus erkennen, der da auf dem Meer zu ihnen kommt, sagt Petrus schlicht:

»Herr, wenn du es wirklich bist, lass mich auf dem Wasser zu dir kommen.« – »Komm her!«, antwortet Jesus (Matthäus 14,28.29).

Und Petrus steigt tatsächlich aus dem Kahn und läuft Jesus entgegen auf dem Wasser. Jesus beweist wieder einmal, dass er vertrauenswürdig ist. Petrus kann wirklich auf dem Wasser gehen!

Nun macht Petrus eine weitere Erfahrung:

Als er – vielleicht nur einen ganz kurzen Moment – den Blick von Jesus wendet, beginnt er zu sinken. Warum, steht nicht in der Bibel, nur dass er plötzlich die hohen Wellen wahrnimmt und erschrickt. Vielleicht ist es nur ein Blick auf seine Gefährten im Boot, die zurückbleiben – vielleicht ein stolzer Blick über diesen Erfolg? – aber jedenfalls ein Blick in die falsche Richtung!

Ich habe daraus gelernt:

»Der Glaube muss in ständigem Blickkontakt mit Jesus bleiben.« Ein Seitenblick genügt und wir verzagen an unsern Grenzen – wir beginnen zu sinken in das Meer der Verzweiflung.

Aber auf dem See Genezareth geschieht nun etwas Beachtliches: Der wassergewohnte Petrus versucht nicht mit Armen und Beinen zu paddeln, um über Wasser zu bleiben. Das wäre doch die natürlichste Reaktion gewesen. Nein, er rechnet mit dem Eingreifen Jesu und schreit zu ihm.

Nicht unsere »Schwimmkünste« sind es, die uns in auswegloser Situation retten, sondern allein das Eingreifen Gottes meistert meine verfahrene Lage – erweitert unsere menschlichen Grenzen.

Was erlebt Petrus? Dass Jesus augenblicklich neben ihm ist und seine Hand nach ihm ausstreckt. Nirgendwo steht, wie weit Jesus noch von ihm entfernt war, wie weit Petrus noch auf dem Meer hätte gehen müssen, um Jesus zu erreichen. Im Augenblick der Not ist Jesus nie weit weg. Er ist immer hautnah bei uns!

Was lernen wir aus diesem biblischen Geschehen?

1. Ich muss als Jünger Jesu die Bereitschaft mitbringen, mich von ihm an meine Grenzen führen zu lassen, damit ich in Abhängigkeit von ihm bleiben kann.

2. Als Jünger Jesu bin ich herausgefordert, immer mit dem Eingreifen Gottes zu rechnen. Sonst verpasse ich Gelegenheiten, bei denen ich Glaubenserfahrungen machen kann.

Auf der Berg- und Talbahn

Wenn man aus dem Dienst für Jesus berichtet, versucht man ein Panorama von leuchtenden Bergen zu zeigen. Und das ist auch gut, denn wir wollen ja berichten von Gottes großen und kleinen Taten, mit denen er unseren Dienst krönt. Die Täler dazwischen beachtet man nicht mehr so sehr. Aber Täler gehören nun mal zu Bergen.

Es sind nicht nur gebahnte Wege, die man geht, auch nicht zum Gipfel, den man erklimmt. Dienst für Jesus ist eben nicht ausschließlich ein »Wandeln auf sonnigen Höhen!« Es geht auch durch Täler, die manches Mal sehr düster sind – Täler der Angst, Täler der Demütigung durch andere, Täler des Erschreckens.

Aber die Täler gehören zu den Bergen und darum müssen sie durchschritten werden.

Gottes Wort sagt in Psalm 84,7.8:

Menschen Gottes gehen durch das Tränental – und machen es zu einem Quellort! Sie gehen von Kraft zu Kraft! (Vers 8, Elberfelder Bibel).

Und in der geläufigeren Übersetzung von Martin Luther:

Sie gehen durch das Jammertal und graben darin Brunnen. Sie erhalten einen Sieg nach dem andern!

Ach, wie klingt das Wort vom Sieg doch so wohltuend – wie gerne haben wir Sieg in unserem Leben. Aber wer bedenkt, dass jedem Sieg ein Kampf vorausgeht? Wenn wir den Kampf scheuen, gibt es eben keinen Sieg, und darunter leiden wir dann.

Auch das Leben mit unsern Gästen war kein »Wandeln auf sonnigen Höhen«. Zeitweise war die Atmosphäre in unserem Haus nicht gerade gut. Unaufrichtigkeit, Unzufriedenheit, Eifersüchteleien und heimliche negative Wünsche bei unseren Gästen belastete die Arbeit oftmals schwer. Wir wollten nicht darüber klagen, aber unsere Freunde, die für uns beteten, ließen wir teilhaben an Freude und Leid. Sie hatten Anteil auch an späteren Siegen.

So berichteten wir einmal in den »Nachrichten vom help center« unter der Überschrift:

Sie sind scheußlich zu uns ...

Sie wollen Hilfe –
aber zu ihren Bedingungen.
Sie wissen nicht weiter –
aber sie machen uns Vorwürfe.
Sie sind am Ende –
aber sie stellen Forderungen.
Sie möchten seelsorglichen Rat –
aber sie verschließen sich.
Sie fordern Vertrauen –
aber sie hintergehen, belügen und betrügen uns.
Sie verlangen Liebe –
aber sie behandeln uns wie den letzten Dreck.
Sie rechnen mit unserer Sanftmut –
aber sie handeln brutal und rücksichtslos.
Sie suchen Heilung –
aber sie verletzen mit stolzen und harten Worten.
Sie bitten um klare Führung –
aber sie gehen ihre eigenen Wege.
Sie erwarten Gottes Eingreifen –
aber sie wissen alles besser als Gott.
Sie fragen nach Gottes Willen –
aber sie setzen ihren Willen dagegen.

Sie reden von Jesus –
aber sie tun nicht, was er ihnen sagt ...
... aber wir lieben sie!

Und hier ein kleiner Einblick in das Geschehen einiger Tage:

Donnerstagabend: Th. ist verschwunden. Erst um 1.30 Uhr nachts kommt er angetrunken zurück. Er hatte ein Paket bekommen, in dem auch Geld war. Das hatte er nicht, wie vereinbart, zur Aufbewahrung abgegeben, sondern wollte es gleich ausgeben ...

Freitag: Th. lässt nicht mit sich reden. Er ist aggressiv und reist ab. Seine Frau E., die auch bei uns mitlebt, ist gerade beim Frauenarzt. Es stellt sich heraus, dass sie schwanger ist.

Nach dem Abendessen: An. ist weg, Wir finden sie später in einer Kneipe.

Samstag: P. ist verschwunden. Ihre Betreuerin sucht und findet sie. Als sie sie auffordert, wieder mitzukommen, würgt P. sie. Die Mitarbeiterin stürzt, schlägt mit dem Kopf auf und wird bewusstlos.

Bei An. kommen wir keinen Schritt weiter. Sie hat keine Einsicht in ihr falsches Handeln und klagt nur alle andern an.

Montag: E. wurde heute ins Krankenhaus gebracht – Komplikationen mit ihrer Schwangerschaft!

Mittwoch: N. ist unerwartet abgereist!

Donnerstag: Manfred fährt mit seinem Betreuer nach Frankfurt, um wegen seiner Verurteilung mit Richtern und Staatsanwalt über ein Gnadengesuch zu sprechen.

Freitag: E. ruft an aus dem Krankenhaus und sagt, dass sie »es nicht mehr packt«! Sie verlässt das Krankenhaus auf eigenen Wunsch und reist mit ihrem Mann zusammen ab.

Samstag: An. sagt, sie wolle auch abreisen. Nach einem Gespräch mit ihrer Betreuerin bleibt sie aber doch.

Sonntag: Th. und E. rufen an, ob sie wiederkommen dürfen. Wir sagen erfreut zu.

Montag: Th. und E. reisen wieder an. Sie haben beide Hasch geraucht. (Ob das gut war für das Ungeborene?)

Mittwoch: Ag. sagt, dass sie heute abreisen will. Am Vormittag rasseln P. und unsere Mitarbeiterin Elisabeth aneinander. P. macht die Mitarbeiter verantwortlich für Ag.'s Abreise. Erst später stellt sich heraus, dass P. und Ag. in der letzten Nacht durchgebrannt waren und sich gegenseitig runtergezogen hatten.

Sollen wir unsere Gäste denn nachts einsperren?!

Beim Spaziergang am Nachmittag rastet An. aus. Alle paar Minuten kommen Düsenjäger im Tiefflug und machen einen Riesenlärm. Sie schreit wie am Spieß und ist nur schwer zu beruhigen.

Es gibt Zeiten, da möchten wir am liebsten »den Laden dicht machen« – wenn es nach menschlichen Empfindungen ginge. Aber gerade dann erkennen wir, wie notwendig die Arbeit ist, die wir tun. Junge Menschen brauchen Hilfe – auch wenn sie zunächst nicht in der Lage sind, sie richtig in ihr Leben einzuordnen. Aber sie brauchen doch Jesus und seine Hilfe, um mit ihrem Leben klarzukommen.

Deshalb machen wir weiter – auch wenn es manches Mal Krisenzeiten gibt und die negativen Erfahrungen mit Gästen sich zu häufen scheinen. Es ist unser Ringen im Gebet, dass unsere Jungen und Mädchen Jesus liebgewinnen. Sehr dankbar sind wir für alle Gebete unserer Freunde. Sie haben wesentlich Anteil daran, dass die Mitarbeiter im help center trotz Schwierigkeiten getrost ihren Dienst tun können. – Und wir erleben es immer wieder, dass Gott sich in diesen Situationen mitten ins Geschehen hineinstellt und uns Mitarbeitern die Kraft zum Durchhalten bis zum Sieg gab und heute noch gibt.

Dank – ein freudiges Opfer? (bri)

Eines Tages bekam ich den Auftrag, im help center eine »Lob- und Dankstunde« für unsere Gäste und Mitarbeiter zu halten.

Bei der Vorbereitung kam mir der Gedanke, dass es nicht so ganz einfach ist, Gott ausschließlich zu loben und ihm zu danken. Es war mir immer wieder aufgefallen, dass selbst gestandene Christen sich darin schwertun. In einer Gebetsgemeinschaft, wo gedankt werden sollte, hörte man oft nach wenigen Minuten nur noch Bitten wie: »... und, Herr, gib uns bitte« – oder »... bitte mach du, Herr, dass ...« Danach kam kaum noch von irgendjemandem ein Lob, ein Dank an unseren großen Herrn. Wie schnell schleichen sich unsere Wünsche und Bitten dazwischen und werden uns wichtiger als der Dank.

Zur Vorbereitung auf diese Lob- und Dankstunde wurde ich angeregt durch eine Feier, die unsere Gäste einige Zeit vorher gestaltet hatten. Zu dem Thema »Wie sich Gottes Gegenwart in unserem Leben auswirkt« brachten sie ihre Gedanken zum Ausdruck. Sie stellten einige Situationen dar, die uns im täglichen Leben begegnen. Sie spielten zu den Begriffen »Freude«, »Leid«, »Kampf«, »Müdigkeit« jeweils eine selbst erdachte Szene, der sie Bibelstellen zugrunde gelegt hatten. Es war immer ein Psalmwort zum Thema und ein Zuspruch Gottes für die jeweilige Situation.

Diese Aufführung machte mir bewusst, wie wichtig es für einen Christen ist, immer und in jeder Situation Gott zu danken – ihn zu loben.

Die Bibel ermuntert uns ja dazu:

Saget Gott Dank allezeit und für alles (Epheser 5,20).

Das bedeutet, nicht nur für gute Tage, frohe Stunden, erfreuliche Nachrichten, aufmunternde Erlebnisse zu danken und zu loben.

Allezeit und *für alles* danken meint ebenso: die schlechten Tage, die dunklen Stunden, die unerfreulichen Nachrichten, die enttäuschenden Erlebnisse ebenfalls mit Dank aus Gottes Hand anzunehmen.

Wenn der Psalmist sagt: ***Opfere** Gott Dank, denn wer Dank **opfert,** der preist ihn* (Psalm 50,14.23).

dann ist anzunehmen, dass er selbst die Erfahrung gemacht hat, dass es nicht leicht ist, für die negativen Dinge in unserm Leben zu danken. Er merkte, dass das ein Opfer bedeutet. Und das stimmt auch. – Aber wenn man es wirklich tut, erfährt man, dass unser himmlischer Vater es immer gut mit uns meint. Dann kann man auch in Leid und Angst seine große Liebe spüren, die uns hindurchträgt.

Mein Mann und ich haben das in einer bestimmten Situation selbst erlebt.

Wir standen schon einige Zeit im Dienst Jesu, als wir diese Erfahrung machten. Gott ging Schritt für Schritt mit uns voran. Er überfordert uns nie, aber manchmal, wenn er Dinge zulässt, die uns ganz gegen den Strich gehen, dann wollen wir aufbegehren. Wir erlebten das, als ich wegen Augenbeschwerden zum Arzt musste.

Ich hatte etwa zwei Jahre zuvor eine Sehnerventzündung am linken Auge gehabt. Es war eine langwierige Behandlung mit großer Unsicherheit in Bezug auf Heilung. Ich war auf dem Auge völlig erblindet gewesen. Nach zehn Wochen Klinikaufenthalt hatte mir der Professor gesagt, dass meine Heilung ein Wunder Gottes sei. Ich hatte mich über diese Bemerkung gefreut. Es war nicht selbstverständlich gewesen, dass ein Arzt Gott als Helfer in seiner Arbeit anerkennt hatte.

Als wir nun an diesem Tag vom Arzt heimfuhren und ich Richard sagte, dass es wieder eine Sehnerventzündung ist – diesmal auf dem rechten Auge – waren wir beide zunächst recht verzweifelt. Richard sagte tief erschüttert: »Soll das nun wieder losgehen?« Und er fuhr kurz entschlossen in einen Waldweg hinein und stoppte das Auto ab, damit wir erst mal mit Gott darüber reden konnten.

In unserem gemeinsamen Gebet sagte er etwa so: »Herr Jesus, ich kann das nicht verstehen, dass du das nun noch einmal so zulässt. Ich habe kein JA dazu, das will ich dir ganz aufrichtig sagen. Aber dein Wort sagt, dass wir für alle Situationen unseres Lebens danken sollen. Herr, das kann ich aus meinem Empfinden heraus nicht! Aber weil du es so willst, tue ich es gegen meine Einsicht. Danke, Herr, dass du diese schwierige Krankheit noch einmal geschickt hast. Amen!«

Er hatte das unter Tränen gesagt. Aber nachdem er diesen Dank ausgesprochen hatte, wurde er ruhig.

Die Situation hatte sich nicht verändert, aber er stand nun anders in dieser unerfreulichen Lage, und dieser Friede färbte auch auf mich ab. Wir waren beide auf einmal getrost und konnten sachlich überlegen, was als Nächstes zu tun war.

Dieses Erlebnis vor mehr als 40 Jahren war für uns Schule Gottes, und wir haben gelernt, was die Bibel mit »Dank opfern« meint. Wir haben gelernt, wie man trotz Schwierigkeiten im persönlichen Leben und im Dienst getrost sein kann. Wir haben gelernt, wenn Fehlschläge kommen, wenn uns Menschen – mit der Bibel gesprochen – »über unser Haupt fahren« (Psalm 66,12), wenn unerwartete Krankheit uns unsere Pläne durchkreuzt u. Ä., dass wir uns zuerst darauf besinnen, dass Gott keine Fehler macht. Er hat immer und mit allem unser Bestes im Sinn. So konnten wir uns bis heute in jeder Lage im wahrsten Sinne des Wortes »durchdanken«.

Ein Erlebnis mit Nachwirkungen

Es liegt ein paar Jahre zurück:

In Wetzlar gibt es etwas Neues. Die Zeitungen schreiben große Artikel darüber, Plakate an allen Ecken und Wänden, Handzettel in den Briefkästen, alle mit derselben Nachricht: »Am (Datum) öffnet BIMBO seine Pforten«. Wer oder was ist BIMBO? Ein Einkaufsladen neuer Prägung! Man muss ihn sehen, sonst kann man sich nichts darunter vorstellen. Es ist kein Geschäft üblicher Art. Es ist auch kein Modegeschäft, keine Bäckerei oder Ähnliches – es ist auch kein herkömmliches Kaufhaus. Über seine Beschaffenheit gibt es keine besondere Aufklärung. Es heißt nur, dass es ein Laden nach neuesten Erkenntnissen der Wirtschaft ist. Den muss man kennenlernen.

Sehr bald nach der Eröffnung fahren Richard und ich dorthin. Er liegt eigenartiger Weise nicht mitten in der Stadt, im Geschäftsviertel, nein, etwas außerhalb an der Bundesstraße kurz vor der Stadtgrenze. Es ist ein ziemlich großes Areal, was da vor uns liegt, mit einem riesigen Parkplatz und einem flachen, aber sehr ausgedehnten Gebäude darauf. Wir pirschen uns durch zum auffällig geschmückten Eingang. Dort wartet schon die erste Überraschung auf uns. Wir bekommen von einem freundlichen jungen Mann einen Korbwagen auf Rädern ausgehändigt mit den Worten: »Wir wünschen einen guten Einkaufsbummel!«

Einkaufs*bummel?* Den macht man doch in einer Innenstadtstraße mit vielen Geschäften. Was ist mit diesem Laden los? Spannende Augenblicke, bis wir drin sind und nur staunen können. Riesige Regale voll mit Waren stehen vor uns, große Verkaufstische, auf denen sich jeweils eine bestimmte Ware befindet – besser gesagt, aufgetürmt ist. Ringsherum sind diese Tische mit einem eisernen Metallgitter gesichert, damit nichts weggenommen wird? Oder? Nein, damit nichts von der Ware herunterfällt. So weit das Auge sehen kann, stehen diese Tische und Regale, aber nirgendwo sieht man eine Verkäuferin oder jemanden, der einen bedienen will. Nirgendwo steht »bitte nicht berühren« – unvorstellbar neu!

Wir schieben unseren Wagen sachte zwischen Tischen und Regalen durch und kriegen große Augen über ein solch üppiges, reichhaltiges Angebot. Es ist jedem freigestellt, die vor ihm liegende Ware zu prüfen und genau anzusehen. Wir staunen über solche Freiheit, selbst aussuchen zu dürfen und auch die Dinge wieder zurückzulegen, die man nicht mitnehmen will.

Ich weiß nicht, ob es mir gelungen ist, diese neue Art des Einkaufens zu beschreiben, aber dass es schlicht und einfach der erste Supermarkt für uns war, hat sicher jeder längst erraten.

Es mag damals in Großstädten solche Einkaufsmöglichkeiten schon gegeben haben. Aber für die Kleinstadt Wetzlar war es ein umwerfendes Erlebnis. Den Namen »Supermarkt« gab es noch nicht – es gab auch noch keine Industrie- oder Gewerbegebiete, wie sie heute üblich sind. Jedenfalls waren wir sehr angetan von dieser völlig neuen Art, Einkäufe zu machen. Wir bummelten also durch, ohne einen festen Einkaufsbedarf zu haben. Wir wollten nur das Neue kennenlernen. Aber schließlich kamen wir doch in eine Abteilung, die uns besonders interessierte.

Es gab Schuhe über Schuhe. Und was für besondere Arten an Sommersandalen! Ich erinnerte Richard daran, dass wir für ihn ein paar neue Sommerschuhe kaufen sollten. Er hatte nichts Geeignetes mehr im Schrank. Ohne einen Verkäufer, der etwas anpreist, wählte er in diesem großen Angebot ein Paar Wildledersandaletten in seiner Größe aus und legte sie feierlich in unseren Einkaufswagen. Sie sahen besonders gut aus mit einer kleinen, aus Wildlederfransen gemachten Umrandung an den Fußgelenken. Wir waren beide so begeistert von der Form, dem Material und dem Preis, dass Richard schließlich sagte: »Willst du nicht auch so ein paar Sandalen haben?« Ich strahlte und suchte gleich nach meiner Größe. Stolz wie eine Königin legte ich meine Sandalen neben seine und wir gingen frohgemut weiter. Es gab noch viel Schönes zu sehen und Neues zu entdecken.

Aber komisch, mit einem Mal hatte ich gar keine Freude mehr an unserem Einkaufsbummel. Ich wurde immer stiller und nachdenklicher, bis Richard das merkte und fragte: »Ist dir was? Du bist so betont still geworden.« Zunächst spielte ich das runter, weil ich selbst noch gar nicht registriert hatte, warum ich so lustlos geworden war. Aber schließlich sagte ich ihm, dass mir wegen meiner neuen Sandalen unbehaglich zumute war. Denn, so war mir bewusst geworden, ich brauchte sie gar nicht. Ich hatte genug gute und hübsche Sommerschuhe. Es war einfach die Begier, diese besonderen Sandalen gleich wie er anziehen zu können. Richard wollte mich beruhigen, weil er dachte, sie seien mir zu teuer – denn mit unserm Missionsgehalt mussten wir ja gut haushalten. Aber in mir kam keine Freude mehr auf. Da sagte er einfach: »Komm, lass uns drum beten, warum du so unfroh bist. Jesus kann das zeigen.«

Wir suchten uns ein stilles Eckchen, um mit Gott zu reden. Kaum dass wir zur Stille kamen, wusste ich auch, was Gott mir in diesem Augenblick zeigen wollte. Mir wurde klar, ich habe nur aus Freude am Neuen, aus eigennützigem Wunsch zu den Schuhen gegriffen – denn ich brauchte sie ja wirklich nicht. Ich bat Jesus um Vergebung für meine Unbeherrschtheit. Und nachdem ich Amen gesagt hatte, nahm ich die Schuhe und brachte sie zurück zu dem Tisch, von dem wir sie mitgenommen hatten. Meine Lustlosigkeit von vorher war wie weggeblasen.

Ich hatte an diesem Vormittag etwas ganz Wichtiges und Besonderes gelernt.

Jesus hatte mir bewusst gemacht, dass er für jeden unserer Lebensbereiche und unserer Bedürfnisse kompetent ist und uns auch darin leiten möchte. Dass ihm nichts zu schwer ist, sagt uns sein Wort deutlich, aber dass ihm auch keines unserer Anliegen zu klein oder unwichtig ist, das müssen wir lernen. Er möchte, dass wir auch im Geringsten seine Bereitschaft, für uns da zu sein, in Anspruch nehmen. Das hilft uns, getrost zu bleiben, ob unsere Aufgaben riesengroß sind, dass sie uns über den Kopf hinauswachsen wollen, oder ob es unscheinbare Dinge unseres Lebens sind, die wir bewältigen müssen. Seine Kraft, seine Umsicht und seine Aufmerksamkeit sind jederzeit für uns greifbare Hilfen.

In dieser Gewissheit konnte ich später auch die neuen, oft ungewohnten Aufgaben im help center ohne Ängste in Angriff nehmen. Ich habe manches Mal gestaunt, womit wir Jesus kommen können – wo er überall eingreift, regelt, klarstellt, hilft. Ich beteiligte ihn z. B. an meinen Einkäufen für das help center. Vom Planen an über die Einkaufsliste bis hin zum Tätigen des Einkaufs ließ ich ihn teilhaben und mich geleiten. Mancher meint, solche Alltagsdinge macht man doch alleine, damit kann man Gott nicht belästigen. Oh doch, man kann! Und man darf! Es ist mir zum Bedürfnis geworden, alles mit meinem Herrn Jesus zu durchdenken, zu besprechen und auch auszuführen. Er war es ja, der mir für meine Aufgabe als Wirtschaftsleiterin den Auftrag, die Richtschnur und Ermutigung gegeben hat.

Seinen *Auftrag* gab er gleich am Anfang des help centers. Im 5. Mose 10,18.19:

Der Herr, euer Gott, hat die Fremdlinge lieb, dass er ihnen Speise und Kleidung gebe. So sollt auch ihr die Fremdlinge lieben!

Wir im help center haben diesen Auftrag ganz praktisch in die Tat umzusetzen versucht und dabei erlebt, wie treu uns unser Herr in den inzwischen 38 Jahren versorgt hat.

Die *Richtschnur* für mein Handeln gab mir Gott mit dem Wort aus 1. Korinther. 4,2:

So sucht man nicht mehr an den Haushaltern, als dass sie treu sind!

Treue und Sorgfalt im Umgang mit den Gaben, sei es Geld oder seien es Sachwerte, sind mir ein Bedürfnis und der Gegenstand unzähliger Gebete geworden. Wenn ich z. B. mit einer Mitarbeiterin zusammen zum Großhandel fuhr, um Lebensmittel, Haushaltwaren, Nähzutaten, Wasch- und Putzmittel usw. einzukaufen, erlebten wir immer wieder, wie Gott uns günstige Einkaufsquellen zeigte. Dabei lag viel an uns, dass wir dem großen Angebot nicht unterliegen (siehe Sandalen bei BIMBO), sondern immer wieder fragen: »Herr, ist es nach deinem Willen, dass wir uns dieses oder jenes leisten?« Die Verführungen sind groß. Ich habe gelernt, Nein zu sagen, auch wenn es noch so verlockend schien. Aber ich habe auch gelernt, dort, wo Gott sein Ja gibt, großzügig einzukaufen. Aber dann war es auch meine Aufgabe, das Besondere den andern so lieb zu machen, dass sie es als Besonderes erkennen und dafür danken konnten. So gab es keine Einkaufsfahrt ohne intensive Vorbereitung im Gebet.

Aber zur Wirtschaftsleitung in solchem Haus gehört ja mehr als nur der Einkauf. Auch die sinnvolle Nutzung des Gartens war mir ein Anliegen, denn sie trägt ja wesentlich zur sparsamen Wirtschaftsführung bei. Bei allen diesen Arbeitsbereichen durfte ich auf Rat, Hilfe und Weisung Gottes zählen.

Das *Dritte,* was Gott mir auf diesen Weg mitgab, war mir immer wieder Ermutigung, ihm mein ganzes Vertrauen zu geben.

In Sprüche 27,4 heißt es:

Durch ordentliches Haushalten werden die Kammern voll aller köstlichen lieblichen Reichtümer.

Das habe ich buchstäblich erlebt in den Jahren der totalen Abhängigkeit von Gott.

Man lernt immer noch dazu

Wir waren schon mehrere Jahre in der Arbeit und hatten auch inzwischen mehr Mitarbeiter. So verteilte sich die praktische Arbeit, aber auch die Betreuung der Gäste auf mehrere Schultern. Es war wohltuend, dass wir jetzt schon seit langer Zeit feste freie Tage hatten. Unser Prinzip von Anfang an war ja, dass wir biblisch leben wollten. So machten wir aus, dass wir sechs Tage arbeiten und am siebten Tag ruhen.

Aber in den ersten zwei Jahren ging es nicht, diesen Rhythmus einzuhalten. Richard und ich schauten zwar darauf, dass unsere Mitarbeiter möglichst geregelte freie Zeiten hatten, aber für uns konnten wir das selten in Anspruch nehmen, da wir ja in den ersten Jahren auch immer noch auswärtige Termine hatten: Jugendwochen, Evangelisationen und Gemeindeveranstaltungen.

Bei der gemeinsamen Arbeit herrschte eine gute Atmosphäre. Das merkten sogar manches Mal die Gäste, und wir waren froh darüber. Aber irgendwann, als Richard und ich einmal darüber sprachen, kam uns ein Gedanke. Wir wussten und spürten, dass die Arbeitsgemeinschaft eine sehr gute war, aber wir wollten doch eigentlich mehr als das. Wir wollten doch eine Lebensgemeinschaft haben. Wir fragten uns, was läuft da falsch? Wo liegt der Fehler? Wir sprachen mit Jesus darüber, wie es uns in allen Fragen unseres Lebens zur Gewohnheit geworden war.

Nachdem wir einige Zeit darüber gebetet und nachgedacht hatten, merkten wir: Eine Lebensgemeinschaft beinhaltet mehr als eine Zusammenarbeit. Was wussten wir Mitarbeiter eigentlich voneinander? Natürlich: Wir zwei wussten einiges über jeden Mitarbeiter, da wir ja die Bewerbungen und Lebensläufe bekamen und die Einstellungsgespräche führten. Aber das waren ja vorwiegend geschäftliche Dinge, die man dabei erfuhr. Gegenseitiges Anteilnehmen fehlte fast ganz unter uns.

Wir fragten wieder: »Jesus, was können wir tun – wie können wir diese Situation ändern?«

Dann setzten wir uns mit allen Mitarbeitern zusammen und sprachen dieses Thema an. Wir merkten, dass nicht nur wir solche Fragen hatten. Manche unter ihnen vermissten auch die Vertrautheit einer lebendigen Gemeinschaft, die über gemeinsame Arbeit hinausgeht. Wir beteten miteinander darüber, und nach einigen Tagen trugen wir unsere Gedanken zusammen. Wir kamen auf die Idee, einen Abend pro Woche miteinander zu verbringen. Er sollte sich nicht um Arbeit, Gäste und ihre Anliegen drehen, sondern unser Zusammenwachsen fördern. Aber wir merkten, dass es gar nicht so einfach war, wie wir dachten. Bei jedem Vorschlag, den einer machte, kam sehr schnell die Frage: »Und was machen wir mit unseren Gästen in der Zeit? Sie dürfen doch nicht über unseren Wünschen vernachlässigt werden!«

Als wir aber dann von den Bedürfnissen unserer Gäste ausgingen, und nicht mehr unsere Wünsche in den Vordergrund stellten, konnte Jesus uns auch gute Gedanken geben für eine Lösung, die allen gerecht wurde. Wir beschlossen, unseren Gästen an einem Abend in der Woche eine Aufgabe zu stellen, die sie alleine lösen sollten.

Wir hatten gerade einen neuen Bibelkurs zur Begutachtung zugeschickt bekommen, der uns sehr geeignet schien, unsere Gäste damit zu beschäftigen. Er war nicht zu schwer, aber auch nicht simpel. Es kam noch der Vorschlag, dass jeder von uns diesen Gemeinschaftsabend für Mitarbeiter ganz nach seinem Geschmack gestalten sollte.

Wir waren alle von dieser Lösung begeistert und freuten uns schon auf den ersten Abend.

Als das alles besprochen war, kamen wir am nächsten Tag mit unseren Gästen zusammen, um ihnen unsere Pläne nahezubringen. Sie sollten wissen, wie wir zu dieser – unserer Meinung nach – guten Lösung des Gemeinschaftsproblems durchs Nachdenken, Gebet und Gespräch gekommen sind. Sie sollten daran erkennen, dass auch wir ganz von unserm Herrn Jesus abhängig sind und nicht die perfekten Bosse, die alles selbst in den Griff kriegen.

Der Vorschlag wurde auch von unseren Gästen gut aufgenommen. Da einige unter ihnen etwas ängstlich waren, nun plötzlich mit der Bibel alleine zu sein, versprachen wir ihnen, dass wir im Laufe des Abends einmal zu jedem kommen und sie ihre Fragen loswerden können. Das gefiel ihnen sehr gut.

So gab es – zunächst jeden Montag – einen solchen Abend, an dem sie nicht ein Programm vorgesetzt bekamen, sondern sich selbst mit der Bibel beschäftigen konnten. Wir planten unseren Montagabend so, dass es genug Zeit gab, zwischendurch zu den Gästen zu gehen – aber vor allem ganz private Gemeinschaft zu üben, die uns half, mehr zusammenzuwachsen. Diese Abende gibt es noch heute, und sie sind sehr wohltuend für Mitarbeiter und Gäste. (Nur der Name wurde ausgetauscht – aus »Gemeinschaftsabend« wurde »Mitarbeiterabend«.) Aber sein Inhalt und seine Bedeutung sind über Jahre hinweg gleich geblieben.

Gott erweitert unsere Grenzen

Es war an einem Mitarbeiterabend im Januar 1977. Wir saßen gemütlich im Lesezimmer beieinander und unterhielten uns gut. Wir waren schon bei den Gästen gewesen und wollten nun den Abend ausklingen lassen, als das Telefon schellte. Schnell lief einer hin, damit der Lärm unsere Gäste bei ihrem Bibelstudium nicht störte. Dann wurde ich ans Telefon gerufen. Eine uns bekannte Frau, die in der Nähe Marburgs – also etwa 80 km weg von Herbstein – wohnte, war dran. Was sie mir erzählte, klang für mich fast märchenhaft. An diesem Abend hatten sie Bibelstunde in ihrem Haus. Am Schluss, als schon alle nach Hause gegangen waren, sagte der Prediger, der die Stunde gehalten hatte, zu ihr: »Das help center hat doch in Ihrem Nachbarort ein Haus gemietet, in dem eine Arbeit mit jungen Mädchen angefangen werden soll. Ich habe gehört, dass in Buchenau – das ist etwa 10 km von hier – ein schönes Haus zum Verkauf steht. Ich meine, dass so etwas doch preiswerter ist, als ständig Miete zahlen zu müssen. Wollen Sie Straubes mal anrufen und ihnen das erzählen?« Damit verabschiedete er sich und fuhr nach Hause. Sie sagte mir noch etliche Einzelheiten über das Haus und wo wir uns nach näheren Angaben erkundigen müssten.

Als ich wieder ins Lesezimmer kam und den Mitarbeitern von dem Gespräch erzählte, war ich richtig ein bisschen durcheinander. Einer von ihnen fragte: »Woher weiß der Mann denn, dass wir um ein Haus beten?« (Er wusste es gar nicht, aber Jesus wusste um das Haus!)

Die Vorgeschichte zu diesem Erlebnis:

In der vergangenen Silvesternacht hatten wir nämlich – auch sehr spät – einen Anruf bekommen von einer uns unbekannten Frau. Sie war ganz aufgeregt, als sie sagte: »Bei Ihrem neuen Haus läuft das Wasser außen herunter. Sie müssen schnell kommen und nachsehen, was da kaputt ist.« Sie war eine Nachbarin des Hauses, das wir im vorigen Sommer angefangen hatten auszubauen. Dort wollten wir so bald wie möglich eine Zweigstelle haben, wo Mädchen aufgenommen werden. Es war leider immer noch nicht ganz fertiggestellt, und so waren auch über die Weihnachtstage keine Handwerker und Mitarbeiter dort an der Arbeit. Noch in der Neujahrsnacht fuhr unser Mitarbeiter Rudi hin. Er war von Beruf Elektriker und hatte in diesem Haus in den letzten Monaten zig Stunden gearbeitet. Er kannte sich aus.

Am nächsten Morgen fuhren Richard und ich auch hin und hatten mit der Vermieterin ein Gespräch vereinbart. Wir benachrichtigten noch den stellvertretenden Vorsitzenden des Vereins, dass er auch hinkommen möchte. In dem Gespräch nun stellte sich heraus, dass ein Verwandter der Vermieterin in den letzten Tagen im Haus gewesen war und die Heizung ausgemacht hatte, solange übers Jahresende nicht dort gearbeitet wurde. Er hatte gemeint, man könne sich die Kosten sparen (obwohl wir als help center die Heizkosten damals schon trugen). Nun war nach Weihnachten starker Frost gekommen und keiner hatte an die abgedrehte Heizung gedacht. In der dritten, obersten Etage waren nun die Wasserleitungen eingefroren und aufgeplatzt. Dort lief das Wasser die Wände herunter und dann zu den noch nicht verglasten Fenstern hinaus. (Davon hatte Rudi uns noch in der Silvesternacht berichtet.) – Nun hatten wir also als Vorstand ein langes Gespräch mit der Vermieterin. Es endete mit dem Hinweis, dass schnellstens von ihr veranlasst würde, dass die letzten Arbeiten gemacht wurden. Denn wir hatten die Absicht, im Februar einzuziehen. – In diese Situation kam nun während unserer Mitarbeiterstunde dieser Hinweis auf das Haus in Buchenau. Was konnte jetzt geschehen?

Zunächst einmal gab es im Mitarbeiterkreis eine Dank- und Gebetsrunde an unseren großen Gott. Ich nahm noch einmal das Losungsbuch vor und las die Losung des zu Ende gehenden Tages. Als wir sie am Morgen lasen, hatte sie nicht die Bedeutung für uns, die wir jetzt darin fanden:

Siehe, was ich euch zuvor verkündigt habe, ist gekommen, so verkündige ich auch Neues! Ehe es aufgeht, lasse ich's euch hören! (Jesaja 42,9).

Richard war in dieser Woche zu einer Evangelisation in Wetzlar. Am nächsten Morgen rief ich ihn an und erzählte ihm alles, was diese Frau mir am Telefon gesagt hatte. Sie hatte mir sogar den Namen des Ortvorsitzenden von Buchenau gesagt, bei dem wir alles erfragen könnten. Richard war genauso berührt von dem Bericht wie wir am Vorabend. Aber er könne heute nicht hinfahren, sagte er, da der ganze Tag mit Gesprächsterminen ausgefüllt sei. Aber am nächsten Morgen würde er gleich nach Buchenau fahren. – Wir waren sehr gespannt auf seinen Bericht.

Richard erzählte:

Ich kam nach Buchenau, erfragte die Adresse des Ortsvorstehers und fuhr hin. Ich sah auf dem Bauernhof einen VW mit der Aufschrift »Jesus liebt dich«. Oh, dachte ich, ist das sein Auto oder ein Besuch vom Pastor? So fragte ich gleich nach der Begrüßung, ob das sein Auto sei mit dieser Aufschrift. »Ja«, sagte er, »was da steht, das ist meine Überzeugung.« Ich fand in ihm einen Bruder im Herrn. Auf meine Frage, ob das besagte Haus noch zu haben wäre, antwortete er – für mich zunächst im Rätsel: »Wären Sie gestern gekommen, Herr Straube, hätte ich Nein gesagt. Würden Sie morgen erst kommen, würde ich ebenfalls Nein sagen. Aber heute sage ich Ja, das Haus ist noch zu haben.«

Dann erklärte er mir, wie er es gemeint hat.

Er selbst als Ortsvorsteher mit einem Kreis aus Buchenauer Bürgern hätte das Haus gerne als Ferienstätte für sozial schwache Familien erworben und ausgebaut. Aber an diesem Morgen, an dem ich ihn aufsuchte, hatte er vom Land und vom Bund die Absagen für Zuschüsse bekommen. Darum wollte er am nächsten Morgen einem Buchenauer Unternehmer, der sich auch dafür interessierte, sagen, dass er sich um das Haus beim Landeswohlfahrtsverband bemühen kann (das war der Verkäufer). »Aber heute«, so sagte er, »kann ich Ihnen diesen Rat geben: Bemühen Sie sich um den Erwerb des Hauses. Wir hier im Blaukreuzverein beten schon seit Langem darum, dass ein Missionswerk nach Buchenau ziehen möchte.«

»Das war ein Hammer«, sagte Richard zu uns. Das Anwesen war ein dreieinhalb Hektar großes Grundstück am Ortsrand mit zwei Häusern. Ein kleineres an der Bundesstraße 62 und am Berg oben eine schöne große Villa Baujahr 1908.

Nun wurde schnellstens eine außerordentliche Mitgliederversammlung einberufen, um diesen Erwerb zu genehmigen. – Der Verein stimmte einmütig dieser Investition zu. Wir konnten den Mitgliedern sagen, dass wir sogar einen fällig gewordenen Bausparvertrag hatten, der einen Teil der Kaufsumme abdecken könnte.

Als Nächstes war der Gang zum Verkäufer fällig. Das Haus gehörte bisher dem Landeswohlfahrtsverband Hessen, der dort über etliche Jahre ein Kinderheim für schwer erziehbare Jungen unterhalten hatte. Nun waren die sanitären Anlagen nicht mehr zeitgemäß und eine Sanierung war gegenüber einem Neubau in der Stadt Marburg zu teuer. So hatte es mir der Ortsvorsteher von Buchenau erklärt.

Richard fuhr also nach Kassel zum Landeswohlfahrtsverband. Dort empfing ihn ein freundlicher älterer Herr und führte die Verhandlungen mit ihm. Er sagte keinen Preis, sondern fragte: »Wie viel können Sie für das Haus bieten?« Richard entgegnete: »Ich weiß doch, dass Sie es für 300 000 DM anbieten. Da ich nicht annehme, dass eine Landesverwaltung überhöhte Preise fordert, werden Sie diese Summe von uns bekommen. Allerdings, ich habe Ihnen ja erzählt, dass wir eine christliche soziale Einrichtung unterhalten, die alleine durch Spenden eines Freundeskreises finanziert wird. Wenn ich unter diesen Bedingungen irgendwo einkaufen gehe – z. B. in einem Kaufhaus größere Einkäufe tätige – bekomme ich von der Geschäftsleitung immer einen Rabatt, weil wir einen gemeinnützigen Verein haben. Meistens sind das 10 %.« – »Nun, darüber ließe sich reden«, meinte der Herr im Amt. Er nahm also unser Angebot an und sagte: »Sie bekommen Bescheid von uns.« – Vermutlich war ja noch der Buchenauer Unternehmer als Bewerber da. Dann hörten wir lange Monate nichts aus Kassel. Wir beteten weiter um Gottes klare Führung in dieser Sache.

Als endlich, im September, der Vorvertrag kam, war die Kaufsumme bereits auf 270 000 DM herabgesetzt – also 10 % weniger als das ursprüngliche Angebot. Irgendjemand von uns sagte spontan: »Gott hat uns seinen Zehnten geschenkt!«

In unsern »Nachrichten vom help center« Nr. 55 schrieb Richard damals unseren Freunden: »Am 25. Oktober unterzeichnete ich – im Auftrag des Vorstands des help center e.V. und mit einstimmiger Billigung aller Vereinsmitglieder – einen Kaufvertrag, durch den wir Besitzer eines 32 000 qm großen Grundstücks wurden. Auf ihm befinden sich zwei Häuser, die – vor mehr als 50 Jahren Privatbesitz – in den letzten Jahrzehnten als Kinderheim Verwendung fanden. Sie eignen sich gut für unsere Betreuungsarbeit. Ein großer Garten, eine Obstwiese mit riesigen Obstbäumen und ein kleiner, privater Sportplatz gehören zum Grundstück – und viel Wald, der sich über einen Hügel hinzieht. Dazu liegt das Gelände etwas außerhalb Buchenaus im Lahntal, direkt an der Bundesstraße 62. Für das neue Grundstück haben wir einen guten Preis erzielen können. Wir bezahlen dem Verkäufer für das gesamte Objekt – also einschließlich der beiden Häuser – 270 000 DM. Das ist ein Quadratmeterpreis von nur 8,44 DM. Danken Sie mit uns für das gute Verhandlungsergebnis, das unser Gott geschenkt hat. Die Finanzierung ist gesichert. Neben einem stattlichen Betrag, den wir in den letzten Jahren für einen solchen Zweck zurücklegen konnten, hat uns unsere Herbsteiner Volksbank ein günstiges Darlehen angeboten, sodass wir auch das Geld für die sofort nötigen, ersten Reparaturarbeiten verfügbar haben.«

Für weitere Spenden gab er die Nummer eines Sonderkontos »Buchenau« an, das wir neu eingerichtet hatten, und wir warteten mit Spannung auf die Rechnung. Wir meinten, nun sei das Wichtigste erst mal erledigt. Unsere Freunde benutzten mit Hingabe das neue Konto, um ihren Teil an dem Geschenk Gottes beizutragen.

In den nächsten Tagen gingen Richard und ich zur Bank, um die nötigen Vorbereitungen für den versprochenen Kredit zu tätigen. Darüber stand in den »Nachrichten vom help center« Nr. 56 Folgendes: »In den vorigen Nachrichten berichteten wir Ihnen doch von der wunderbaren Führung unseres Gottes, die zum Erwerb des Grundstückes in Buchenau geführt haben. In diesem Artikel befand sich eine Falschmeldung, die wir hier mit großer Freude berichtigen wollen.

Wir hatten geschrieben: ›Die Finanzierung ist gesichert.‹ Tatsächlich war uns ja auch das Darlehen von der Bank angeboten und wir hatten vor, es in Anspruch zu nehmen.

Aber dann kamen uns doch Bedenken. War es nicht Kleinglaube, dem Wirken unseres Gottes vorgreifen zu wollen?«

Wir – Richard und ich – entschlossen uns noch einmal intensiv ins Gebet zu gehen, um der Weisung Gottes ganz gewiss zu werden. Wir machten – getrennt voneinander – jeder einen »Stilletag«. Als wir am Abend wieder zusammenkamen, stellten wir fest, dass Gott jedem von uns ganz klar gesagt hatte, *kein* Darlehen zu nehmen.

In den Nachrichten hieß es weiter. »Wenn wir alle Reserven mobilisieren und den Mut haben, unser Bankkonto auf Null zusammenschrumpfen zu lassen, dann können wir die geforderten 270 000 DM aus unseren Mitteln bezahlen.«

(Der verbleibende Rest würde dann gerade noch reichen, um den Mitarbeitern ihre Taschengelder und Gehälter zu zahlen.)

»Allerdings ist dann kein Geld mehr da für die laufenden Kosten: also Unterhalt aller bis dahin bestehenden Häuser sowie die Versorgung der Gäste. Und es liegt kein ›beruhigender‹ Betrag bereit für die notwendigen Reparaturen in Buchenau. Sollen wir es wagen?«

Alle diese Bedenken sagten wir auch unsern Mitarbeitern. Aber keiner jammerte: Was wird mit mir, mit uns? Sondern wir gingen miteinander ins Gebet. Dann erinnerten Richard und ich uns an die wunderbaren Führungen vor sieben Jahren, als die help-center-Arbeit begann. »Damals hatten wir nichts«, so sagten wir den Mitarbeitern, die das nicht miterlebt hatten. »Wir hatten kein Startkapital, keine Ahnung, woher Geld kommen sollte. Damals beteten wir: Herr, wir sind bereit zu tun, was wir können. Wir wollen uns um junge Menschen kümmern, wollen Zeit für sie haben, ihnen seelsorglich helfen. Um den Unterhalt dieses Unternehmens aber musst du dich selbst kümmern, das können wir nicht – und öffentliche Gelder (Sozialamt, Versicherungsträger, Staatskasse), so hast du es uns klargemacht, wollen wir nicht in Anspruch nehmen.« – Wir bauten damals auf Gottes Zusage aus Matthäus 6,33:

Gebt nur Gott und seiner Sache den ersten Platz in euerm Leben, so wird er euch alles geben, was ihr nötig habt! (Hoffnung für alle).

Und Gott stand zu seinem Wort. – Vor sieben Jahren. – Er ist aber heute noch der gleiche wie damals. Darum haben wir uns entschlossen, das angebotene Darlehen nicht zu nehmen. Alle unsere Mitarbeiter stimmten dem zu. Auch unser Bankdirektor zeigte für die Ablehnung viel Verständnis. »Wir wollen darauf vertrauen«, so sagten wir ihm, »dass Gott uns rechtzeitig das Geld geben wird, das wir jeweils brauchen.«

Das war am Vormittag. Als wir die Post nach dem Mittagessen öffneten, fanden wir in einem der Briefe einen Scheck über 15 000 DM, den ein Freund der Arbeit geschickt hatte mit dem Vermerk: »Für das neue Haus!« Eine solche Summe hatten wir bis dahin noch nie als Einzelspende erhalten. Wir brachten ihn am gleichen Tag noch zur Bank. Gott hatte uns gezeigt, dass er besser für Finanzen sorgen kann als wir. 1:0 für unseren großen Gott!

Übrigens gab Gott uns auch für das Grundstück in Buchenau eine besondere Zusage.

Es wurde inzwischen Spätherbst, bis wir es übernehmen konnten. Da alle Fenster in der ehemaligen Villa zerschlagen waren, hatte man sie mit Brettern vernagelt gegen Wetter und Kälte. Das versuchten wir so schnell wie möglich zu ändern. Schon bis zum Jahresende 1977 – der Winter ließ sich in diesem Jahr Zeit bis zum Januar – waren die Fenster repariert. Zu Silvester bekamen wir von lieben Geschwistern das 35. Kapitel aus dem Propheten Jesaja als Jahreslosung für Buchenau. Wir freuten uns und gingen mit viel Mut an die schwierige Aufgabe der weiteren Renovierung.

Ich saß in Herbstein über meiner Buchführung, als das Telefon klingelte. Die Stimme am anderen Ende sagte: »Sie kennen mich nicht. Ich bin Einwohner in Buchenau und wollte Ihnen Mut machen für das Grundstück bei uns im Ort. Machen Sie die notwendigen Arbeiten, und wir Buchenauer Christen stehen betend hinter Ihnen.« Das war die erste vielversprechende Nachricht aus dem Blaukreuzverein in Buchenau. Es blieb nicht die einzige. Das war eine schöne Grundlage, um die umfangreiche Arbeit in Angriff zu nehmen.

Fünf Jahre später! Ich zitiere wieder, was Richard in den Nachrichten unsern Freunden und Betern berichtete:

»Juni – Juli – August 1982. Große Trockenheit in Buchenau. Kein Tropfen Regen fällt. Aber jeden Abend laufen Mitarbeiter und Gäste des help center hin und her und schleppen Kanne um Kanne mit kostbarem Regenwasser auf die Gartenbeete und alles gedeiht prächtig – besser, als mit Leitungswasser, das wir teuer bezahlen müssten. Wie kam es dazu? – Gott hatte seine Verheißung erfüllt. – Wir hatten ja 1978 die Jahreslosung aus Jesaja 35 bekommen. Eine Stelle in diesem Kapitel verstanden wir nicht. In den Versen 6b und 7a sagt Gott: *Es werden Wasser in der Wüste hin und wider fließen und Ströme im dürren Lande. Und wo es zuvor trocken gewesen ist, sollen Teiche stehen – und wo es dürr gewesen ist, sollen Brunnquellen sein ...*

Hier floss zwar ein Bächlein an der Nordgrenze unseres Grundstücks, aber das war im Sommer meist total ausgetrocknet. Es gab keine Quelle auf unserem Land. Woher sollte ein ganzer Teich kommen? Ob wir diese Stelle aus Gottes Verheißung für uns ausklammern sollten?

Als wir einige Wochen dieses Grundstück hatten, erfuhren wir, dass es doch eine Quelle gibt. Sie ist etwa einen Kilometer vom Grundstück entfernt im Wald. Von dort führt eine unterirdische Leitung direkt zu uns auf das Grundstück, und das Wasser steht uns zur Verfügung. In den weiteren Jahren haben wir nun manche undichte Stelle dieser alten Leitung geflickt; und in diesem Jahr konnten wir mit Quellwasser unseren Rasen auf der Obstwiese sprengen – so stark war der Druck auf der Leitung.

So kam das! Aber das war immer noch kein Teich …!

Da ließen wir im letzten Jahr eine Firma auf dem Gelände in der Nähe des Hauses ein Loch ausheben, um einen zusätzlichen Öltank nahe am Unterhaus unterzubringen. Plötzlich stieß der Bagger auf Beton. Was war denn da unter der Erde? Wir gruben nach und – legten eine Zisterne frei. Die Öffnung nach oben war zugeschüttet gewesen, sodass wir nichts von ihrer Existenz wissen konnten. Etwa 50 cm hoch war sie jetzt mit Schlamm gefüllt. Ob sie noch brauchbar war? Ob sie Zulauf hatte? Und wenn ja, woher? Wir forschten nach und entdeckten: Dieses Betonbecken fasste etwa 12 Kubikmeter Wasser – Regenwasser aus sämtlichen Dachrinnen des Unterhauses! Unsere Männer, Gäste und Mitarbeiter – machten diese Zisterne gründlich sauber. Sie gaben ihr innen einen neuen Schutzanstrich und besserten die unterirdischen Zuleitungen aus. Und schon beim nächsten Regenguss füllte sich unser »Teich« mit herrlich klarem weichem Wasser. Die Folge: Der Garten profitierte davon – kannenweise bekam er zu trinken.«

Alle Gottesverheißungen sind Ja und Amen in ihm! (2. Korinther 1,20).

Im Bauch des Ungeheuers *(ri/bri)*

In einem Manuskript des Evangeliums-Rundfunks für eine kleine Hörszene über das help center, hieß es am Anfang:

(Telefonklingel)

Brigitte Straube: Nanu – wer ruft denn so spät noch an mitten in der Nacht?

Richard Straube: Mensch, gerade war ich eingeschlafen. Wie spät ist es denn?

B. S. Zehn vor eins.

R. S. Ich geh ran! – Help center Straube. – Wer ist dort? – Ja, was gibt's denn? – Hm. Was haben Sie denn genommen? – LSD? Aha. Und wo sind Sie jetzt? – Ja, das ist doch ganz in der Nähe des Krankenhauses. Suchen Sie dort doch bitte gleich einen Arzt auf, und lassen Sie sich erst mal etwas zur Beruhigung geben. – Ach so! Also gut, ich komme. In zwanzig Minuten bin ich bei Ihnen. Bleiben Sie an der Stelle, die Sie mir jetzt genannt haben. Bis bald. (Hörer aufgelegt) Nanu, Brigitte, du ziehst dich wieder an?

B. S. Klar. Ich hab doch eben gehört, dass du noch einmal wegfahren musst!

R. S. Und da willst du jetzt noch mitkommen? Die zwei Gespräche heute Abend mit den okkult Belasteten haben dich doch sicher ganz schön geschlaucht. Jetzt hättest du doch Ruhe verdient.

B. S. (lachend) Du etwa nicht? Aber hier geht es um einen Menschen, der Hilfe braucht. Und es ist doch immer gut, zu zweit zu sein. – Was war denn?

R. S. Da hat ein Mädchen was geschossen oder geschluckt. Weiß nicht was, wahrscheinlich Speed. Sie hat wahnsinnige Angst, es könnte ein Horrortrip werden, weil sie vorher auch noch reichlich Alkohol genossen hat.

B. S. Und warum geht sie nicht ins Krankenhaus zu einem Arzt?

R. S. Sie sagt, sie hat Angst, ihre Stelle zu verlieren. Aber etwas Genaues hab ich noch nicht von ihr erfahren können.

B. S. Na, ist ja auch egal. Sie braucht Hilfe. Könnte unsere Tochter sein. – Ich mach mich eben fertig. Wo finden wir das Mädchen?

R. S. Zwölf Kilometer von hier in der Nähe des Krankenhauses.

Wir fuhren hin. Wir fanden Edda, mit bleichem Gesicht am Boden hockend, gegen einen Baumstamm gekauert. Wir verfrachteten sie ins Auto und fuhren mit ihr nach Herbstein. Brigitte stieg mit ihr hinten ein, um ihr Zuneigung zu vermitteln. Und wir merkten bald, wie wichtig das war, denn schon unterwegs war sie äußerst unruhig und hatte Wahnvorstellungen – jedes Mal dann, wenn sie ein Lichtschein traf: von einem entgegenkommenden Fahrzeug, von einer Straßenlaterne. Als wir in unserem Haus das Treppenlicht anmachten, schrie sie auf. Schließlich brachten wir sie in dem einzigen Zimmer, das gerade frei war – in der zweiten Etage – dazu, sich angezogen auf ein Bett zu legen. Aber sie konnte nicht still liegen. Immer wieder fuhr sie hoch und wollte aus dem Fenster springen! Zu viert hatten wir Mühe, diese Tobende festzuhalten. Was für unwahrscheinliche Kräfte verleiht doch Satan einem Menschen, den er gebunden hält! Edda hatte schreckliche Halluzinationen. Angstvoll schrie sie auf, sie sah Spinnen – überall Spinnen in großen Scharen, die auf sie zukrabbelten.

Sie rief nach ihrem Freund – und erlebte schreckliches Alleinsein. Wir redeten beruhigend auf sie ein; es half nichts. Wir beteten für sie, es tat sich nichts. Wir versuchten, ihr Baldriantropfen einzuflößen; es war vergebens. Auf Minuten äußerer Ruhe folgte ganz plötzlich wieder ein Tobsuchtsanfall, sodass man sie nie aus den Augen lassen durfte.

Wir hatten inzwischen eine Mitarbeiterin und Bruno, einen Gast, der schon clean war, geweckt und zu unserer Hilfe dazu genommen. Nach einer Stunde schließlich – wir alle waren schweißgebadet – entschlossen wir uns, den Arzt aus dem Bett zu holen. Wir riefen unseren lieben Dr. Braun an, der praktischer Arzt in Herbstein war. Er kam sofort. Er gab Edda eine Spritze und sagte zuversichtlich: »Nun wird sie schlafen.« – Sie tat es nicht. Noch drei Stunden tobte sie weiter mit unverminderter Macht.

Für unseren Gast Bruno war das eine segensvolle Nacht. Wir hatten in ihm, der früher selbst heroinabhängig war, eine gute Hilfe. Er war ein kräftiger Kerl und konnte mithelfen, Edda festzuhalten, wenn sie tobte. Als er nun dieses Grauen mit ansehen musste, das sich in dem jungen Mädchen abspielte, wurde er sehr betreten. Es war schon gegen Morgen, da sagte er plötzlich: »Wie viel Schuld habe ich auf mich geladen! Ich habe früher vielen jungen Leuten LSD und andere Rauschmittel verkauft. Ich habe nie in nüchternem Zustand, bei eigenem vollem Bewusstsein, miterlebt, wie solch ein Mittel wirkt. Das ist ja furchtbar!« Gott gebrauchte diese Situation, um einen jungen Mann von seiner Schuld zu überführen. Gemeinsam knieten wir nieder, und Bruno nahm Gottes Vergebung in Anspruch. Er erfuhr in dieser Nacht: Unser Versagen hindert Jesus nicht, uns dennoch zu lieben. Das ist Gnade!

Edda aber tobte weiter. Zwischendurch gab es Momente, wo sie still lag und vor sich hin murmelte. Sie wimmerte nach ihrem Freund, der sie verlassen hatte; sie redete im Rausch mit ihrer Mutter, ohne zu merken, dass die Frau gar nicht da war und ihr auch nicht helfen konnte. Vier Stunden hatte sie jetzt, mit nur kurzen Unterbrechungen, immer wieder Horrorvorstellungen erlebt, hatte getobt und aus dem Fenster springen wollen. – Dann aber geschah etwas Merkwürdiges. Ihre Lippen bewegten sich; und als wir genau auf ihren Mund achteten, entdeckten wir, dass sie betete! Sie bat Jesus, ihr zu verzeihen. Sie betete darum, er möge ihr Frieden schenken. Als sie so betete, wurde sie zusehends ruhiger, ihre Gesichtszüge wurden friedevoll, ihr Körper entspannte sich. Noch während des Gebets schlief sie ein. Von da an lag sie in einem ruhigen, friedlichen Schlaf – bis zum späten Vormittag.

Als wir ihr das alles später erzählten, konnte Edda es kaum fassen. Sie konnte sich an vieles nicht erinnern, was in jener Nacht geschehen war. Als wir ihr sagten, dass wir meinten, sie habe gebetet, berichtete sie, dass sie vor etwa einem halben Jahr, während einer Jugendevangelisation, den Entschluss gefasst habe, Jesus Christus als den Herrn ihres Lebens anzunehmen. Aber sie war nicht treu gewesen im Bibellesen, im Gespräch mit Jesus und im Gehorsam gegen ihn, so sagte sie weiter. Sie hatte ihn am Arbeitsplatz verleugnet und alles mitgemacht, was die Welt ihr zu bieten hatte. So hatte sie den Herrn Jesus schließlich in ihrem Leben wieder ganz an die Peripherie gedrängt. Aber unser treuer Herr vergaß sie nicht! Er war in ihr Unterbewusstsein eingedrungen – selbst in dieser schlimmen Nacht. Er hatte ihr durch seinen Heiligen Geist klargemacht, wohin sie gehört. So kam es, dass sie mitten im Rausch, in dem furchtbaren Erleben, ihn wieder als ihren Herrn anrufen konnte.

Es war wie bei Jona. Der war ja auch ein Mann Gottes. Er hatte einen klaren Auftrag gehabt: nach Ninive zu gehen und der Zeuge Gottes zu sein. Aber Jona war eigene Wege gegangen und war Gott ungehorsam gewesen. So ließ Gott es zu, dass Jona besondere Wege geführt wurde, die er sich so nicht gewünscht hatte. Es gab widrige

Winde, einen gewaltigen Sturm, und schließlich landete Jona im Bauch des Ungeheuers, das ihn verschluckte. Hier, im Bauch des Fisches, lernte Jona wieder beten!

Edda hatte jetzt ein Problem. Sie hätte ja an diesem Morgen im Krankenhaus zu ihrem weiteren Ausbildungsunterricht erscheinen müssen. Nun war sie unentschuldigt ferngeblieben und in heller Angst, dass man sie nun nicht mehr weiter ausbilden würde. Brigitte und ich beteten zunächst mit Edda zusammen für diese Situation, und wir machten ihr Mut, im Krankenhaus anzurufen und offen das Geschehen des letzten Abends und der Nacht zu erzählen. Mit Bangen ging sie ans Telefon. Es dauerte eine ganze Weile, bis sie wieder zu uns kam – aber ihrem Gesicht sah man an, dass das Gespräch gut war. Voll Freude berichtete sie, wie viel Verständnis sie gefunden hatte. Und am meisten freute es sie, dass sie ihre Ausbildung weiterhin machen durfte. Sie wurde für eine unbegrenzte Zeit krank geschrieben, um im help center geistliche Hilfe zu bekommen und in ihrer Jesusnachfolge gestärkt zu werden.

Nach ihrer Zeit im help center schloss sich Edda einer Teestubenmannschaft an, deren Ziel es war, junge Menschen zu Jesus zu führen. Nach Abschluss ihrer Ausbildung heiratete sie. Noch hielt sie losen Kontakt zu uns, der aber im Lauf der Jahre einschlief.

Dann hatten wir eines Tages ein unerwartetes Urlaubserlebnis. Nach der Wende hatte der in Hückeswagen ansässige Verein »Gefährdetenhilfe e.V.« in Mecklenburg ein recht verkommenes altes Schloss erworben, um dort eine Urlaubs- und Tagungsstätte einzurichten. Dort haben meine Frau und ich uns eines Tages zum Urlaub angemeldet. Als wir unsere kleine gemütliche Ferienwohnung bezogen, kam die Hausmutter und sagte uns: eine Familie, die uns kenne, wolle uns gerne am Abend treffen, da sie am nächsten Tag abreisen musste.

Wie erstaunt und erfreut waren wir, als wir hörten, es ist Edda mit ihrer Familie. Sie luden uns in ihre Ferienwohnung ein, wo wir einen frohen, gemütlichen Abend erlebten. Wir freuten uns, Eddas Mann kennenzulernen. Die Kinder, fünf an der Zahl, waren schon in die Betten geschlüpft, damit die Eltern Muße hatten, mit uns zu reden. Zum Wohnzimmer dieser Ferienwohnung musste man eine Treppe raufgehen, die von der Küche aus nach oben führte. Während wir uns unterhielten, hörte man plötzlich ein kleines Geräusch auf der Treppe. Ein Kinderköpfchen lugte hervor. Als gleich danach ein zweiter Kopf auftauchte, wollte Edda sie wieder ins Bett zurückschicken. Da erschien ein dritter Kopf! Die große Schwester (etwa acht Jahre) kam auch noch die Treppe hoch. Laut verkündete sie: »Mutti, wir wollten doch nur deine Lebensretter kennenlernen, von denen du uns erzählt hast.« Das war natürlich ein durchgreifendes Argument! So lernten wir Eddas Kinder kennen.

Wie sehr bewegt hat uns der Gedanke, dass die Mutter ihren Kindern die ganze Geschichte, die sich in ihrer Jungmädchenzeit abgespielt hatte, sehr genau erzählt haben muss. Wie anders wäre es möglich gewesen, dass eine Achtjährige den Ausdruck »Lebensretter« gebraucht. Es ist schön zu erfahren, dass ehemalige Gäste, die im help center Ernst mit der Jesusnachfolge gemacht haben, ihn durch solche Lebensberichte geehrt haben.

Hallo, Jesus – hier bin ich!

»Freust du dich auf Herbstein, Dieter?«, fragte Schwester Christa, die in Frankfurt eine Teestube für Drogenabhängige gegründet hatte. Seine Antwort: »Freuen? Das wird die schwerste Zeit meines Lebens! Aber ich muss dahin! Ich will mit meiner Vergangenheit fertig werden. Deshalb bin ich bereit, dahin zu gehen.«

Dieter kam – ohne Illusionen. Als ich ihn eine halbe Stunde kannte, hatte ich auch keine Illusionen mehr!

Es war an einem Sonntagmorgen. Ich hielt die Predigt in unserm Hausgottesdienst. Mitarbeiter der Teestube Frankfurt waren als Gottesdienstbesucher gekommen. Sie hatten Dieter mitgebracht, damit er uns kennenlernen sollte. Da saß er nun und starrte mich aus seinen großen blauen Augen an; ich hatte den Eindruck, dass er mir jedes Wort der Predigt von den Lippen sog. Selten habe ich einen so aufmerksamen Zuhörer gesehen. Dachte ich. – Aber diese 20 Minuten des Zuhörens hatten ihn völlig überfordert. Anschließend machten wir alle miteinander einen Spaziergang.

Mensch, war das ein kaputter Typ! Er redete wirr durcheinander, kam vom Hundertsten ins Tausendste, konnte keinen Gedanken klar zu Ende aussprechen. Er entwickelte die merkwürdigsten Ideen, brach plötzlich ab und erzählte ein paar Sätze von sich selbst und fing dann ohne Übergang wieder an zu philosophieren. Er kam aufs Politische und entwickelte skurrile Ideen, berichtete von okkulten Erfahrungen – die er schön fand – und protzte dann wieder damit, dass er schließlich der sauberste Gammler Europas gewesen sei. Immerhin ging er ja jede Woche in irgendein Kaufhaus, nahm in der Personaldusche ein

Bad und trug überall seine Zahnbürste bei sich! Ich ertappte mich bei dem Gedanken: Hoffentlich fragt der nicht, ob er ins help center kommen kann! Ich hatte kaum zu Ende gedacht, da fragte er tatsächlich – nein, er stellte einfach kategorisch fest: »Also, ich komme zu euch ins help center. Ihr müsst mir helfen!«

Dieter kam ein paar Tage später, um bei uns zu bleiben. In den ersten 14 Tagen prallten Welten aufeinander. Unser Bibelgespräch jeden Morgen stand in Gefahr, umfunktioniert zu werden. Dieter agierte. Dieter stellte Fragen, scharfe, gehässige Fangfragen. Er wollte uns hereinlegen, uns reizen. Wir mussten an Jesus denken, unseren Herrn, der von den Pharisäern, den Theologen seiner Zeit, den Sadduzäern, Herodianern und vielen andern gereizt worden war. Immer wieder hatten sie versucht, ihn »in seinen Worten zu fangen«. Das Schlimmste bei Dieter war, dass er sich Antworten kaum oder gar nicht anhörte. Ihm genügte die Tatsache, dass man eine Antwort wusste und Luft holte, um sie zu geben. Dann unterbrach er mit den Worten: »Schon gut, schon gut. Ich hätte da eine andere Frage ...«

Dieter war – wie man so sagt – eine »starke Persönlichkeit«. Das wirkte sich für uns negativ aus. Nichts konnten wir ihm recht machen, die Hausordnung akzeptierte er nur widerwillig, alles wusste er besser, geistliche Wahrheiten begriff er nicht. Es war zum Verzweifeln. Und dennoch: Da war eine tiefe Sehnsucht in diesem verwilderten Menschen. Eine Sehnsucht nach Frieden, nach Ordnung, Sauberkeit und Klarheit. Eine Sehnsucht nach Gott. Er konnte das nur nicht richtig zum Ausdruck bringen.

In der ersten Nacht schlief Dieter wie ein Murmeltier. Am Morgen war er kaum wach zu kriegen. Nur ein Haarbüschel schaute unter der Bettdecke heraus. Ich wollte ihn nicht mit Gewalt wecken. So strich ich ihm sanft über den Kopf. Da fuhr er mit einem Mal hoch, starrte mich an und ballte die Fäuste gegen mich. – Ich erschrak. Als er ganz zu sich kam, erklärte er: »Ich habe so oft auf Parkbänken geschlafen oder in irgendwelchen Abbruchhäusern, und da gab es Schwule, die dann was von mir wollten. Darum bin ich darauf eingestellt, sofort in Abwehrstellung zu gehen, wenn mich einer nur berührt.« Gejagtes Wild – wirst du je zum Frieden kommen?

Dieter war einige Wochen bei uns, da geschah das Wunder. Am Nachmittag hatten wir alle miteinander über Alltagsprobleme gesprochen. Wie es bei uns üblich war, gab es am Schluss das Angebot der Gebetsgemeinschaft. (Das bedeutet: Jeder, der will, kann beten; niemand muss, keiner wird dazu gezwungen.) Was zu diesem Zeitpunkt noch keiner erwartet hatte, geschah. Dieter betete. Für unsere Ohren hörte sich das ungewohnt an. Er sprach etwa so: »Hallo, Jesus, hier bin ich, Dieter. Wenn das alles stimmt, was die Leute hier von dir sagen, dann bist du wirklich ein irrer Typ. *(Anmerkung: Das war das höchste Lob, dass er einem anderen gab.)* Weißt du was? Ich möchte gern, dass du in meinem Leben was neu machst. Wenn du das kannst, dann mach mich neu. Sieh mal zu, ob du das fertigbringst. Das war's. Tschüss bis morgen!« – Keiner der Anwesenden lachte. Alle spürten – so komisch das klang: Hier hatte es einer ganz ernst gemeint! Und Gott, unser herrlicher, wunderbarer, liebender Vater, hat dieses Gebet erhört. (Er hat nicht geantwortet: »Lern erst mal ein Gebet richtig zu formulieren!« oder »So kannst du doch mit mir nicht sprechen!«) Er kannte Dieters Herz, er kannte seine Sehnsucht. Er machte aus ihm einen neuen Menschen. Heute betet Dieter anders. Aber es war noch ein langer Weg bis dahin.

Am Abend dieses bedeutsamen Tages gab Dieter mir und Brigitte die Hand und sagte »Gute Nacht« – das war bis dahin noch nicht vorgekommen. In den folgenden Tagen geschah es dann hin und wieder, dass er bei der Bibelarbeit aufmerksam zuhörte und sich mit dem einen oder anderen positiven Satz beteiligte.

Es waren erst drei Monate vergangen, da bekam Dieter die Nachricht, dass seine Mutter im Krankenhaus liegt und dort längere Zeit bleiben muss. Sein Stiefvater schrieb ihm, dass er nach Hause kommen müsse, um die Familie zu versorgen. Er hatte einen jüngeren Bruder, der noch zur Schule ging, und da der Vater fast blind war, konnte er den Haushalt nicht übernehmen. Das war eine große Herausforderung für Dieter, denn er war noch längst nicht innerlich so von den Drogen und seinem ungebundenen Leben gelöst, dass er alleine fest im Leben stehen konnte. Auch wir bangten, ob er das schon verkraften würde. Wir gingen miteinander auf unsere Knie und beteten um Gottes Antwort. Danach waren er und wir der Meinung, dass er es wagen solle, mit Jesus diesen schwierigen Weg zu gehen. Dieter hatte uns inzwischen so etliches über sein Zuhause erzählt und auch, warum er das Elternhaus verlassen hatte. Sein Stiefvater hatte ihn zwar adoptiert bei seiner Heirat, aber akzeptiert als Sohn hatte er ihn nicht. Auch war das Familienleben nicht so erfreulich, weil die Mutter das Geld für die Familie verdienen musste und darum weder die Zeit noch die Kraft und Liebe ausstrahlen konnte, die er gebraucht hätte. Darum hatte er sich ja auch schon sehr früh vom Elternhaus gelöst und war den Angeboten seiner Zeit erlegen.

Dieter fuhr also am 3. Dezember heim und wir Gäste und Mitarbeiter im help center beteten täglich für ihn. Es war seit sehr langer Zeit das erste Mal, dass er wieder Kontakt mit seiner Familie hatte. Es wurde eine Zeit der Bewährung. Nach wenigen Tagen kam ein Brief. Dieter schrieb: »Meine Mutter muss noch etliche Zeit im Krankenhaus bleiben. Aber mit meinem Vater geht es bis jetzt gut. Er ist richtig nett zu mir. Ich mache morgens – nach meiner stillen Zeit – das

Frühstück und schicke meinen Bruder zur Schule. Dann mach ich mich an die Hausarbeit. Das ist gar nichts Schlimmes. Ich nehme den Staubsauger, und wenn ich Tisch, Schränke und Stühle abgesaugt habe, sauge ich noch den Fußboden und alles ist blank und sauber. Ich weiß gar nicht, warum die meisten Leute so ein Aufheben machen um die Hausarbeit. Mir macht sie Spaß. Übrigens bete ich darum, dass ich zu Weihnachten wieder im help center bei euch sein kann.«

Es wurde ein gesegnetes Weihnachtsfest. Für Dieter ein unvergessliches Erlebnis. Das erste Mal in seinem Leben feierte er Weihnachten in seiner ganzen Bedeutung als Geburt des – nein – *seines* Erlösers. Einige Zeit später erzählte er mir ein besonderes Ereignis aus seiner Drogenzeit und wollte dazu einen Rat haben.

»Ich war in Berlin«, so erzählte er, »und lebte dort auf der Szene vor der sogenannten ›Gedächtniskirche‹. Ich wusste nicht, was das war, und ging eines Tages – ich stand voll unter Heroineinfluss – hinein. Da sah ich weit vorne eine Figur am Kreuz, von der es hieß, es sei Jesus. Den Namen hatte ich schon manchmal in der Teestube gehört und von Leuten, die auf der Drogenszene Lieder sangen und mit uns ins Gespräch kamen. In meinem Rausch entsann ich mich jetzt, dass sie z. B. gesagt hatten, der könne mir helfen. Das wurde jetzt so konkret in mir, dass ich einfach drauflos sprach: ›Du da vorne, von dir sagen die Leute, du könntest mir helfen. Wenn du es schaffst, dass ich von den Drogen loskomme, verspreche ich dir, etwas zu tun, was mir eigentlich ganz zuwider ist. Ich gehe dann ein Jahr in ein Krankenhaus, pflege alte Leute und wisch ihnen den Po!‹«

Dieter wurde jetzt still und fragte danach ganz zaghaft: »War das nun ein Gelübde?« Ich antwortete mit einer Frage: »*Hat* Jesus dich denn frei gemacht?« Erstaunt schaute er mich an: »Na, das weißt du doch selbst genauso gut wie ich!« – »Und hast du es ernst gemeint?«, fragte ich zurück. »Na klar«, war seine Antwort. »Nun, was hindert dich, einzulösen, was du ihm versprochen hast?«, fragte ich zurück. Dann sprachen wir nicht mehr darüber.

Kurze Zeit danach bekam Dieter eine gerichtliche Auflage für ein Drogenvergehen, bei dem er geschnappt worden war. Die Auflage lautete: »Vier Wochen lang an jedem Wochenende in einem Krankenhaus Hilfsdienste ableisten!« (Es waren Arbeiten außerhalb der Krankenpflege, die man ihm zu erledigen gab.) Dieter sah das als Gottes Führung an. Nach dieser Zeit entschloss er sich dazu, für ein Jahr im Krankenhaus mitzuarbeiten. Ein freiwilliges soziales Jahr gab es noch nicht, und da es kein Diakoniekrankenhaus war, konnte er es auch nicht als Diakonisches Jahr ableisten. Er wurde verpflichtet, in diesem Jahr die einjährige Ausbildung zur Krankenpflege zu machen. Enttäuscht kam er und sagte: »Die nehmen mich nicht!« Worauf ich ihn ermunterte, doch dieses Angebot für eine Jahresausbildung anzunehmen. Aber Dieter meinte, dass er das nicht könne, weil er ja ganz knapp einen Hauptschulabschluss geschafft habe. »Nun«, sagte ich, »was wäre denn, wenn du die Abschlussprüfung nicht schaffst?« Nach kurzem Überlegen sagte er beglückt: »Ich hätte aber mein Gelübde eingelöst!« Und damit war die Antwort gegeben. – Aber nun kam eine weitere Hürde. Der Personalleiter des Kreiskrankenhauses rief mich an und sagte, dass ein Krankenhaus keine ehemals Drogenabhängigen im Pflegedienst beschäftigen dürfe. «Aber«, so sagte der Personalchef weiter, »ich kenne Ihre Arbeit, Herr Straube, und schätze sie. Ich vertraue darauf, dass Dieter wirklich frei ist und nehme das Risiko auf mich.« Das war ein großer Vertrauensbeweis in die Missionsarbeit des help center. Wir freuten uns mit und für Dieter.

In den »Nachrichten vom help center« konnte ich unseren Freunden und Betern berichten:

»Dieter ist nicht mehr bei uns. Er hat in Lauterbach, 12 km von uns entfernt, ein möbliertes Zimmer gefunden und arbeitet jetzt im Krankenhaus. Er erfüllt damit ein Gelübde, das er vor seiner Bekehrung – noch auf der Drogenszene – Gott gegeben hat. Er und wir sind glücklich, dass der Herr ihn völlig neu gemacht hat. Wir können ein volles JA zu Dieters Weg haben. Und er freut sich, dass er an seinen freien Tagen immer zu uns kommen kann.«

Dieter hat seine Abschlussprüfung im Krankenhaus mit »Gut« bestanden! Ein Wunder Gottes an diesem Jungen, der einmal so kaputt war! Eines Tages erzählte er uns, dass er eine Anstellung in einem Diakoniekrankenhaus in Frankfurt bekommen hat. Das war die Stadt, in der er einen großen Teil seiner Drogenzeit durchlebte. Er wollte nun in der Teestube mitarbeiten, in der er die Liebe Christi und die Geduld von Christen kennenlernte, bevor er ins help center kam. Wir hatten zu Dieters Rückkehr nach Frankfurt ein ganzes JA. Wir erinnerten uns dabei an ein Wort von John Stott, das er auf dem Weltkongress für Evangelisation in Lausanne sagte:

Bekehrung darf den Bekehrten nicht aus der Welt nehmen, sondern muss ihn wieder in die Welt zurücksenden. Denselben Menschen in dieselbe Welt und doch einen neuen Menschen mit neuen Überzeugungen und neuen Maßstäben!

Dieter selbst schrieb uns aus Frankfurt:

»Jesus hat mich, den okkult Belasteten, den Sünder, den Drogenabhängigen, bei sich aufgenommen und mir ein neues Leben gegeben. Als ich nach acht Monaten das help center verließ, hatte ich – trotz Christus – Angst. Werde ich durchhalten? Werde ich den Medikamenten an meinem Arbeitsplatz widerstehen können? Werde ich mit den Menschen meiner Umgebung zurechtkommen? – Jesus hat das alles fertiggebracht.

Meine erste Enttäuschung erlebte ich in der Gemeinde, der ich mich anschloss. Ich glaubte, im Jugendbund lebendige Zeugen Jesu zu finden. Ich wollte von den Älteren lernen, wie man frohe Botschaft weitersagt, denn ich brannte innerlich, den Menschen von Jesus zu erzählen. Aber ich fand viele, die sich selbst nur anpredigen ließen, die auch von mir erwarteten, dass ich mich still in eine Ecke setze und nur zum Singen den Mund auftat. Aber in meiner Bibel steht doch der Missionsbefehl Jesu!« So weit unser Bericht in den Nachrichten vom help center.

Aber nun, nach mehreren Jahren, wo wir dieses Buch zusammenstellen, kann ich (Brigitte) Weiteres über Dieter und sein Ergehen berichten.

Dieter ist nicht in Frankfurt geblieben. Gott hat ihn gerufen, und er ging nach Marburg ins Brüderhaus Tabor zur theologischen Ausbildung. Als er dort im dritten Ausbildungsjahr war, schrieb er uns, dass er und sein Zimmerkollege das Zwischenexamen als Klassenbeste bestanden haben. Er, der früher so kaputte Typ!

Am Ende seiner Ausbildung stand dann ein zweijähriges Praktikum in einer Gemeinde. Er kam auf diese Weise nach Oberfranken und lernte die nette Tochter seines Predigers kennen. Eines Tages rief er an, ob er ein paar freie Tage im help center verleben dürfe. Auf unser freudiges »Ja« sagte er dann: »Ich bringe aber noch jemanden mit, den ihr auch bitte unterbringen müsst.« – Mehr sagte er zunächst nicht. Dann kam er mit Ruth angereist und bat Brigitte und mich zu einem vertraulichen Gespräch. »Ihr seid doch meine geistlichen Eltern«, so begann Dieter, »ihr müsst euch das Mädchen ansehen und mir sagen, ob ihr ein Ja zu ihr haben könnt! Ich mag Ruth sehr, aber ich möchte gerne, dass ihr sie kennenlernt und mir sagt, ob ihr meint, dass sie meine Frau werden sollte. Bitte beobachtet sie in diesen Tagen und sagt mir dann eure Meinung.«

Vor seiner Abreise sagten wir ihm, dass wir uns sie beide gut als Eheleute vorstellen könnten, denn wir hatten von Ruth einen sehr positiven Eindruck. Dieter fuhr ab mit dem Vorhaben, nun die Brüder in der Gemeinde um ihre Zusage zu bitten. Wenige Tage später bekamen wir die Verlobungsanzeige, und in Dieters zweitem Praktikumsjahr war die Hochzeit. Wir waren dabei und erlebten mit, wie während der kirchlichen Trauung plötzlich ein Mann reinkam, der sich vorne in die erste Reihe setzte. Er stellte sich dann vor als ehemaliger Kumpel aus Dieters Drogenzeit. (Er lebte immer noch mit Drogen und wechselte häufig seinen Wohnort.) Als er Dieter und der Braut die Hand schüttelte und ihnen gratulierte, begegneten sich zwei Welten!

Noch ehe das junge Paar ein eigenes Kind hatte, nahmen sie ein Geschwisterpaar von zwei und drei Jahren als ihre Pflegekinder an. Inzwischen sind mehr als 30 Jahre vergangen. Dieter und Ruth haben vier eigene und im Lauf der Jahre vier Pflegekinder in der Familie aufgezogen. Sie sind jetzt alle erwachsen. Als das Jugendamt eines Tages wieder anrief, um wieder ein Kind bei ihnen unterzubringen, waren sie zunächst ängstlich, ob sie das noch verkraften können, und erbaten sich eine Bedenkzeit. Dieter rief uns an, um davon zu berichten. Ihr Ergebnis war: »Nachdem wir um Weisung durch Jesus gebetet hatten, konnten wir ein klares JA von ihm erkennen. Ruth sagte: ›Wenn wir selbst noch ein Kindchen bekämen, würden wir es doch auch annehmen – warum dann nicht das fremde, das in Not ist.‹ Und so gaben wir unser Ja beim Jugendamt. Da sagte die Sozialpädagogin, die uns Angelo vermittelte: ›Danke, dass Sie Ja sagen. Sie sind die vorbildlichste Familie in meinem Bezirk.‹« Wie sehr hat Jesus Christus den Menschen Dieter verändert!

Zum Abschluss möchte ich hier noch seine Abschiedseintragung im März 1974 aus unserem Gästebuch anfügen:

»Als ich hier ankam, habe ich das Licht der Welt gespürt. Nicht lange danach habe ich es in mein Leben aufgenommen: Jesus Christus.

Am Anfang: täglich Streitigkeiten mit euch! Als Tyrannen und rechthaberische Leute habe ich euch gesehen. Als Leute, die sich Straubes Nachfolger heranziehen! Als Leute, die die Bosse in der Psychomühle help center sind. Wochenlang lehnte sich mein alter Mensch gegen euch auf. Monatelang strapazierte ich eure Nerven – sehr oft seid ihr in Tränen ausgebrochen! Doch Jesus Christus gab euch Kraft, er gab euch Liebe für mich – obwohl ich gegen Jesus rebellierte, hatte Jesus mich lieb. Und seine eigenen Kinder – euch – hat er nicht geschont. Euch hat er strapaziert, um mich zu ihm zu bringen; um mich loszubringen von meinem alten Wesen! Ich danke Jesus allezeit dafür, und euch, dass ihr euch gebrauchen ließet.

Die schönsten Worte der ganzen Bibel sind wohl: *›Es ist vollbracht!‹*

Euer Dieter«

»Mit Gott über alles reden«

Am 17. Mai 1981 luden wir unsere Freunde zu einem Gebetstag für das help center ein. Damals war gerade die »Ölkrise«, und um Benzin zu sparen, wollten wir in diesem Jahr kein großes Freundestreffen veranstalten, da ja die meisten unserer Freunde und Beter nicht gerade in unserer nächsten Umgebung wohnen, sondern in der ganzen Bundesrepublik, in Österreich, der Schweiz und Luxemburg. Deshalb forderten wir sie auf, an ihrem Wohnort zu bleiben und einige Beter in ihrem Bekanntenkreis oder in ihrer Gemeinde zu mobilisieren, mit denen sie dann Gebetsgemeinschaft haben sollten. Viele von ihnen machten von dieser Aufforderung Gebrauch. Manche berichteten uns später von gesegneten Gebetsversammlungen, in denen für das help center gebetet wurde.

Auch in unseren Häusern – in Buchenau und Herbstein – gab es solche Veranstaltungen. Einige Freunde aus der näheren Umgebung kamen, um mit uns Gemeinschaft zu haben.

In Buchenau hatten wir vormittags einen Gebetsgottesdienst und am Nachmittag eine »Lob- und Dankversammlung« unter großer Beteiligung von Mitarbeitern, Gästen und Freunden. Während dieser Lob- und Dankzeit las Richard auch ein Abendgebet vor, das er in den letzten Tagen aufgeschrieben hatte. Weil es einen tiefen Einblick gibt in die Nöte und Schwierigkeiten, aber auch in die Freuden unserer Arbeit, möchten wir es hier abdrucken. Es sollte gleichzeitig ein Dank an unsere Freunde sein: ein Dank für alle Fürbitte, für das Mittragen, Mitbeten und die Gaben, die sie uns schickten.

Danke, Herr – wieder ein voller Tag liegt hinter mir!
Was war heute eigentlich alles los?
Schon beim Erwachen
wollte mich die Angst überfallen –
die Angst vor dem allen, was heute auf mich zukommt,
was mich erwartet an liegengebliebener Arbeit
von gestern, von vorgestern,
von der vorigen Woche.
Der Gedanke an jenen Gast,
der uns im Augenblick so viel Not macht.
Der Gedanke an die kranke Mitarbeiterin.
Der Gedanke an meine Frau und ihr gerüttelt Maß
an Verantwortung und Aufgaben.
Aber ich durfte das alles abgeben an dich!
Alle eure Sorgen werft auf IHN – steht geschrieben.
Ich durfte dir alles sagen
und dann doch getrost in diesen Tag gehen.
Und dann gab es die Bibelarbeit.
Ich war gefordert.
Viele Fragen unserer Gäste gab es. Ein reges Gespräch.
Der Versuch, das, was wir hörten,
in unseren Alltag umzusetzen.
Danke, dass du zu mir geredet hast.
Nach der Bibelarbeit die Arbeitseinteilung –
jeder wollte was wissen von mir.
Ich sollte nach allem schauen.
Ich hab es gern getan, Herr Jesus – du weißt es.
Dann waren da dringende Seelsorgebriefe,
Gespräche nach Plan und außer Plan

mit Gästen und Mitarbeitern –
seelsorgliche Gespräche und
dienstliche Angelegenheiten.
Dann gab es Besuche:
den, für den ein Termin ausgemacht war,
und die zwei, die unangemeldet kamen
und mich aufhielten.
Und zwischendurch immer wieder Telefonate.
Ich will nicht ungehalten sein darüber,
dass jeder unbedingt mich selbst sprechen will.
Es mag ja ein Zeichen seines Vertrauens sein.
Aber manchmal, Herr Jesus,
will es mir schier zu viel werden.
Am Nachmittag wollte ich so gern
am Gästeprogramm teilnehmen.
Ich wollte Gemeinschaft haben mit meinen Lieben,
wollte nicht allein im Büro sitzen –
nicht so oft im Büro sitzen,
wollte mit ihnen zusammen sein ...
Aber es ging nicht, ich musste mich vorbereiten
auf den Dienst am nächsten Sonntag,
um den ich gebeten bin.
Ich hab nicht Nein sagen können ...
Herr, so viele Menschen wollen was von mir.
Manchmal stöhne ich, weil ich nicht weiß,
was ich zuerst anpacken soll.
Im Grunde zwar bin ich froh und danke dir:
Ich merke, dass du mich gebrauchst –
obwohl du mich nicht nötig hast.

Ich werde gebraucht. Von dir!
Das macht mich froh, sehr froh.
Aber manchmal, Herr – du weißt um die Minuten –
manchmal könnte ich losschreien,
wenn ich meinen Schreibtisch sehe.
Da sind die Berge von Post,
lange nicht beantwortet.
Ich komme nicht dazu.
Es kommt immer wieder etwas dazwischen,
was dringender ist.
Da sind Notizzettel:
Ich hab einem Mitarbeiter versprochen,
für ihn etwas herauszusuchen.
Ich bin noch nicht dazu gekommen.
Eine Telefonnotiz: Da hab ich einem Pfarrer
versprochen, ihn wieder anzurufen –
ich hab's noch nicht geschafft.
Da liegen christliche Zeitschriften,
die ich lesen müsste – ich muss ja informiert sein.
Ich hab es nicht geschafft.
Da fällt mein Blick auf das große Fach
voller Bücher, die ich lesen müsste.
In viele von ihnen
habe ich noch nicht mal kurz reingeschaut ...
Da diktiere ich einen Brief,
will eine für den Schreiber wichtige Frage beantworten.
Mittendrin werde ich unterbrochen.
Ein Mitarbeiter kommt mit einer dringenden Frage.
Während ich ihm seine Frage beantworten will,

werde ich unterbrochen – das Telefon klingelt.
Ich muss eine Frage beantworten –
»nur eine kurze Frage« ...
Konzentration: Antwort auf Frage 3.
Antwort auf Frage 2.
Zurück zu Frage 1 von dem Brief.
Wie war die doch gleich?
Meine Ehe kommt manchmal zu kurz.
Obwohl wir dauernd unter einem Dach leben,
sehen meine Frau und ich uns sehr wenig.
Manchmal leben wir aneinander vorbei –
für Minuten oder für Stunden.
Jeder hat seine Aufgaben, jeder ist
in seinem Bereich gefordert.
Wie beglückend sind da abends die Minuten
des Austausches, des kurzen Gesprächs.
Aber es ist eben kurz!
Viel zu schnell fallen uns die Augen zu.
Aber es reicht noch, mit dir zu reden, Herr Jesus.
Das dürfen wir.
Wir dürfen sagen: »Danke, Herr –
wieder ein voller Tag hinter uns!
Wir sind so geschafft.
Und ein klein bisschen beginnt jetzt schon
die Angst – das bange Fragen: Was wird denn morgen
wieder alles sein?
Und dann sprichst du,
sagst uns: »Es ist genug, dass ein jeder Tag
seine Plage habe. Sorgt euch nicht um morgen ...«

Und:
»Kommt zu mir, die ihr müde und belastet seid,
ich will euch Ruhe schenken.«
Und:
»Wer mir dient, den wird mein Vater ehren!«
Das ist nicht zu fassen, Herr Jesus.
Wie du erquicken kannst!
Oft schon, während wir noch beten.
Oh, Herr, wir sind so geschafft von diesem Tag.
Und doch:
Wir wollen es nicht anders haben.
Wir dürfen dir dienen –
wir werden von dir gebraucht.
Wir dürfen mithelfen, dass Menschen geholfen wird,
dir zu begegnen, deine Maßstäbe anzuerkennen,
dir gehorsam zu sein und drum
in dir volle Genüge zu haben.
Herr Jesus, wir sind glücklich in dir.
Wir preisen dich. Wir danken dir.
Wir beten dich an.

Sorgen festhalten? (bri)

In einer besonders arbeitsreichen Zeit hatte ich eine schlaflose Nacht. Ich war im Grund sehr müde, aber der ersehnte Schlaf stellte sich nicht ein. Ich lag wach und wurde immer wacher, und meine Gedanken drehten sich immer nur um die knappe Zeit und die große Menge der Arbeiten, die getan werden mussten.

Es waren überwiegend termingebundene Arbeiten, die rechtzeitig fertig sein mussten – dazwischen Gespräche mit meinen Gästen, von denen man ja nie weiß, wie viel Zeit sie in Anspruch nehmen. Es war Erntezeit im Garten, den zu planen und zu bestellen zu meinem Arbeitsbereich gehörte, und schließlich gibt es natürlich auch noch das, was täglich anfällt und sofort erledigt werden muss.

Ich kam mir vor wie jemand, der zehn Liter Wasser in einen 5-Liter-Krug gießen soll. Ich fühlte mich total überfordert. Und das raubte natürlich den Schlaf. Als mir dann auch noch einfiel, dass es ja die Nacht vom Samstag auf den Sonntag war, ging bei mir vollends alles den Bach runter.

Ich habe sonst die Gewohnheit, bei so starkem Arbeitsanfall mal die Nacht um einige Stunden zu kürzen und vor den Vögeln aufzustehen. Aber das ist in diesem Fall nicht möglich, da ja inzwischen schon Sonntag geworden ist. (Und das ist mir wichtig: Alltagsarbeit wird nicht am Sonntag, dem Tag des Herrn, erledigt.)

Schließlich wird der Druck so stark, dass mich jetzt nichts mehr im Bett halten kann. Ich stehe auf, um nicht in der Dunkelheit noch mehr zu grübeln.

Nach meiner Gewohnheit greife ich zuerst nach dem Losungsbüchlein. Mein Blick fällt auf den Wochenspruch der neuen Woche. Da steht ein Wort aus dem ersten Brief des Petrus:

Gott widersteht den Stolzen, aber den Demütigen gibt er Gnade (1. Petrus 5,5).

Ich erschrecke. Wo bin ich stolz? Wo überhebe ich mich über andere?

Ich spreche gleich mit Jesus darüber und sage: »Bitte, Herr, zeige mir, wo bin ich hochmütig? Zeig du mir meinen Stolz auf – ich habe ihn noch nicht erkannt.«

Die Losung des Sonntags gibt mir die Antwort, sie steht in Psalm 127,2:

Es ist umsonst, dass ihr früh aufsteht und hernach lange sitzt und esst euer Brot mit Sorgen, denn seinen Freunden gibt's der Herr schlafend.

Es fällt mir wie Schuppen von den Augen. Das ist es! Jetzt weiß ich, wo mein Hochmut hängt: dass ich die Sorgen um die viele Arbeit festhielt, um sie selbst zu bezwingen.

Ich bitte sofort um Vergebung dafür und sage:

»Herr Jesus, ich gebe dir diese Sorge jetzt in deine Verantwortung! Amen.«

Nach diesem kurzen Gebet lese ich weiter im 1. Petrusbrief und finde die Mut machende Antwort meines Herrn in Kapitel 5,6.7:

So demütigt euch unter Gottes gewaltige Hand, indem ihr alle eure Sorgen auf ihn werft, denn er sorgt für euch!

(Im griechischen Originaltext heißt das: *»Er sorgt statt euer.«)*

»Oh danke, Herr Jesus, für diese Antwort«, sage ich und gehe wieder in mein Bett.

Nun schlief ich voller Frieden, genoss am Tag die Stille des Sonntags und konnte am Montag mit frischer Kraft an meine vielfältigen Arbeiten gehen.

Seitdem erlebe ich es, dass mir bei übergroßem Arbeitsanfall und anderen unlösbaren Problemen immer wieder 1. Petrus 5,7 in den Sinn kommt und mir hilft, die Sorgen nicht festzuhalten, sondern sie sofort in Gottes Hände zu legen, denn:

»Festhalten und alles selbst bewältigen zu wollen ist Hochmut vor Gott – aber alles ihm abgeben und ihm zutrauen, dass er es schafft, darin sieht er Demut.«

Ich habe in dieser Nacht eine gewaltige Lektion gelernt!

Medizin gegen Sünde

Manchmal werden wir gefragt, wie hoch denn unsere Erfolgsquote im help center ist. Das ist sicher nicht einfach zu beantworten. Denn die Vorstellungen über »Erfolg« des jeweils Fragenden sind ganz unterschiedlich. Manch einer hält es für ausreichend, wenn ein Heroinsüchtiger am Ende seines Aufenthaltes sagt: »Ich will nun kein Heroin mehr nehmen.« Gewiss sind wir froh über solche Einstellung. Aber wir wissen nicht, ob er diesen guten Vorsatz einhalten kann und will. Das Gleiche gilt für die Leute, die ihre Probleme mit Alkohol zu bewältigen suchen.

Was also ist Erfolg? Wir mussten auch erst lernen, was das mit dem »Erfolg« auf sich hat. Am Anfang hatten wir darum gebetet: »Herr, schicke uns ins help center nur solche Leute, denen wir auch wirklich helfen können.« Mit unserem ersten Gast tat er das auch, und er gab uns damit die Gewissheit, dass ER unsere Arbeit lenkt und sie nicht vergeblich ist. Aber schon mit Marlene, die unser zweiter Gast war, gab uns Gott eine wichtige Lektion zu lernen auf. Marlene konnten wir nicht zum völligen Frieden mit Gott verhelfen, weil sie ein Leben in der Lüge lebte und davon nicht lassen wollte. Sie war nicht bereit, ihr Leben völlig unter die Herrschaft Jesu zu stellen. Und sie ging unverrichteterdinge von uns.

Gott nahm uns in seine Schule. Die erste Lektion, die wir lernen mussten, lautete:

»Erfolg« ist nicht der Gradmesser echten Christseins. Wir wollten nur Erfolge haben? Das war wohl unser Wunschdenken, aber kein Gebet im Sinne Gottes. Auch unser Herr Jesus hatte nicht nur Erfolge. Er musste es beispielsweise miterleben, dass Menschen ihm den Rücken kehrten, weil die Botschaft, die er brachte, ihnen zu hart war. So kann es auch nicht unser Anspruch sein, immer Erfolge zu haben. Unser Auftrag ist es, an die Hecken und Zäune zu gehen und zu Jesus einzuladen. Hinzuweisen auf ihn, der helfen kann. Boten zu sein in seinem Namen, Not zu lindern, Trost zu spenden. Und das alles in Jesu Namen. Was wäre aus uns geworden, wenn wir wirklich immer »Erfolg« nach unseren anfänglichen Vorstellungen gehabt hätten? Wie gut, dass unser Herr in seiner Güte uns immer wieder unsere Grenzen erkennen lässt. Wenn einem Menschen im help center geholfen wird, können wir allein Gott die Ehre geben. Wir wissen, er allein hilft und greift ein – wann, wo und wie er will.

Da war N. bei uns und wollte seine Drogenkarriere beenden. Er meinte es ernst. Wir konnten ihm sagen, dass Jesus ihn nicht nur von seiner Sucht befreien kann, sondern, wenn er ihn in sein Leben einlässt, wird Jesus einen neuen Menschen aus ihm machen. Er freute sich und versuchte einen Anfang mit Jesus zu machen. Seine Geduld reichte leider nicht, um so im Glauben gefestigt zu werden, dass er seine neu gewonnene Freiheit behielt. Er reiste, unserer Einschätzung nach, viel zu früh ab.

Es dauerte einige Jahre, bis er sich entschloss, ein zweites Mal zu kommen. Er hatte sein Drogenleben immer noch nicht hinter sich gelassen, war sein eigener Herr geblieben. Er hatte Angst, etwas vom Leben zu versäumen, wenn er Jesus ganz gehorsam würde. Sein innerer Kampf ging auch bei uns weiter. Es war um Ostern und wir schauten mit allen Gästen einen Jesusfilm an. N. war so ergriffen von dem Geschehen auf Golgatha, dass er meinte, selbst dabeizustehen (so schilderte er seine augenblicklichen Gefühle). Das Leiden Jesu bewegte ihn sehr. Nach dem Film ging er auf seine Knie und übergab sein

Leben Jesus – diesmal aus tiefem innerem Empfinden – so schien es uns. Es folgten frohe Wochen für ihn. Aber dann, eines Tages, empfand er plötzlich alles zu eng. Die Vergangenheit stand wieder vor ihm – rosig, angenehm, leicht, verlockend. War er nicht immer glimpflich weggekommen bei seinen Abenteuern? War seine betende Mutter nicht immer wieder für ihn eingetreten? Hatten ihm nicht Freunde auf der Drogenszene immer wieder geholfen, wenn er selbst keinen Stoff mehr hatte? – Er erklärte uns, dass er abreisen wolle. Seine Worte: »Ich will ja mit Jesus leben, aber nicht so eng wie ihr. Zu 50% Christ sein – das muss doch genügen ...« Er ging, wir konnten ihn nicht halten. Das Letzte, was wir von ihm hörten, war, dass ein Arzt ihn mit 50-prozentiger Sicherheit als an Aids erkrankt einstufte! Das war im Dezember 1983. Jahrelang hörten wir nichts mehr von ihm. Wir beteten weiter für ihn und hofften, er würde sich bemühen, in der Nähe Jesu zu bleiben!

Es ist Dezember 1992: Ein Bewährungshelfer, der selbst Christ ist, schrieb uns, dass er jahrelang Begleiter von N. gewesen sei. Er habe immer versucht, ihn von den Drogen wegzubekommen. Es gelang ihm nicht, obwohl N. sich nach einem Leben in Frieden und Geborgenheit sehnte. »Einmal möchte ich wieder so glücklich sein wie damals, als ich das erste Mal aus dem help center wegging ...« waren seine Worte. Sein Kampf aus eigener Kraft gegen die Droge ließ ihn immer wieder zum Verlierer werden. Zuletzt hatte er gehofft, ein Ortswechsel könnte ihm Hilfe bringen. Er reiste nach Thailand, wo er bis März 1993 bleiben wollte. Schon im Dezember kam er zurück – krank an Leib und Seele. Seine alten Kumpels nahmen ihn nicht mehr an; so lebte er auf der Straße. Dann schluckte er Schlaftabletten – zu viele, um am Leben zu bleiben. Unterkühlt fand man ihn im Freien. Alle ärztliche Hilfe kam zu spät.

Ein Mensch wollte zur Hälfte Jesus gehören! – Wie ließe sich »Erfolg« in diesem tragischen Fall messen? Immerhin hatte Jesus in N. die Sehnsucht nach Frieden ausgelöst, auch wenn sein selbst gestaltetes Leben absolut nicht friedevoll war.

Was zum Beispiel sollten wir bei psychisch gestörten Gästen sagen? Sie sind in ihrem Verhalten für uns oft unberechenbar. Gewiss – manch einer erfuhr Heilung von seinen Verhaltensstörungen, z. B. wenn sich herausstellte, dass okkulte Bindungen der Ursprung waren und der Belastete seine Befreiung durch Jesus in Anspruch nahm. Können wir aber bei organisch Kranken mit psychosomatischem Krankheitsbild nicht auch darüber froh sein, wenn dieser Mensch ein Ja zu Gottes Wegen in seinem Leben findet und deshalb – auch ohne körperliche Gesundung – innerlich heil geworden ist?

Bei Alkoholikern sagen erfahrene Mediziner, sie dürfen nie wieder im Leben einen Tropfen Alkohol anrühren – (diese Meinung teilen wir absolut). Der Erfolg einer Behandlung wäre bei einem Alkoholabhängigen also erst bei dessen Lebensende richtig zu beurteilen. Wirklich erst dann?

Harry erzählt aus seinem Leben:

»Bis zu meinem 17. Lebensjahr verlief mein Leben eigentlich recht normal. Dann kamen Fragen in mir hoch, die mir niemand beantwortete: Lebe ich nur, um zu arbeiten? Oder arbeite ich, um zu leben? Ist Nihilismus alles, was das Leben zu bieten hat? Da entdeckte ich, dass Alkohol mich in eine andere Welt versetzte. Ich fing an, Haschisch zu rauchen und LSD zu nehmen. Meine Interessen waren auf alles andere gerichtet als auf den lebendigen Gott. Ich wandte mich den Themen Parapsychologie, andere Religionen, Meditativtraining zu. 1975 landete ich in der Psychiatrie. Entzug. Erfolglos. Anfang 1976 ging ich ins help center. Meine Ansichten waren das Gegenteil dessen, was ich hier hörte.

Trotzdem spielte ich lange mit und setzte ein frommes Gesicht auf. Eine Zeitlang ging das gut. In mir aber wurde es immer schlimmer: Der Drang nach Drogen, nach Alkohol verstärkte sich immer mehr. Ich merkte, ich würde das nicht durchhalten.

Dann endlich habe ich vor Jesus Christus kapituliert. Er machte mir klar, dass er mich von allen Bindungen frei machen kann. Jetzt begann er an mir zu arbeiten. Mir wurden die Fragen beantwortet, derentwegen diese ganze Geschichte anfing. Von Christus her ist mir jetzt klar, dass ich ein Nein haben kann zum Nihilismus. Jesus ist die Wahrheit. Deswegen lasse ich ihn jetzt an mich ran, um mich zu verändern. Ich verlasse mich auf ihn.«

Was heißt also »Erfolg« für uns? Wir sehen es in unserer Arbeit als Erfolg an, wenn ein Mensch bereit wird, konsequent nach Gottes Wort zu leben. Gott hat ein »Patentrezept« für uns bereit. Es steht – in einem Satz zusammengefasst – im Buch der Sprüche Kapitel 23, Vers 26:

Gib mir, mein Sohn (meine Tochter), dein Herz, und lass deinen Augen meine Wege wohlgefallen!

Das ist die Botschaft, die wir an unsere Gäste weiterzugeben haben. Auf vielfältige Weise, mit allen uns zur Verfügung stehenden Mitteln und Methoden. Durch Reden und Miteinanderleben, durch liebevolles Einüben und strenge Hinweise, im Einzelgespräch und in der Predigt. Das Patentrezept Gottes für jeden, dessen Leben nicht in Ordnung ist. Es enthält eine zweifache Empfehlung.

Die erste: »Gib mir dein Herz!« Die Entscheidung, Jesus Christus in sein Leben hineinzunehmen, muss eine Herzensentscheidung sein, das heißt, sie muss wirklich in ganzer Hingabe geschehen. Eine bloße Anpassung (»Na ja, wenn ihr meint, kann ich mich ja mal entscheiden ...«) bringt niemanden weiter. Eine zähneknirschende Kapitulation vor Gott – weil er der Stärkere ist – genügt nicht. Eine reine Vernunftentscheidung – weil man sich über die Folgen seiner Sünde ärgert, nicht aber die Sünde selbst verabscheut – ist keine Hingabe. Hingabe des Herzens bedeutet ganz praktisch: Ich sehe ein, dass ich ein Sünder, ein von Gott getrennter Mensch bin. Ich erkenne, dass ich mich aus eigener Kraft nicht ändern kann. Ich erkenne, dass Gott Jesus Christus für mich in den Tod hat gehen lassen. Jesus hat die Strafe auf sich genommen, die ich verdient habe, und er hat damit eine ewig gültige Erlösung geschaffen. Diese Erlösung ist ein Geschenk Gottes. Dieses Geschenk will ich annehmen. Ich will Jesus Christus als den Herrn in meinem Leben anerkennen und mich seiner Führung unterstellen. Ich will ihm vertrauen.

Und dies ist die zweite Empfehlung Gottes:

Lass dir meine Wege wohlgefallen.

Gottes Wege sind immer gut. Es lohnt sich, sie zu gehen. Ich will ein Ja haben zu seinen Wegen. Ich will nicht mehr nach dem Lustprinzip abwägen, ob ich das, was Gott von mir fordert, auch tun werde. Ich will den Willen Gottes erkennen und ausführen. Ich will ihm gehorchen.

»Vertraue und gehorche«, das ist also das Patentrezept Gottes, nach dem es sich leben lässt.

Wenn ein Arzt eine absolut wirksame Medizin gegen Krebs fände, könnten *alle* Krebskranken gerettet werden. Es wäre nur eines nötig: Die Kranken müssten von dieser Medizin hören, und jeder müsste sie nehmen. Gott hat uns in seinem Sohn Jesus Christus die absolut sichere Medizin gegen die schlimmste Krankheit im menschlichen Leben – gegen die Sünde – gegeben. Unsere Aufgabe kann es nur sein, jungen Menschen zu sagen, dass es diese Medizin gibt.

Nehmen müssen sie sie selbst.

Ein falsches Wort war das richtige ... *(ri)*

Er war arm dran, jener junge Mann, der schon 1976 zu uns kam. Lange Zeit hatte er am Heroin gehangen. Seine Mutter und seine Tante beteten für ihn. Und irgendwie kriegte er die Kurve und meldete sich bei uns an. Die erste Zeit bei uns war für ihn sehr schwer. Aber er überstand den Entzug ohne Medikamente und freute sich, dass er es fertigbrachte, auf Drogen zu verzichten. Schließlich fiel es ihm leicht, in die Gemeinschaft bei uns hineinzufinden. Er hörte von Jesus, betete beim morgendlichen Austausch und bemühte sich, unter der Anleitung des Herrn Jesus zu leben. Aber in seinen Gedanken war er noch oft im »alten Leben«, das ja auch seine Reize hatte ...

Eines Tages bekam er Gelbsucht. Er musste ins Krankenhaus und wurde unter Quarantäne gestellt. Die Behandlung schlug gut an; er war bald wieder auf dem Weg der Genesung. Ich konnte ihn besuchen, durfte aber mit ihm nur von außen durch das halb geöffnete Fenster sprechen. Ich machte ihm Mut, die Zeit tapfer durchzustehen, und am Ende der Besuchszeit betete ich noch mit ihm. Zum Abschied wollte ich ihn ermuntern, auch selbst weiter am Gebet festzuhalten, und sagte ihm noch, er möge zur Ermutigung doch mal im ersten Brief des Johannes, Kapitel 5, den Vers 14 nachlesen. Dann ging ich, ohne ihm noch den Vers vorzulesen. Er wollte ihn später selbst aufschlagen.

In dem Vers steht: *»Das ist die Freudigkeit, die wir zu ihm (dem Sohn Gottes) haben, dass, so wir etwas bitten nach seinem Willen, so hört er uns.«*

Sicher hat der Herr Jesus gewusst, dass dieser Vers für unseren Freund zu der Zeit noch nicht passend war. Er hätte ja den Schluss daraus ziehen können: »Aha, ich kann also beten, was ich will, Gott macht das alles schon ...« (Wie viele Menschen halten den lebendigen Gott ja für eine Art Wunscherfüllungsautomat, der immer dafür sorgen muss, dass es ihnen gut geht, auch wenn sie selbst sonst gar nicht nach seinem Willen fragen.) Unser Herr musste unserem Gast also anders begegnen. Und so geschah es, dass der nicht ganz richtig hingehört hatte. Statt des 1. Johannesbriefs schlug er das Johannes-Evangelium auf. Und da las er:

Danach fand ihn Jesus im Tempel und sprach zu ihm: Siehe zu, du bist gesund geworden; sündige hinfort nicht mehr, dass dir nicht etwas Ärgeres widerfahre.

Dieses Wort war »maßgeschneidert« für ihn. Es hat ihn tief getroffen. Mit dem guten Vorsatz, sich seiner Genesung immer zu erinnern und künftig konsequent in den Spuren des Herrn Jesus zu gehen, fuhr er später nach Hause und bekannte vor seiner Mutter und Tante und im Jugendkreis, dass er nun als Christ leben wollte.

Geballte Fäuste – gefaltete Hände! *(ri)*

Mit seinen 23 Jahren galt er als hoffnungsloser Fall. Ein Trinker war er, der den Alkohol auf drei Meilen gegen den Wind witterte und ihm nicht widerstehen konnte. In asozialen Verhältnissen war er aufgewachsen. Er hatte einen Stiefvater, der selbst dem Alkohol reichlich zusprach, und eine Mutter, die aus Liebe zu diesem Mann – oder aus Angst vor ihm? – die Kontakte zu ihrem Sohn auf ein Minimum beschränkte. Was ihm fehlte, war Liebe und Anerkennung. Niemand gab sie ihm freiwillig. Er brauchte sie aber. Also besorgte er sie sich.

So kam er zu uns. Auf Empfehlung von Menschen, die ihn lieb hatten, ohne dass er es begreifen konnte. Sie merkten, was ihm fehlte: echte Liebe, Geborgenheit, Friede. Das alles konnte er nur bei Jesus finden. Er hatte bisher seine Anerkennung in einer Bande Jugendlicher gefunden. Da er kräftige Fäuste hatte und zuschlagen konnte, erntete er bei Gleichaltrigen und Jüngeren schon als Fünfzehnjähriger Respekt. Er nahm sich Mädchen – halbe Kinder noch – wann ihn gerade nach Sex gelüstete. Bei seiner Brutalität wagten sie nicht, sich zu wehren. So nahm er sich das, was er unter Liebe verstand. Der Alkohol wurde sein bester Freund. Er half ihm über alle Komplexe hinweg. Er ließ ihn vergessen, dass er nicht so redegewandt war wie andere, nicht so logisch denken, so klar reagieren konnte. Der Alkohol gab ihm Selbstvertrauen. Wenn er betrunken war, konnte er sich mit zwei Gegnern gleichzeitig prügeln – und blieb Sieger. Er demolierte Telefonzellen, trat Haustüren ein, verprügelte Leute auf der Straße, klaute ihnen Hand- und Brieftasche. Er sah viele drittklassige Filme an und ahmte die »Filmhelden« nach.

Bald hatte er eine eigene Lebensweisheit entwickelt: »Meine Fäuste sind das beste Argument, das ich zu bieten habe!« Er verherrlichte Gewalt, weil sie ihm das Wertvollste war. Fühlte er sich irgendjemandem unterlegen, etwa weil der besser argumentieren konnte oder besser aussah als er, oder leicht Kontakt zu anderen bekam – dann schlug er ihn zusammen. So wurde er bald der starke Mann – in seinen Kreisen anerkannt und »geliebt« – besser gesagt, gefürchtet.

Als er zu uns kam, sagte Brigitte zu mir: »Ich muss ihn liebhaben – er ist für mich wie ein eigener Junge!«, und sie nannte ihn immer »unser Jungchen«. Erstaunlicherweise ließ er sich das von ihr gefallen. Aber die Zeit bei uns war schwer – für ihn und für uns. Immer wieder betonte er, dass er vom Alkohol loskommen wolle, aber der Sog war unheimlich stark. Obwohl wir mit ihm ausgemacht hatten, dass er das Grundstück nicht ohne unsere Genehmigung verlassen dürfe, brannte er mehrmals durch. Wir mussten ihn dann sternhagelvoll irgendwo in einer Wirtschaft wieder auflesen.

Wir machten ja mit unsern Gästen alles gemeinsam. So waren wir einmal in einem Nachbarort zum Sonntagsgottesdienst. Während des Eingangsliedes verließ er die Kirche und blieb zunächst verschwunden. Wir hatten später Mühe, ihn zu finden. – Ein anderes Mal waren wir in Herbstein beim Seifenkistlrennen. Auch hier verdrückte er sich, klaute ein Flasche Bier und brachte uns in eine peinliche Situation.

Es war oftmals unerklärlich, welche Assoziationen ihn zum Weglaufen brachten. Als Brigitte mit einer Mitarbeiterin einkaufen gewesen war und sie das Auto im Hof ausluden, genügte schon das Rappeln der Sprudelflaschen, die sie in den Keller trug, für ihn, um wegzulaufen und sich Bier zu verschaffen. Aber wir hatten unser »Jungchen« doch so lieb. Wir merkten, welche Sehnsucht in ihm nach richtiger Familie steckte.

Als er drei Monate bei uns war, feierten wir Weihnachten. Brigitte und ich hatten als unser Geschenk für alle Gäste zusammen einen großen Kasten Lego-Bausteine gekauft. Wer saß um 11 Uhr abends noch auf dem Fußboden und spielte mit Legosteinen? Unser »Jungchen«! Und dann fragte er, ob er den Kasten ausnahmsweise für diesen Abend mit in sein Zimmer nehmen dürfe. Er durfte. Nachdem wir Mitarbeiter alles aufgeräumt hatten – es war inzwischen Mitternacht vorbei – schaute ich noch einmal zu ihm ins Zimmer. Da war er fest eingeschlafen über seinem Lego-Spiel.

Am 30. 12. – einen Tag vor Jahresschluss (es war ein Sonntag) – erinnerte er sich daran, wie er früher Silvester »gefeiert« hat – mit Strömen von Alkohol. Er nahm nicht am Hausgottesdienst teil, sondern benutzte die Zeit, um davonzulaufen. Er wollte nach Braunschweig zu seinen Kumpels. Aber nach vier Stunden stand er immer noch an der Autobahn. Schließlich ließ er sich in entgegengesetzter Richtung mitnehmen – nach Frankfurt. Dort besann er sich und suchte die Teestube des EC auf, zu der wir help-center-Leute guten Kontakt hatten. Von dort aus rief er bei uns an und fragte, ob er wiederkommen darf. Er hatte nichts getrunken – GOTT SEI DANK!

Am 31. 12. wurde er wieder nach Herbstein gebracht und gab in der letzten Stunde des alten Jahres – als alle Gäste von ihrem Erleben im vergangenen Jahr berichteten – ein Zeugnis, wie Jesus ihn gestern bewahrt hatte, dass er nicht nach Braunschweig fahren konnte.

Wir führten weiterhin viele Gespräche mit ihm, versuchten, ihm die Liebe Gottes vor Augen zu malen, machten ihm begreiflich, dass der Herr Jesus auch für ihn in den Tod gegangen war. Weil er ihn so liebt! Eines Tages kapierte unser »Jungchen«, was Gott ihm anbot. Er sagte Ja zu ihm.

Aber nun war er nicht mit einem Schlag ein veränderter Mensch. Der Grund war gelegt, auf diesem Fundament konnte nun eine lange und mühsame Erziehungsarbeit anfangen. Am schlimmsten empfanden wir seinen Jähzorn und seine Brutalität. Aus nichtigem Anlass konnte er stockbeleidigt sein und drohte dann, uns alles kurz und klein zu schlagen. Manches Mal stand er wutschnaubend mit geballten Fäusten vor mir. Dann musste ich in der Stille beten: »Herr Jesus, wenn er zuschlägt – gib mir die Kraft, nicht zurückzuschlagen. Gib mir die Kraft, stille zu halten und ihm die andere Backe auch darzubieten. Gib mir, dass ich ihn mit deiner Liebe lieben kann.« Er hat bei uns nie zugeschlagen. »Bei euch geht das nicht«, sagte er einmal, und ein anderes Mal gestand er: »Eure Liebe hat mich kaputt gemacht!« Damit meinte er: »Dass ihr mir die Liebe von Jesus gezeigt und vorgelebt habt, hat dazu beigetragen, dass mein altes Wesen vernichtet werden konnte durch Jesus.«

Eines Tages malte er sich ein Plakat. In plumpen Strichen waren da ein paar gefaltete Hände zu erkennen. In ungelenker Schrift war darüber zu lesen: »Gefaltete Hände sind stärker als geballte Fäuste!«

Eines Nachmittags saßen wir zusammen wie so oft: alle Gäste und ein paar Mitarbeiter. Wir unterhielten uns zwanglos über ein paar Fragen, die unsere jungen Freunde bewegten. Die Frage nach recht verstandener Sexualität tauchte auf. Ich erzählte von unserer Ehe. Ich sagte den jungen Leuten, dass ich ein Ja habe zur Sexualität, weil sie ja Geschenk Gottes ist. Gott ist nicht gegen Sexualität, sondern gegen den Missbrauch dieser Gabe. Ich sprach über die Grenzen, die Gott steckt, und darüber, dass ich diese Grenzen einhalten will – nicht etwa, weil ich nicht Mann genug wäre, sondern weil ich Gott liebe und ihm deshalb gehorsam sein will.

Ich sprach weiter davon, wie schön und erfüllend es sein kann, wenn zwei Menschen innerhalb der Ehe einander zugetan sind, und darüber, dass wir Gott allezeit und für alles danken können – auch für das Geschenk der Freude am Geschlechtsverkehr in den von Gott gesteckten Grenzen.

Mit einem Mal sah ich, wie dieser rohe, brutale Junge – der bisher über Mädchen immer so abfällig gedacht und geredet hatte, für den Frauen nur Gebrauchsgegenstände, Wegwerfartikel gewesen waren – Tränen in den Augen hatte. Als ich ihn fragend ansah, stammelte er: »Mensch, wenn mir das jemand schon früher gesagt hätte, dass das alles so schön sein kann unter der Führung Gottes – ich glaube, mein Leben wäre ganz anders verlaufen!«

Wie viel Not haben wir gehabt mit diesem Jungen, in den Monaten, die er bei uns war! Wie manches Mal waren wir verzagt und hatten gemeint, wir kämen mit ihm nicht mehr weiter! Es war sogar einmal der Gedanke aufgetaucht, ihn rauszuschmeißen und ihn seinem Schicksal zu überlassen. Wir haben es nicht fertiggebracht. Weil wir wussten, dass er im Grunde Hilfe haben will und sie so dringend braucht. Heute können wir unserem Gott und Vater von Herzen danken, dass ER bereit ist zu vergeben, wo ein Mensch sich danach sehnt und darum bittet. Für Gott gibt es keine hoffnungslosen Fälle. Und auch für unser Jungchen gilt die Zusage Gottes aus Jesaja 43,24.25:

Mir hast du Arbeit gemacht mit deinen Missetaten. Ich, ich tilge deine Übertretungen um meinetwillen, und gedenke deiner Sünden nicht mehr.

Als »Jungchen« nach einem halben Jahr von uns ging, beteten wir weiter für ihn. Wir sehnten uns danach, hin und wieder zu erfahren, wie es ihm jetzt geht. Aber ihm fiel das Schreiben schwer, und allzu oft durften wir während der Arbeitszeit nicht in seiner Firma anrufen. Dann eines Tages erreichte uns eine Nachricht über ihn – ganz unverhofft. Eine frühere Arbeitskollegin einer unserer Mitarbeiterinnen schrieb, sie sei kürzlich bei einem Jugendtreffen gewesen. Dort war spontan ein junger Mann nach vorn gekommen, um ein Zeugnis zu geben. Er berichtete, dass Jesus ihn verändert habe. Früher sei er Trinker gewesen. Sie sprach anschließend mit ihm und da erzählte er ihr vom help center. Er meinte: »Ich bin oft weggelaufen, weil ich glaubte, in eine Zwangsjacke hineingepresst zu werden. Aber heute darf ich bezeugen: Jesus ist mein Herr; er hat mich verändert und ich habe ihn lieb.«

Das war unser »Jungchen«.

Den Grund gefunden? (ri/bri)

Sie waren rechtschaffene und angesehene Leute, jene Eltern, die ihre Tochter zu uns brachten. Und es fiel ihnen recht schwer, zur Kenntnis zu nehmen, dass ihre Tochter im Beruf versagt hatte. Um das zu kaschieren, putschte sie sich regelmäßig mit Tabletten auf. Deshalb hatten die Eltern alles unternommen, um ihr zu helfen. Auch bei einem Psychoanalytiker waren sie mit ihr. Der hatte herausgefunden, wo die Ursache dieses Tablettenmissbrauchs lag. Mit einer gewissen inneren Befriedigung teilte die Mutter uns dies mit: »Meine Tochter ist in einer schweren Zeit geboren, als es mir körperlich nicht gut ging. So kam es, dass sie als Säugling täglich 100 g zu wenig Muttermilch bekommen hat.« So die Begründung des Arztes. Aber eine Hilfe hatte er nicht anzubieten.

Ein junger Mann kam zu uns. Er hatte allen Stallhasen seines Nachbarn den Hals umgedreht – weil er sich über diesen Mann geärgert hatte. Er hatte sich auch einer Brandstiftung schuldig gemacht – weil er sich über einen anderen Menschen geärgert hatte. Ein Gericht musste sich mit ihm befassen. Sein Bewährungshelfer sagte uns, was man in der Psychoanalyse herausgefunden hatte. Als Säugling war dieser Junge wegen einer Krankheit einige Wochen fest eingewickelt gewesen, sodass er Arme und Beine nicht hatte bewegen können. Dies hatte ihm wahrscheinlich einen solchen Schock versetzt, dass er nun – als 21-Jähriger – zum Brandstifter wurde.

Gegenüber solchen psychoanalytischen Erkenntnissen sind wir im help center ratlos. Wenn das stimmt, was man da herausgefunden hat, haben wir keine Hilfe zu bieten. Wir können weder dem Mädchen die vorenthaltene Muttermilch noch dem jungen Mann die versäumten unbeschwerten Säuglingstage nachreichen. Ist es denn wirklich so, dass das Schicksal eines Menschen vorgezeichnet und unwiderruflich besiegelt ist, weil in seiner Kindheit etwas schiefgelaufen ist? Müssen wir alle Hoffnung fahren lassen, weil das, was geschehen ist, nicht mehr ausgelöscht werden kann? Oder bedeutet es für einen Menschen Hilfe, wenn er weiß, dass an seinen jetzigen Verhaltensstörungen irgendjemand die Schuld trägt – die Mutter, die Säuglingsschwester, die Nachbarn, die Familie, die Schule, die Kirche oder die Regierung?

Wir Mitarbeiter in help center lasen damals miteinander das Buch »Befreiende Seelsorge« von Prof. Jay R. Adams. Es war uns eine große Hilfe. Wir erkannten: Es gibt keine hoffnungslosen Fälle. Gott hat für jeden Hilfe bereit. Das macht uns froh und dankbar. Auch Gott – so entdeckten wir – treibt Psychoanalyse, deckt Hintergründe auf. Durch seinen Heiligen Geist. Aber er findet nicht die Schuldigen heraus, sondern die Schuld.

Wir lasen in der Bibel von einem Mann, der verhaltensgestört war. Nach heutigen Kenntnissen hätte man ihn als schizophren diagnostiziert. Er hörte Stimmen und benahm sich tierisch. Man steckte ihn in die Psychiatrie seiner Zeit, das heißt, man isolierte ihn von der menschlichen Gesellschaft. Dieser Mann war der damalige Weltherrscher Nebukadnezar. In Daniel 4 ab Vers 25 wird von seinem irren Benehmen, seiner Isolierung und seiner schließlichen Genesung berichtet. In den gleichen Versen steht noch mehr: Er hatte sich über Gott erhoben. Sein Verhältnis zum lebendigen Gott war durch seine eigene Schuld empfindlich gestört. Hier war der Grund für sein jetziges schizophrenes Verhalten. Als Nebukadnezar – in seinem Irresein – das herausfand, begann seine Heilung. Er tat Buße und wurde wieder völlig gesund. Er konnte sogar seinen alten Arbeitsplatz wieder einnehmen: den Königsthron!

Gottes Psychoanalyse wurde uns auch deutlich in Jeremia 30, 12–17. In diesen Versen – so meinen wir – spricht Gott zu Drogen-, Tabletten- und Alkoholabhängigen. Er beschreibt genau ihre Situation:

Dein Schade ist verzweifelt böse! Deine Wunden sind unheilbar! Deine Sache behandelt niemand, dass er dich verbände! Es kann dich niemand heilen. Alle deine Liebhaber vergessen dein, fragen nichts danach (Jeremia 30,12–14).

Viele junge Menschen haben mir schon bestätigt, dass das genau ihre Situation ist. Sie haben unheilbare körperliche und geistige Schäden durch die Drogen erlitten. Kein Mediziner, kein Psychiater kann sie heilen. Ihre Freunde lassen sie im Stich und wenden sich von ihnen ab. Gott aber zeigt in diesen Versen nicht nur ihre Situation auf; er nennt auch den Grund dafür.

In den weiteren Versen heißt es:

Was schreist du über deinen Schaden und über dein verzweifelt böses Leiden? Habe ich dir doch dies getan um deiner großen Missetat und um deiner starken Sünden willen (Jeremia 30,15).

Gott hat also seine Hand im Spiel. Gott hat zugelassen, dass es einem Drogenabhängigen so schlecht geht. Er möchte, dass der Mensch erkennt, dass sein Verhalten Gott gegenüber falsch ist. Der Süchtige ist ein Sünder.

Damit wir uns recht verstehen: Zum Sünder wird kein Mensch, weil er Sünden tut. Im Gegenteil. Wir tun Sünden, weil wir von Geburt an im Zustand des Sünders leben – d. h. »unser Leben verläuft außerhalb einer Verbindung mit Gott. Erst wenn ein Mensch die Erlösungstat Jesu für sich selbst in Anspruch nimmt, ihm dankt, dass er auch für seine Sünden in den Tod ging und ihn darum Herr seines Lebens werden lässt, kann er mit Gott in enge Verbindung kommen.«

Und ein in der Sucht lebender Mensch ist ein von Gott getrennt lebender Mensch. Er handelt gegen den Willen des Schöpfers, der ihm seinen Körper nicht gegeben hat, damit er ihn kaputtmacht. Der Drogenabhängige ist also für seinen Schaden, den er erleidet, selbst voll verantwortlich.

Gott will, dass wir erkennen: Es hat keinen Sinn, die Schuld für unsere Misere auf andere zu schieben. Wenn wir Heilung nach Leib und Seele wollen, müssen wir unser Verhältnis zum lebendigen Gott überprüfen. In Gottes Psychoanalyse muss der Mensch den wahren Schuldigen finden: sich selbst! Und dann gilt ihm Gottes froh machende Zusage:

Aber ich will dich wieder gesund machen und deine Wunden heilen, spricht der Herr (Jeremia 30,17).

Für Gott gibt es keinen hoffnungslosen Fall. Gott ist bereit zu vergeben und zu heilen. Geistliche Heilung beginnt immer da, wo ein Mensch die Verantwortung für sich selber übernimmt. Wo er seine Schuld erkennt und Buße tut.

Das junge Mädchen, das zu wenig Muttermilch bekommen hatte, erkannte das. Sie begnügte sich nicht mit dem Wissen, dass sie als Säugling mangelhaft ernährt worden war. Sie überprüfte ihr Verhältnis zu Gott und entdeckte, wie viel Schuld in ihrem Leben war. Eines Tages saß sie vor uns. Unaufgefordert hatte sie ihre Schuld aufgeschrieben in einem langen Bericht, den sie uns übergab. Mit gesenktem Kopf – wie bisher in allen Gesprächen – saß sie da und wagte nicht, uns anzuschauen. Ihre schönen, langen Haare hingen ihr wie ein Schleier vor dem Gesicht. So sprachen wir über das, was sie aufgeschrieben hatte. Richard sprach von Jesus, von seinem Leiden und Sterben auch für ihre Schuld. Und er verkündigte ihr, dass Gott ihr alle Schuld vergibt um Jesu Willen. Wir erklärten ihr das ausführlich, und je länger wir von Jesu Vergebung sprachen, umso mehr schob sie ihre Haare zur Seite und hob nach und nach ihren Kopf. Dann nahm sie diese Vergebung für ihr kaputtes Leben in Anspruch. Und im selben Augenblick strich sie ihre Haare völlig aus dem Gesicht und sah uns voll an. Seitdem ist das ihre Haltung geworden. Sie kann Menschen wieder ins Gesicht sehen!

Während ich das hier schreibe, kommt mir die Erinnerung an Theo. Als er zu uns kam, war er wirklich ein Mensch mit zerrütteten Sinnen, obwohl er gerade erst 18 Jahre alt war. In den sieben Monaten, die er bei uns war, wurde er ein völlig veränderter Mensch. Er hatte jetzt den Wunsch, in den vollzeitlichen Dienst Jesu zu gehen. Von uns aus bewarb er sich bei der CVJM-Sekretär-Schule in Kassel zur Ausbildung. In seinem Lebenslauf, den er der Bewerbung beifügte, schrieb er unter anderem:

»Ich war total fertig. Nach einigen Suizidversuchen und einem massiven Streit mit meiner Freundin, die auch süchtig war, ging ich freiwillig in eine Nervenklinik. Es war dieselbe Klinik, in die ich als Fünfzehnjähriger, nach einem Tobsuchtsanfall unter Einfluss von Meskalin, für sechs Wochen (zum Gutachten) eingewiesen worden war. Nun stand ich vor den Toren dieses Hauses und wollte mir helfen lassen. Ich hatte durch LSD Verfolgungswahn bekommen und wollte nicht immer in einer Angst leben. Ich wollte von Drogen frei werden. Ich wollte glücklich werden. Ich wollte, ich wollte, ich wollte ... All das konnte mir aber die Psychiatrie nicht geben. Ich bin fünf Monate dort gewesen, und man konnte mir nicht helfen. Die Ärzte gaben sich alle Mühe, aber ich erkannte, dass Menschen da nicht helfen können. Nach einem kurzen Briefwechsel wurde ich im help center aufgenommen. Ich kam als Nervenbündel hier an. Anfangs ging ich nur ins help center, um aus der Nervenklinik herauszukommen. Deshalb argumentierte ich gegen Jesus und gegen die Bibel. Nachdem ich zwei Wochen hier war, am 15. März, nahm ich ihn an. Und nun ist Jesus mein Herr. Ich habe Buße getan und mein altes Leben bereut. Bei mir geschah eine bewusste Abwendung von meiner Vergangenheit: »Der alte destruktive Theo ist tot! Jesus befreite mich total. Er machte mich frei von Drogen und frei von der Angst. Jesus gab mir Freude, die ich vorher nicht hatte. Nun bin ich Christ und lese die Bibel. Er gab mir den inneren Frieden und Ruhe in ihm.«

Ein junger Mann aus einem guten Elternhaus – Thomas – litt unter Agoraphobie, einer panischen Angst vor großen freien Flächen. Schon eine Straße allein zu überqueren, erschien ihm unmöglich. Er hatte wegen seiner massiven Ängste sein Studium abbrechen müssen. Ein gläubiger Psychiater schickte ihn zu uns mit den Worten: »Medizinisch ist bei ihm alles gelaufen. Er braucht Hilfe für seine Seele. Die kann er bei Ihnen intensiver bekommen als in der Klinik.«

Thomas selbst berichtet von sich: »Die letzten drei Jahre waren für mich furchtbar. Ich befand mich hauptsächlich in psychiatrischer Behandlung. Ich konnte praktisch überhaupt nichts mehr lernen oder arbeiten. Ich war ständig auf Psychopharmaka angewiesen, litt unter starken Angstzuständen und wurde mit dem Leben überhaupt nicht mehr fertig. Und das, obwohl ich schon seit sieben Jahren Christ war! – Mich quälte die Frage, warum Gott das zulässt?

Aber hier im help center kam die große Wende! Wohl ohne Übertreibung kann ich sagen, dass der Aufenthalt hier für mein ganzes Leben von entscheidender Bedeutung war. Denn mein Problem war im Grunde kein medizinisches, sondern ein geistliches Problem! Ich hatte zwar Jesus als meinen Heiland angenommen, aber nicht als meinen HERRN anerkannt! Ich hatte ihn immer um seinen Segen und seine Führung für meine eigenen Wege gebeten. Aber darauf ging

Gott nicht ein. Er ließ mich so tief fallen, um mich zur Buße zu rufen! Ich erkannte, dass das alles durch seine Gnade geschah. Jetzt merkte ich, was Jesus meint, wenn er sagt:

Wer sein Leben hingibt – an Gott – der wird das Leben finden! (nach Matthäus 10,39).

Und wirklich: Als mein geistliches Leben in Ordnung kam, wurde ich psychisch gesund!

Ich begann, mich intensiv mit dem Wort Gottes zu beschäftigen und ihm völlig gehorsam zu sein – bis in die ›Kleinigkeiten‹ des Alltags. Da erfuhr ich die Kraft Gottes! Ich hatte keine Angstzustände mehr, brauchte keine Tabletten mehr und konnte jetzt wieder voll arbeiten. Der Herr tat ein Wunder nach dem andern!«

Das hier Berichtete geschah im Mai 1978.

Thomas hat ein gutes, gesegnetes Familienleben und drei hübsche Kinder. Er ist voll leistungsfähig in einem kaufmännischen Beruf – was er früher für unmöglich hielt. Er steht in der Leitung einer freikirchlichen Gemeinde und bezeugt dort und im Beruf, was er mit Jesus erlebt hat. Bei unserem Gott gibt es eben keine »hoffnungslosen Fälle«!

Nestor als Therapeut

»Das Leben ist sinnlos – am besten den Strick« – das war Heikes Lebenseinstellung, als sie zu uns ins help center kam.

Sie war in sich gekehrt, sprach kaum etwas. Sie zeigte keine Bereitschaft, sich in die Gemeinschaft einzubringen. Sie zog sich völlig in sich zurück. Was hatte dieses Menschenkind wohl schon alles erleben müssen, was sie nicht verarbeiten konnte? Sie lebte mit in unserem Haus in Herbstein, wo alles ein wenig kleiner und intimer ist als in Buchenau mit dem großen Grundstück, auf dem drei Häuser stehen, in denen die Arbeit geschieht.

Der Versuch der Mitarbeiter, ihr in Liebe und Verständnis zu begegnen, ging ins Leere. Es zeigte sich keinerlei Reaktion bei ihr. Es gingen Wochen ins Land, ehe sie überhaupt den Versuch einer Annäherung machte. Umso erstaunter waren sie, als Heike eines Tages von sich aus ein paar Zeilen aufschrieb und sie ihnen zusteckte. Es war inzwischen Weihnachten vorbei und wir merkten einen ganz schüchternen Versuch von ihr, sich in die Gemeinschaft der anderen Gäste einzufügen.

Auf ihrem Zettel stand:

»Hier wurde mir das erste Mal bewusst, warum man eigentlich Weihnachten feiert. Hier ist Jesus der Mittelpunkt in mir gewesen und nicht die Geschenke und der Alkohol, den ich jahrelang gebraucht hatte und der früher auch zu Weihnachten mein Mittelpunkt war. Und ich hatte auch das erste Mal, seitdem ich hier bin, richtige Geborgenheit erfahren können.«

Das war für alle eine große Freude, und die Mitarbeiter merkten ihr

Bemühen, sich unserem Hilfsangebot zu öffnen. Sie begann ernsthaft mit Jesus zu leben und ihn an sich wirken zu lassen.

Nach einigen Monaten konnten wir ihr Zeugnis für unsere Freunde in den »Nachrichten vom help center« abdrucken:

»Von meinem 15. bis zum 18. Lebensjahr«, so schrieb Heike, »hatte ich getrunken. An Selbstmord hatte ich schon manchmal gedacht, weil ich keinen Sinn mehr sah. Ich war einsam – keine Freunde – niemand. Nach einem Sinn in meinem Leben hatte ich oft geforscht, aber nie eine Antwort gefunden. Alkoholismus ist Selbstmord auf Raten. – Und dass ich jetzt noch lebe, ist für mich ein großes Wunder. Und das geschah durch Jesus! Am 12. August 1979 habe ich mich für meinen Herrn entschieden und ganz neu beginnen dürfen. Der Sinn im Leben ist: Für Jesus jede Minute da zu sein und anderen zu sagen, dass Jesus lebt. Es ist nicht jeden Tag Sonnenschein, manchmal regnet es auch. Aber gerade da, wo es mich Demut und Überwindung kostet, hilft mir Jesus durch. – Ein Beispiel: Ich habe starke Angst vor Hunden. Da darf ich Jesu Hilfe erfahren. Die Angst ist zwar noch da, aber ich kann immerhin schon an einem Hund vorbeigehen. Das konnte ich früher nie. Im Gegenteil, ich kratzte immer die Kurve.«

In den nächsten Wochen konnten wir alle ein Wunder Gottes mit ihr erleben, bei dem er unseren treuen Nestor gebrauchte – einen deutschen Schäferhund, der seit Jahren zum festen Inventar des help center gehörte.

Richard fuhr nach Herbstein, um dort Urlaubsvertretung für den Hausvater zu machen. Er berichtet selbst:

»Ich sah mich so geführt, von Buchenau den Hund mitzunehmen, da er in seinen ersten Jahren in Herbstein aufgewachsen war. Wir hatten ihn als kleinen Welpen gekauft, nachdem zweimal nachts in unser Haus eingebrochen worden war. Nestor fand jetzt schnell wieder in seine alten Gewohnheiten zurück. Bei der Bibelarbeit am Morgen lag er im Kreis der Gäste und Mitarbeiter bis zum letzten Amen nach dem Abschlusslied. Danach stand er auf und ging nach draußen. Zu jeder Mahlzeit war er wieder bei uns allen und lag ruhig unter dem langen Esstisch. Wieder bis nach dem Schlussgebet. Das war für Heike natürlich eine Herausforderung, und in den ersten Tagen setzte sie sich ganz ans Ende des Tisches, um ihm zu entgehen. Mit schlotternden Knien schaute sie von ferne zu, wenn Nestor gefüttert wurde. Ihr frühkindliches Erlebnis mit einem bissigen Hund saß so tief in ihr, dass sie sich keinen Hund vorstellen konnte, der seinen Herrn lieb hat und ihm aufs Wort gehorcht. Von dieser Hundeangst wusste ich nichts, bis ich nach Herbstein kam und Heike kennenlernte. – Darum schrieb ich auch am Anfang von einer Führung Gottes, dass ich Nestor mitgenommen hatte.

Viele Gebete, manches Gespräch und eine Menge Geduld waren notwendig, bis sich in Heikes Haltung etwas änderte. Aber das Wunder geschah: Nach einer Woche stellte sie selbst dem Hund das Fressen hin. – Nach zwei Wochen ging sie allein mit ihm an der Leine spazieren – und unser braver Nestor brachte sie heil wieder zurück! Schließlich wagte sie es, ihn zu streicheln und sogar zu bürsten. Als es nach drei Wochen ans Abschiednehmen ging, weil ich wieder zurück nach Buchenau musste, vergoss Heike Tränen – um Nestor.«

So weit Richards Bericht.

Ein Vierteljahr später konnten wir den Empfängern unseres Freundesbriefes berichten, dass Heike für drei Monate nach Buchenau kommt, um bei den praktischen Arbeiten mitzuhelfen und um ihre Freundschaft mit Nestor zu vertiefen. Sie hatte jetzt schon Kontakt zu einer Familie mit Kindern, wo sie nach ihrer Zeit im help center leben und arbeiten konnte.

Sporadisch meldete sich Heike von Zeit zu Zeit, und wir merkten, dass sie jetzt – mit Jesus – gefestigter im Leben stand. Wir freuten uns, als sie eines Tages schrieb, dass sie einen lieben Mann gefunden hat und heiraten will – sie, die nie richtige Familie erlebt hatte.

Heike hatte inzwischen eine Berufsausbildung in der Altenpflege gemacht. Nach wenigen Jahren Ehe kam ihre nächste schwere Prüfung – ihr Mann wurde von Gott heimgerufen. Heike war wieder alleine. In der nun folgenden Zeit zeigte es sich, wie echt ihre Hinwendung zu Jesus war. Sie durchlebte sie mit ihm. Übrigens schaffte sie sich jetzt einen Hund an!

2008: Nach Jahren kam wieder mal eine Nachricht von ihr. Sie arbeitet jetzt in ambulantem Einsatz mit demenzkranken Menschen. In ihrem Brief schrieb sie:

»Mittlerweile habe ich eine zweite Hündin. Bis zum Jahreswechsel war ich in einer Kurzzeiteinrichtung beschäftigt. Dort ergab sich die Möglichkeit, meine Hündin ›Fiene‹ mit einzusetzen. Nachdem dieses Haus geschlossen wurde, wechselte ich zu einer Tagespflegeeinrichtung, wo ich Fiene mitbringen darf. Während dieser Zeit ergab sich auch die Möglichkeit, eine Weiterbildung ›Fachgerechter Einsatz von Tieren in der Altenhilfe‹ zu absolvieren. Seitdem setze ich meine Hündin Fiene zum ›tiergestützten Betreuungsangebot‹ mit ein. Ich nehme sie mit zur Arbeit. Wo jemand Interesse an diesem Angebot zeigt, hat Fienchen einen Hauptanteil an der Betreuung (Spiele, Leckerli verstecken und suchen, spazieren gehen mit dem Hund!).«

Heike schickte noch ihre 16-seitige Projektarbeit mit, die sie in diesem »Qualifizierungskurs zu fachgerechtem Einsatz von Tieren in der Altenhilfe« geschrieben hat. Wir staunten, wozu Gott diese Frau befähigt hat. Unsere Freude über Heikes Leben und der Dank an unseren Herrn Jesus erfüllt uns. Vor 28 Jahren kam sie als tief in seiner Seele verletztes Menschlein zu uns – heute hilft sie als staatlich anerkannte Altenpflegerin und Therapeutin alten, kranken Menschen in ihrer Situation.

Ich zitiere noch einmal aus ihrem Brief:

»Nach meiner Erfahrung fühlen sich alte Menschen durch einen Hund angenommener und aufgeschlossener und sind dadurch viel eher zu erreichen, weil einem Hund das äußere und gesundheitliche Erscheinungsbild gleichgültig ist. Dieses Hilfsangebot kann Senioren den Tag verschönern, weil sich besonders Menschen, die unter Demenz leiden, durch den Hund besser akzeptiert fühlen und sich dadurch auch besser leiten lassen.

Und da ich das alles Jesus und Ihnen zu verdanken habe, wollte ich Ihnen das berichten. Heute noch denke ich dabei viel an Nestor, mit dem alles einmal begann.«

Krank und frei *(ri)*

Nun hat sie ihren 52. Geburtstag hinter sich. Seit vielen Jahren sitzt sie im Rollstuhl. Die multiple Sklerose hat sie seit langer Zeit im Griff. Viele Funktionen ihres Körpers versagen – äußerlich und innerlich. Mit jedem Schub verschlechtert sich ihre Lage. Ständig ist sie auf fremde Hilfe angewiesen. Ihre Mutter – selbst altersbedingt leidend – kümmert sich aufopfernd um sie. Aber wie lange wird sie das können? Was wird, wenn die Mutter mal nicht mehr kann, vielleicht vor ihr stirbt?

Viele Menschen würden in dieser Situation mit ihrem Schicksal hadern. Würden die Frage stellen: »Wie kann Gott das zulassen?!« Würden Gott anklagen, sich von ihm abwenden. Aber Ingeborg habe ich nie klagen gehört. Ingeborg strahlt. Selten genug komme ich dazu, sie mal zu besuchen. Heute aber sitze ich bei ihr, nehme mir Zeit für sie. Sie ist gern bereit, aus ihrem Leben zu erzählen. Und sie hat erlaubt, dass ich das weitergebe – zum Zeugnis für die Liebe Gottes.

Anfang der 80er-Jahre begann ihre Krankheit, zunächst noch unerkannt. Sie hatte einige Glaubensfragen, die sie gern geklärt haben würde. Freunde rieten ihr, im help center nachzufragen. Sie kam und bot, da sie in der Nähe wohnte, ihre Hilfe an – im Büro, in der Wäsche oder wo wir sie einsetzen konnten. Wir spürten, dass hinter ihrem Angebot, uns mal ein bisschen zu helfen, noch etwas anderes steckte. Sie war irgendwie blockiert in ihrem Glauben und hoffte auf Hilfe. »Ich war ja am Anfang ein ganz verschlossener Mensch«, sagt sie zu mir, »einmal haben Monika, eine Mitarbeiterin, und du mit mir und für mich gebetet. Aber ich habe geschwiegen. Und ein anderes

Mal habe ich dann gebetet, aber nur ›Herr‹ gesagt. Da hast du mich gefragt, welchen Herrn ich denn meinte. Und dann hast du mir erklärt, dass es gut ist, wenn wir den Herrn Jesus mit seinem Namen ansprechen. Und dann habt ihr mich eingeladen, jeden Tag zu der Bibelarbeit zu kommen, die ihr mit all euren Gästen jeden Morgen gehalten habt.«

In den Bibelarbeiten haben wir unsere Gäste im help center immer wieder ermuntert, sich selbst mit dem Gelesenen auseinanderzusetzen, sich darüber auszutauschen und zu überlegen, wie sie denn Gott beim Wort nehmen können. Ingeborg hat sich dabei manchmal ungewöhnlich verhalten. Sie selbst erzählt:

»Plötzlich habe ich Spastiken (Muskelkrämpfe) gehabt, manchmal habe ich geschrien oder ich bin hingefallen. Auch beim normalen Gehen oder beim Treppensteigen hatte ich Schwierigkeiten. Das war schon merkwürdig. Ich wusste zunächst gar nicht, was mit mir los war.«

Später vermuteten wir, dass diese merkwürdigen Störungen mit der beginnenden multiplen Sklerose zusammenhingen. Aber Ingeborg erinnerte sich, dass sie schon einmal Seelsorge bei einem Ehepaar in Anspruch genommen hatte; da hatte man eine okkulte Belastung vermutet und ihr geraten, doch mal eine längere Zeit stationäre seelsorgliche Hilfe in Anspruch zu nehmen. Das wollte sie zunächst absolut nicht. Dann begegnete sie einer Freundin, die selbst schon mal im help center gewesen war und Hilfe in ihren Glaubenschwierigkeiten erfahren hatte. Die machte ihr Mut, doch ebenfalls dort Hilfe in Anspruch zu nehmen. Nun also kam sie – 1982 – als Gast zu uns und lebte in unserer Gemeinschaft mit.

»Und aus einer Woche«, so erzählt Ingeborg weiter, »sind dann mehrere Jahre geworden. Erst war ich offiziell in der Intensivbetreuung – etwa ein Jahr lang, und dann lebte ich in der Nachsorge-Einrichtung mit, im Wiesenhaus. Mit mir geschahen unerklärliche Dinge. Manchmal sprach etwas aus mir heraus – wie eine fremde Stimme – ohne dass ich das wollte. Das konnte doch nichts mit meiner körperlichen Erkrankung zu tun haben! Wir haben gemeinsam überlegt, woher diese Belastung denn kommen könnte. Meine Eltern waren gläubig und in der Gemeinde angesehen, ich war von Kind an auf der Seite Gottes – also was war mit mir los? Ihr fragtet mich auch nach meinen Vorfahren, aber da war mir nichts Negatives im Blick auf eine okkulte Vergangenheit bekannt.«

Jetzt – viele Jahre nach ihrer Befreiung – berichtet sie mir, dass sie als Kind zwei Jahre lang von einem in der Nähe wohnenden Mann sexuell missbraucht worden war, seit ihrem siebten Lebensjahr. Auch ihrer Schulfreundin war es so ergangen. Ingeborg schwieg aus Angst und Scham. Erst als ihre Freundin sich ihren Eltern anvertraute, erfuhren auch Ingeborgs Eltern davon. Das Erleben mit dem Missbrauch hatte Ingeborg jahrzehntelang verdrängt, nie darüber gesprochen. Später wusste sie nicht mehr, was dieser Mann mit ihr alles angestellt hatte. Auch während ihres Aufenthalts im help center hat sie diese Erlebnisse nur am Rand erwähnt.

»Als ich bei euch war«, erzählte sie jetzt weiter, »hatte ich immer Schwierigkeiten zu glauben. Ich war total blockiert. Obwohl ich doch mit Jesus leben wollte.«

Meine Frau und ich und die Seelsorgerin, welche Ingeborg betreute, und etliche weitere Mitarbeiter beteten intensiv darum, Gott möge doch in seiner Güte aufdecken, was da los war, und ob und wie wir ihr helfen könnten. Auch wir stellten fest, dass sich manchmal ohne ihr Wissen fremde Stimmen aus ihr heraus manifestierten. Die entsprangen nicht ihrem Willen und stimmten mit ihrer normalen Ausdrucksweise und Sprache nicht überein.

Ingeborg: »Wir haben oft Gespräche miteinander gehabt, und in jedem Gespräch hat Jesus immer mehr Licht in mein Leben, meine Vergangenheit gebracht. Wir haben miteinander darum beten können, dass ER doch aufdeckt, was mich da so belastete. Und wir beteten auch darum, dass Gott uns davor bewahrt, irgendetwas aus eigenem Antrieb zu unternehmen. ER sollte alles aufdecken und uns den Weg weisen.«

Ich erinnere mich, dass wir darum beteten, der Herr Jesus möchte doch aufzeigen, ob hier wirklich Finsternismächte am Werk waren oder es sich vielleicht um psychische Phänomene handelte. Ingeborg weiter:

»Da wurde es offensichtlich, dass da wirklich feindliche Stimmen in mir waren. Da waren Geistwesen, die ich gar nicht haben wollte. Einmal ging es mir so schlecht, und meine Seelsorgerin war im Augenblick für mich nicht erreichbar. Da bat ich einen anderen Gast, Kerstin, dass ich mit ihr beten dürfte. Wir knieten uns miteinander hin und sie betete mit mir.«

Was weiter mit Ingeborg geschah, möchte ich nun nicht in Einzelheiten berichten, obwohl sie selbst nichts dagegen hätte. Nur so viel sei gesagt: Nach vielen vorbereitenden Gebeten handelten wir schließlich im Glauben so, wie es in der Bibel empfohlen ist (Markus 16,17; 1. Johannes 3,8). Und unser Herr Jesus antwortete auf unser Vertrauen und griff massiv ein. Er hat Ingeborg völlig frei gemacht – von einer Schar von Dämonen, die sie lange Zeit belästigt hatten. Sie alle mussten weichen, mussten ihren Körper verlassen, haben keinen Einfluss mehr auf sie. Und wir haben das miterleben dürfen, wie Ingeborg sich nach dem letzten geistlichen Kampf erhob und bestätigte: »Jetzt bin ich frei. Jesus hat mich frei gemacht!« Seitdem haben diese von Finsternismächten gesteuerten Belästigungen völlig aufgehört.

Geblieben – und naturgemäß schlimmer geworden – sind im Laufe der Jahre die körperlichen Symptome der multiplen Sklerose. Natürlich tauchte die Frage auf: Kann Jesus sie nicht auch von ihrer so schlimmen Krankheit frei machen? Sie gesunden lassen – auch am Leib? Wir sind überzeugt, dass das für unsern Herrn Jesus durchaus möglich ist. Der Wunsch nach körperlicher Heilung war wohl da, bei uns und auch bei Ingeborg. Aber sie und wir haben ein Ja dazu gefunden, dass unser Herr völlig souverän ist in seinem Handeln. Auch als Gelähmte bestätigt Ingeborg heute: »Jesus Christus füllt mein Leben aus. Obwohl ich nicht von meiner MS geheilt bin.« Seit Jahrzehnten ist sie auf die Hilfe anderer angewiesen, kann sich immer nur im Rollstuhl bewegen – aber sie weiß, dass das unter der Zulassung unsres treuen Vaters im Himmel geschieht. Sie hat ihren Herrn Jesus lieb und weiß um sein Wort: »Fürchtet euch nicht vor denen, die den Leib töten – auch nicht vor Krankheitskeimen, die zum Ende des Lebens führen – fürchtet euch aber vor dem, der Leib und Seele verderben kann in die Hölle.« Der aber, Satan, hat über sie keine Macht mehr. Sie ist geborgen in Jesus.

Lieber als Kranke in den Armen Jesu – als kerngesund, aber von Satan beherrscht. Ingeborg ist auf der richtigen Seite!

Gottes Wort, wie man es erleben kann

Im Laufe unseres Lebens mit Jesus haben wir uns angewöhnt, jeden neuen Gedanken, jede Anregung auch durch andere, am Wort Gottes zu prüfen. Wir sind ja beide recht fantasie-begabte Leute. Da können wir auch mal mit unseren Ideen übers Ziel hinausschießen. Deshalb haben wir im Blick auf Glaubensfragen und -erlebnisse zwei Vorsätze gefasst:

1. Wir wollen nicht einen eigenen, spontanen Wunsch oder Gedanken als »Gottes Auftrag« bezeichnen.

2. Wenn wirklich Gott redet oder ruft, wollen wir das nicht überhören – vor eigener Geschäftigkeit oder weil es uns gerade nicht passt ...

Deshalb haben wir es uns vorgenommen, lieber einmal mehr den großen Ratgeber Gott um seine Meinung zu fragen, als gleich spontan etwas zu unternehmen. Und oft erleben wir dabei, wie Gott aus seinem Wort Weisungen gibt, die einem klar den Weg aufzeigen, den er gegangen haben will.

Eins von vielen solchen Erlebnissen möchte ich heute weitergeben:

Es war im Oktober 1985 bei einer Tagung, die Richard und ich besuchten. Jemand von den Teilnehmern hatte eine Unterschriftenliste gegen Abtreibung ausgelegt. Natürlich trugen auch wir uns ein. Aber am Abend dieses Tages sagte Richard zu mir:

»Dieser Protest durch Unterschriften ist wichtig. Aber ich meine, das genügt doch nicht, da müsste man doch praktisch helfen. Sonst kommt eines Tages der Vorwurf vielleicht von einer Schwangeren: ›Ihr

Christen wart immer dagegen, aber Hilfe habt ihr mir keine angeboten.‹ Wir als help center haben aber doch die Möglichkeit zur praktischen Hilfe. Wir sollten ein Haus für schwangere Frauen einrichten, in dem sie Schutz und Hilfe finden.«

Ich merkte sofort: Das ist nicht ein flüchtiger Gedanke zum Thema, das ist mehr. Hier hat Gott etwas mit uns vor, er will unser Engagement. Wir beteten miteinander und baten Gott um deutlichere Hinweise.

Am nächsten Morgen war das Thema unsrer Stillen Zeit: »Erneuerung der Hingabe an Jesus«. Wir verstehen, dass Gott uns meint ...

In der Tagung zitierte der Redner dann einen Text aus Jesaja 54, den er in seinem Referat behandelte. Aber seltsamerweise las er noch zwei weitere Verse, die gar nicht zu seinem Thema passten, aber die uns betrafen:

Erweitere den Raum deines Zeltes und spanne die Decken deiner Wohnung weit auseinander, ohne zu sparen. Denn du wirst dich nach rechts und links ausbreiten (Jesaja 54,2.3).

Galt das nun uns?

Beim Abendmahl, das die Tagung beschloss, wurden wir aufgefordert, unserem Nachbarn, dem wir das Brot geben, ein Sendungswort auf den Weg mitzugeben. Richard war *mein Nachbar,* und Gott schenkte mir für ihn ein Wort aus dem bekannten Gleichnis vom barmherzigen Samariter:

Gehe hin und tue desgleichen! (Lukas 10,37b).

Auf der Heimfahrt von der Tagung redeten wir natürlich viel von dem »Neuen«, das uns bewegte. Wir wussten auch schon einen Namen: »Haus des Lebens« müsste es heißen.

Haus des Lebens – das ist nicht einfach der Name für ein weiteres help-center-Haus – es soll Gottes bewahrendes Handeln an schwangeren

Müttern, die in großer Not sind, dokumentieren. Was ist denn ihre Not? Nicht, dass sie ein Kind erwarten, sondern dass sie von »wohlmeinenden« Menschen – z. B. Eltern, Lehrer, Arbeitgeber oder von dem »liebenden« Freund – den »guten« Rat bekommen, ihre unerwartete Schwangerschaft durch einen medizinischen Abbruch zu beenden. Dieser sogenannte »gute, wohlgemeinte Rat« bringt sie in tiefe Not!

Unser Denken kreiste weiter um das, was uns seit gestern Abend bewegte. Aber schließlich gaben wir im Gebet all unsere Gedanken an Gott ab mit der Bitte, sie zu bestätigen, wenn sie wirklich von ihm sind. Wir wollten uns ja nicht an eigenen Ideen berauschen.

Schon zwei Tage später nahm Gott den Faden selbst wieder auf, indem er uns erfahren ließ, dass ein bestimmtes Haus in Buchenau – an das wir selbst schon gedacht hatten – immer noch zu erwerben sei, obwohl es schon seit zwei Jahren zum Verkauf stand. Preis 480 000 DM. Das Geld hatten wir natürlich nicht. – War das nun ein Hinweis oder eine Bremse von Gott?

An diesem Tag wurde uns aus unserer täglichen Bibellese das Wort in Apostelgeschichte Kapitel 16, Vers 10 wichtig:

Da trachteten wir also bald ... zu reisen (Übersetzung nach Luther). Eine andere Übersetzung sagt: *Da waren wir sogleich bestrebt ... zu reisen* (Schlachter).

Für uns hieß das: so schnell wie möglich handeln! – Aber wir taten nichts dergleichen. Nun musste Gott massiver werden. Am nächsten Tag drängte er uns durch das Wort aus Römer 12,11:

Seid nicht träge in dem, was ihr tun sollt!

Noch klarer konnte es nicht gesagt werden. Nun mussten wir etwas unternehmen. Richard rief bei der Hausbesitzerin an und bekam sofort eine positive Antwort!

Nun war es dran, schnell eine außerordentliche Mitgliederversammlung einzuberufen, um die Zusage zu bekommen, dieses Haus zu erwerben. Sie wurde uns auch einstimmig gegeben. – Am selben Nachmittag noch erzählten wir unseren Mitarbeitern von unseren Erlebnissen mit Gott und von dem Beschluss des Vereins. Wir hätten manche Einwände erwartet, weil ja eine solche Ausweitung wesentliche Mehrarbeit für die Einzelnen bedeutet. Aber nichts dergleichen kam. Mit einem freudigen Echo bestätigen sie diesen neuen Schritt.

In diesen Tagen war ich gebeten, bei einem Frauentag das Hauptreferat zu halten. Vorher hatte man mich aufgefordert, für die Kollekte ein bestimmtes Projekt des help centers anzugeben. Als mir das vor einigen Wochen mitgeteilt wurde, fiel mir keines ein, weil doch im Augenblick nichts Außergewöhnliches bei uns lief. Aber jetzt wusste ich es und konnte von dem neuen Projekt berichten. Das Opfer der Frauen betrug 1493 DM. Wir waren überwältigt über solche Bestätigung!

Wenige Tage später gingen die »Nachrichten vom help center e. V.«, in denen wir von der Neuigkeit berichteten, per Post an unsere Freunde.

Schon zwei Tage danach kam das erste Echo aus dem Freundeskreis. Von nun an verging kein Tag, an dem nicht Briefe oder Telefonate mit freudiger Zustimmung und mutmachenden Gottesworten kamen. Aber es kamen auch immer wieder Ängste in uns hoch, die uns bremsen wollten – so z. B. die Mitarbeiterfrage. – Nach unserer Gewohnheit gaben wir unsere Sorgen darum immer wieder an Gott ab. Und ebenso gab er uns aus unserer täglichen Bibellese Bestätigungen für den neuen Auftrag. So z. B. fanden wir in 1. Buch Mose, Kapitel 18 die Antwort zum Thema Mitarbeiter.

Hier bekommt Mose durch seinen Schwiegervater den Rat, sich »Mitarbeiter« zu suchen, weil sein Aufgabengebiet zu groß ist und noch ständig wächst. Es ist ergreifend zu lesen, wie Gottes Wort beschreibt, wie ein Mitarbeiter in seinem Dienst beschaffen sein soll. Damit machte Gott uns Mut um Vergrößerung unseres Mitarbeiterkreises zu beten.

Und nun waren viele Schritte – große und kleine – zu tun. Die tägliche Arbeit im help center ging wie gewohnt weiter. Wir machten uns auf zu erkunden, ob und wo schon ein solches oder ähnliches Hilfsangebot besteht. Ein gutes, mutmachendes Gespräch hatten wir mit Dr. Furch, der damals eine gynäkologische Klinik leitete. Er erzählte uns, wie er diese Klinik übernahm und aus einer Abtreibungsklinik eine reine Geburtenklinik machte.

Wir nahmen Kontakt auf mit »Pro Vita«, der Lebensrechtorganisation der Ev. Freikirchen in Deutschland. Hier bekamen wir einen Einblick in die Erfahrungen mit der Beratung schwangerer Frauen. »Abtreibungs*willigkeit*«, so erfuhren wir, »findet man vor allem in der Altersgruppe zwischen 25 und 35 Jahren«. Der Grund zur Abtreibung muss nicht unbedingt im sozialen Bereich liegen. Es kann z. B. sein, dass ein gebuchter Urlaub durch eine ungewollte Schwangerschaft unmöglich wird. Deshalb treibt man ab, weil man der Meinung ist, dass die Erholung und Gesundheit der Eltern Vorrang haben. – Junge Mädchen aus guten Elternhäusern werden überredet, wegen der angesehenen Stellung der Eltern abzutreiben – und manche Gründe mehr. Es war erschütternd, was wir alles erfuhren. Wir wären mutlos geworden, wenn da nicht der klare Auftrag Gottes gewesen wäre.

Wir suchten nach Adressen von Mutter-Kind-Häusern, um zu sehen, wie sie arbeiten. Wir wollten lernen. Aber wir fanden nur Häuser, die mit Jugendämtern und staatlichen Mitteln arbeiteten, und selbst wenn sich eins »christlich« nannte, war es nicht unbedingt auf biblischem Glauben aufgebaut. Wir hörten von viel Vorschriften und Kontrollen durch die Ämter, die das Geld gaben. Es konnte einem angst und bange werden. In einem evangelischen Haus war die Hauptauskunft, die wir bekamen: »Wenn eine unserer Mütter abtreiben will, dann geht eine der Mitarbeiterinnen mit ihr zu dem Termin – das ist unsere seelsorgliche Begleitung.« Wir waren bedient. Wie gut, dass wir immer wieder mutmachende Zuschriften von unseren Freunden bekamen. Als wir wieder einmal ganz niedergeschlagen von solcher Tour zurückkamen, fanden wir einen Gruß mit dem bekannten Wort vom Vertrauen aus dem Hebräerbrief, Kapitel 10, Verse 35.36:

Werfet euer Vertrauen nicht weg, denn es hat eine große Belohnung. Aber Geduld ist euch Not, dass ihr den Willen Gottes tut und die Verheißung empfangt.

Unser Auftrag war: *Die in Elend und Not sind, führe ins Haus* (Jesaja 58,7). Und später haben wir erleben dürfen, dass Mütter, die fern von Gott ihr Leben lebten, Christen wurden.

Hier möchte ich das Zeugnis von M. einfügen, die mit ihrer vierjährigen Tochter zu uns kam, um ihr zweites Kindchen zur Welt zu bringen. Sie berichtet:

»Durch widrige Umstände lebte ich mit meiner knapp vierjährigen Tochter in einer ungeheizten Gartenlaube. Es war Oktober und es wurde kalt. Ich war wieder schwanger – und meine Verwandten wollten mich nicht aufnehmen. Der Vater des Kindes, das ich erwartete, ließ sich nicht mehr blicken, und ich wusste nicht, wie ich den Winter überleben sollte. Da kümmerten sich Christen um mich und vermittelten mir einen Platz im ›Haus des Lebens‹. Das war die Rettung für meine Kinder und noch mehr für mich. Denn ich wurde dort Christ.« M. war Anfang der 90er-Jahre bei uns und wir erlebten mit, wie Gott einen Menschen, der ihn noch nicht kennt, anspricht und es zur Übergabe eines verlorenen Lebens an Jesus kam.

Aber zurück zu den Anfängen:

Es war inzwischen Januar 1986 geworden. Der Termin zum Abschluss des Kaufvertrages rückte immer näher. Aber das Geld für den Kauf war noch nicht beisammen. Gott hatte immer noch eine beträchtliche Lücke bis zur Kaufsumme offen gelassen. Was sollten wir tun? (Man möchte ja immer gerne Sicherheiten haben, damit das Vertrauen nicht zu stark strapaziert wird ...)

Einen Tag vor Vertragsabschluss gab Gott uns durch Freunde noch eine Zusage. Sie schrieben in ihrem Brief:

Der Herr hat dich erwählt, dass du ein Haus richtest zum Heiligtum. Sei getrost und mache es! – Fürchte dich nicht und zage nicht, denn der Herr, dein Gott, ist mit dir. Er wird die Hand nicht abziehen, bis du alle Werke am Haus vollendest (1. Chronik 28,10.20).

Und das Volk war fröhlich, denn sie gaben aus ganzem Herzen und freiwillig (1. Chronik 29,9).

Kann man mit solch einer Zusage ans Werk gehen? Man kann!

Wir unterschrieben den Kaufvertrag für das »Haus des Lebens« in der gewissen Zuversicht, dass Gott das nötige Geld rechtzeitig geben wird. Schon 16 Tage danach war die nötige Summe von 480 000 DM beisammen – zusammengetragen durch viele kleine und größere Opfer unserer Freunde! – Nun lag sie bereit auf der Bank, bis uns das Haus übergeben wurde. (Es war zu der Zeit noch von Mietern bewohnt, und wir hatten die Bedingung gestellt, dass der Verkäufer den Mietern zu neuen Wohnungen verhalf, ehe wir das Haus übernahmen.)

Am 15. Juli 1986 war es so weit. Wir gingen mit allen Mitarbeitern in das neu erworbene Haus, um es in einer Gebetsgemeinschaft einzunehmen und dem Herrn allen Lebens, Jesus Christus, zu weihen.

Ein Neuanfang im Auftrag Gottes

Im help center begann wieder eine Zeit des Umbauens. Es waren noch längst nicht alle Zimmer fertig, als die erste Mutter anreiste.

Sie war kurz vor ihrer Niederkunft. Wenn es nach der Meinung eines »Beraters« gegangen wäre, dann wäre ihr Kind vor acht Monaten zerstückelt und in einen Papiersack geworfen worden. »Schwangerschaftsabbruch nennt man das!« Aber seine tapfere Mutter hatte Nein dazu gesagt. Am 13. November 1986 wurde Christoph Daniel geboren. Ein völlig gesunder, normaler, strammer Junge – das erste Baby im Haus des Lebens.

Wir sahen das Wort bestätigt, das Gott uns für dieses Haus gegeben hatte: *Du wirst meine Seele nicht dem Tode überlassen. Du tust mir kund den Weg zum Leben* (Psalm 16,10.12).

Im Laufe der nächsten Zeit meldeten sich Frauen, um unser Hilfsangebot anzunehmen. Wir erfuhren erschütternde Schicksale und konnten nur immer wieder danken, dass Gott uns zu diesem Auftrag gedrängt hatte. Bis zur völligen Fertigstellung des Hauses gingen noch einige Monate ins Land. Als schließlich am 10. Mai 1987 die offizielle Einweihung des »Haus des Lebens« gefeiert wurde, bekamen die Buchenauer Bürger, auch wenn sie nicht am Gottesdienst teilnahmen, einen kleinen Gruß in ihre Häuser gesandt. Statt Glockengeläut gab es zum Auftakt jubelndes Babygeschrei über die Lautsprecher – auf Tonband aufgenommen bei Joshua, unserem seit zehn Tagen jüngsten Bewohner. Das war ein würdiger Auftakt zu diesem besonderen Tag. Er war das dritte Kind, das bei uns ins Leben kommen durfte. Andere Mütter waren schon bei uns, die im Laufe der nächsten zwei Monate ihre Kinder bekamen. Unter ihnen war eine Mutter, die schon seit etwa sechs Monaten bei uns war. Als sie sich anmeldete, war sie ziemlich am Anfang ihrer Schwangerschaft. Aber sie drängte darauf, nach ihrem nächsten Arztbesuch sofort zu uns zu kommen. Als sie wenige Tage später anreiste, waren ihre ersten Worte – noch in der Türe: »Ich habe heute erfahren, dass ich Zwillinge trage. Denken Sie nur, wenn ich wieder abgetrieben hätte, wie meine Mutter es wollte, dann hätte ich dieses Mal zwei Kinder getötet!« – Sie war so froh, bei uns zu sein, und erzählte, dass sie mit 16 Jahren schon einmal schwanger war. Auf Anordnung ihrer Mutter wurde diese Schwangerschaft abgebrochen, und sie litt schwer darunter. Nachdem sie zwei Jahre später zum Glauben gekommen war, hat sie geheiratet und erwartete nun ihre beiden Kinder mit Freuden.

Wie in allen help-center-Häusern machten wir im Haus des Lebens natürlich auch jeden Morgen nach dem Frühstück gemeinsame Bibelarbeit. Irgendwie kam einmal die Rede darauf, dass Mütter ein Ja zu ihrem Kind haben sollten – nicht nur zu seiner Geburt, sondern auch zum Zusammenleben mit ihm. C. war sehr still an diesem Morgen. Erst vor wenigen Wochen hat sie bei uns Jesus kennengelernt und hat ihm ihr junges Leben anvertraut. Das hatte bisher nichts an ihrem Entschluss geändert, ihr Kind gleich nach der Geburt zur Adoption freizugeben. In diesem Augenblick dachte sie nach und formulierte dann ihre Gedanken: »Ich will ein ganzes Ja zu meinem Kind haben. Ich will es nicht weggeben, auch wenn es für mich schwierig wird. Schließlich habe ich meinem ungeborenen Kind zu verdanken, dass ich Jesus gefunden habe. Das muss ich ihm doch später erzählen.«

Bald merkte man an den Namen unserer Mütter und später dann ihrer Kinder, dass wir »international« geworden sind. Einer schwangeren Marokkanerin gewährten wir genauso Schutz und Hilfe wie einer

Türkin. Das Kind eines Schwarzen ist genauso lebens- und liebenswert wie das eines Italieners, eines Iraners, eines Inders oder eben eines Deutschen. Sie alle haben im Haus des Lebens ihr kleines Leben begonnen, manche der Mütter ist Christ geworden, andere haben ihren vernachlässigten Glauben neu entdecken dürfen in der Gemeinschaft mit anderen Christen. Es kommen auch nicht nur ledige Frauen zu uns. Oft sucht eine verheiratete schwangere Frau bei uns Geborgenheit, deren Mann sich von ihr abwendet, eine Freundin hat oder seine Frau schlägt. Da ist es ganz wichtig, bei aller äußerlichen Hilfe, dass wir zuhören können (es wird viel geklagt!) und dann das Angebot Gottes weitergeben können (denn bei Jesus kann das Klagen aufhören!) – dass wir also nicht allein sozial helfen, ohne das Evangelium anzubieten. Hier ein kurzer Briefausschnitt einer »Ehemaligen«:

»... außerdem möchte ich Ihnen berichten, wie froh ich bin, dass es das Haus des Lebens gibt. Vor Kurzem bin ich einer Schwangeren begegnet, die ihr Kind aus Verzweiflung abtreiben wollte. Ich hätte ihr niemals mit gutem Gewissen abraten und sagen können, dass das in Gottes Augen Mord ist, wenn ich nicht auch ein Angebot für sie gehabt hätte, wo sie nun in ihrer Verzweiflung hingehen kann.«

Es ist wunderbar, wenn wir erleben, wie Gott zu seinen Aussagen und Aufträgen steht. Es war im Januar 1997. Das Haus des Lebens hatte in zehn Jahren seines Bestehens 53 Kindern das Leben gerettet. Da trat eines Tages die Frage an uns heran: »Haus des Lebens« – ist es denn noch nötig? Viele Menschen (auch entschiedene Christen) waren jetzt der Meinung, dass seit dem Kompromiss im deutschen Bundestag um den § 218 nun »alles in Ordnung« sei. Man brauche nicht mehr darüber zu reden und kann zur Tagesordnung übergehen. Dabei darf de facto jedes Kind in den ersten 12 Wochen seines Lebens getötet werden! »Fristenlösung« nennt man das heute! Was ist los?

Meinen wir, es laufe alles doch nun gut, und es gäbe viel weniger Abtreibungen als früher? Die Praxis zeigte es anders, obwohl wir im Haus des Lebens den ganzen November über keine einzige Anfrage hatten. Wir sprachen darüber mit unserem Herrn und bekamen eine wunderbare Antwort. Er hatte für diese Situation SEINE Lösung bereit. Er trug einen neuen Gedanken an uns heran und wir sagten JA dazu. Seitdem steht das Haus des Lebens offen:

1. an erster Stelle für schwangere Mütter, die zur Abtreibung gedrängt werden. Für sie wird immer ein Platz frei sein.

2. für Mütter in Krisensituationen mit kleinen Kindern. Sie können zu einer Besinnungswoche zu uns kommen, uns und unsere Arbeit kennenlernen und sich danach entschließen mit ihrem Kind (auch mehreren Kindern) für zunächst drei Monate zu uns zu kommen. Eine Verlängerung ist immer möglich, wenn sie nötig ist.

Schon bald nach dieser Bekanntgabe kamen Anrufe von bedrängten Müttern, die unsere Hilfe in Anspruch nehmen wollten. Hier das Zeugnis einer dieser Frauen:

Christians Mutter stottert seit ihrem sechsten Lebensjahr, aber sie hielt schriftlich fest, was sie im Haus des Lebens erlebt hat.

»Als ich mit meinem Sohn Christian ins Haus des Lebens kam, war in mir das totale Chaos. Ich kam mit meinem Leben gar nicht mehr zurecht. Mir war alles zu viel, der Haushalt, das Kind, in meiner Ehe stimmte es nicht, meine Familie hing mir zum Hals raus. Die Gemeinde, in der ich zu Hause bin, sah ich lieber von außen als von innen. Von Jesus erwartete ich nichts mehr. Beten und Bibellesen gehörten längst vergangenen Zeiten an. Die Unzufriedenheit in meinem Leben äußerte sich durch Wutanfälle und Aggressionen. Stotternd und 116 kg schwer, fühlte ich mich von Gott und den Menschen ungeliebt. Als ich eines Tages mal wieder total ausrastete, wusste ich: So kann das nicht weitergehen! Du brauchst Hilfe. Zu Gott sagte ich: ›Ich gehe nicht ohne mein Kind weg. Bitte besorge mir einen Platz, an den ich mein Kind mitbringen darf.‹ Und Gott erhörte mein Gebet. Ich erfuhr vom help center. Ich schrieb hin und bekam sofort einen Platz für mich und meinen zweijährigen Christian.

Die Zuwendung der Mitarbeiterinnen und ihre Fürsorge taten mir wohl. Ich merkte, dass hinter allem, was sie taten und sagten, Jesu Liebe steckte. So fand ich wieder zu meinem Herrn zurück. Ich konnte wieder erkennen, dass Jesus mich bedingungslos liebt, unabhängig von meinen Leistungen und meinem Äußeren. Nach und nach deckte er liebevoll alles auf, was in meinem Leben nicht stimmte. Das war manchmal schmerzhaft, und Selbstmitleid und Egoismus brachen aus mir hervor, aber immer wieder spürte ich die Hand Jesu auf mir.

Gott hat vieles in mir aufgedeckt. Mit seiner Hilfe lernte ich normal zu essen und habe somit 23 kg abgenommen. Gott hat mir eine neue Sichtweise gegeben für meine Ehe, mein Kind, meine Familie, meine Gemeinde und auch für mich selbst. Gott ist jetzt Herr über meine Aggressionen, meinen Zorn – über meine Vergangenheit. Das Bibellesen bereitet mir wieder Freude. Ich danke Jesus für alles, was er an mir getan hat. Bitte betet für mich, dass ich lerne, auch mein Stottern aus Gottes Hand zu nehmen. Ich weiß, dass Gott Gedanken des Friedens mit mir hat und nicht des Unglücks. Das ist mein Trost.«

So haben wir erlebt, dass Gott immer das Beste aus Situationen machen kann, die uns unlieb sind oder durch andere herbeigeführt wurden. Und ich kann immer nur wieder staunend feststellen: WAS FÜR EIN HERR ist das, dem ich mein Leben verdanke, der es führt und dem ich alle Rechte an mich übertragen durfte. So ist er auch Herr in unserer Ehe, die er so gewollt hat, obwohl wir ihn damals ja noch gar nicht kannten. Welch ein Herr!

»Ruf mich doch mal an ...« (ri)

Der Apostel Johannes schreibt am Schluss seines Evangeliums: *»Es gibt noch vieles andere, was Jesus getan hat. Aber wollte man das alles eins nach dem andern aufschreiben, so wäre wohl auf der ganzen Welt nicht genügend Platz für die vielen Bücher, die dann geschrieben werden müssten«* (Johannes 21,25; Hoffnung für alle).

Ich kann ihn gut verstehen. Schon damals waren die Jünger so erfüllt von all dem mit Jesus Erlebten, dass sie es für unmöglich hielten, alles aufzuschreiben, was Menschen mit dem lebendigen Gott erleben.

Auch wir könnten noch vieles berichten. Je mehr wir an diesem Buch arbeiten, desto mehr fällt uns noch ein. Wir wollen aber sehr darauf achten, dass aus unserem Berichten nicht ein »Rechenschaftsbericht« wird über alles, was *wir* meinen, geleistet zu haben! Nein. Wir möchten allein zur Ehre Gottes weitererzählen, was ER getan hat!

Da muss ich nun auch von meiner Pleite berichten. Das war, als ich gegen den Rat eines Notars gehandelt habe und dadurch fast meinen Ruf, meine Arbeitsstelle und meinen Vorsitz im Verein help center e.V. losgeworden wäre. Aber der Reihe nach:

Im Rückblick kommen wir aus dem Staunen nicht heraus: Dank der freundlichen Führung Gottes erlebte die Arbeit des help center ein gesundes Wachstum. Ich fasse die von unserem Vater im Himmel geschenkte Entwicklung noch einmal kurz zusammen: 1971 kamen in Herbstein die ersten Gäste zu uns – damals fast ausschließlich Drogenabhängige. Im Laufe der Jahre suchten uns auch viele junge Menschen mit allerlei anderen Lebenskrisen auf. Die Nachfrage war groß.

Wir mussten bald eine Warteliste anlegen für die, die angefragt hatten. Wir platzten doch aus allen Nähten. So haben wir vorübergehend ein Haus in der Nähe von Marburg gemietet, um weitere Jugendliche aufzunehmen, und auch im Westerwald mieteten wir ein großes Gebäude als Nachsorge-Einrichtung für Gäste, die bei uns ihre Therapie positiv beendet hatten und wieder von uns gehen konnten – aber nicht wussten, wohin. In ihre alte Umgebung zu gehen – das merkten sie – hätte ihnen nicht gutgetan. So gab es für sie die Möglichkeit, im Westerwald in einer geistlich betreuten christlichen Wohngemeinschaft mitzuleben und einer Arbeit nachzugehen. Aber die gemieteten Häuser waren auf die Dauer keine ideale Lösung. Wir beteten, dass Gott uns doch eine Möglichkeit gab, ein eigenes Haus irgendwo einzurichten.

Da wurde uns 1977 dann das Anwesen in Buchenau (einem Ortsteil von Dautphetal. Landkreis Marburg-Biedenkopf) zum Kauf angeboten. Auf einem dreieinhalb Hektar großen Grundstück standen zwei alte Häuser – ein ehemaliges Jugendheim. Wir konnten es vom Landeswohlfahrtsverband günstig erwerben.

Nun verlegten wir die Verwaltung von Herbstein nach Buchenau und konnten die gemieteten Häuser wieder aufgeben. Sechs Jahre später bauten wir auf dem Buchenauer Grundstück ein weiteres Haus zur Aufnahme junger Menschen. So konnten wir die gesamte Intensivbetreuung auch von Herbstein zu uns herüberholen und dort dafür eine Nachsorge-Wohngemeinschaft einrichten.

1986 drängte uns Gott, ein weiteres Haus im Ort Buchenau zu erwerben. Dort bieten wir Müttern, die schwanger sind und ihr Kind gern austragen möchten, Schutz und Fürsorge. Geborgen vor Menschen, die sie zu einer Tötung ihres Ungeborenen überreden wollen, können sie bei uns während der ganzen Schwangerschaft – und notfalls darüber hinaus – unentgeltlich mitleben. Viele Babys wurden dort geboren und einige Mütter fanden während ihrer Schwangerschaft im »Haus des Lebens« zum lebendigen Glauben.

Und dann kam die bisher letzte Ausdehnung dieser so gesegneten Arbeit. In der Zeit der Wende 1989/90 spürten wir, dass es nun an der Zeit wäre, unsere Arbeit auch nach Ostdeutschland auszuweiten. Aber wir wollten nicht einfach dort ein Haus erwerben und dann selbst etwas anfangen. Wir beteten darum, Gott möge uns auf Menschen aufmerksam machen, die unsere Hilfe brauchen könnten. Und unser großartiger Herr tat das. Eines Tages tauchte bei uns ein nicht mehr ganz junges Ehepaar aus der ehemaligen DDR auf: Klaus und Brigitta Riedrich. Sie waren zum ersten Mal nach Westdeutschland gekommen und hatten an einem Besinnungstreffen für Mitarbeiter in der Alkoholiker-Seelsorge teilgenommen. Schon zu DDR-Zeiten hatten sie von unserer Arbeit gehört und wollten uns nun persönlich kennenlernen.

Noch 1990 machten meine Frau und ich bei ihnen einen Gegenbesuch. Da erzählten sie uns, dass eine alte Frau ihnen ihr Bauerngehöft vermacht hatte, weil sie alleinstehend war und nun in ein Altenheim übersiedeln wollte. Da die beiden Riedrichs ihre bisherige Tätigkeit nicht mehr ausüben konnten, rieten wir ihnen, doch dieses Gehöft in Besitz zu nehmen, einen eigenen Verein zu gründen und eine Seelsorgestätte für Alkohol-Gebundene zu eröffnen. Wir sagten ihnen die Hilfe des help centers in Beratung und auch in regelmäßiger finanzieller Unterstützung zu, damit sie mit dieser neuen Arbeit starten könnten.

So entstand in Thüringen ein kleiner Verein, der sich um Menschen jeden Alters mit Alkoholproblemen bemühte. Im starken persönlichen Einsatz bemühten sich die bald 60-Jährigen um die Renovierung des sehr verkommenen kleinen Gehöfts, dessen Eigentümer sie nun waren. In den 40 Jahren der DDR hatte es für die bisherige Besitzerin – die einzige Frau in dem kleinen Dorf, die Jesus nachfolgte – keine Möglichkeit gegeben, irgendwelche Instandhaltungsarbeiten durchzuführen. Vor allem mussten die Dächer auf dem kleinen Wohnhaus, dem ehemaligen Kuhstall und der Scheune neu eingedeckt, die Wasserleitung und die Elektroinstallation gründlich erneuert werden. Damit die notwendigsten Arbeiten gemacht werden konnten, nahmen Riedrichs persönliche Bankkredite auf, die für sie als Rentner eigentlich »eine Nummer zu groß« waren. Aber sie wollten keine staatlichen oder behördlichen Bindungen durch öffentliche Geldzuwendungen eingehen. Sie wollten sich – so wie wir im help center – ausschließlich durch Gott, ihren Auftraggeber, mit dem nötigen Geld versorgen lassen. Der Freundeskreis ihres kleinen Vereins bestand jedoch fast ausschließlich aus Rentnern, durch die sie nicht allzu viel Spenden bekamen; und auch die Summe, die das help center ihnen monatlich überwies, war bei den Herausforderungen einfach nicht ausreichend.

Nach Jahren fleißiger Aufbauarbeit traten die Geschwister 1994 an uns heran und fragten, ob wir uns nicht auch »vereinigen« könnten, so wie das die beiden Teile unseres Vaterlands getan hatten. In einer Sondersitzung unseres Vereins stimmten alle unsere Mitglieder dem Vorhaben zu. So kam es also – offensichtlich eine Erhörung unserer Gebete, Gott möge uns die Möglichkeit zeigen, Menschen im Osten zu helfen – zur Ausweitung der help-center-Arbeit nach Thüringen.

In diesem Zusammenhang also hatte ich ein besonderes Erlebnis, das ich am Anfang dieses Kapitels schon andeutete. Nach gründlicher Prüfung der Möglichkeiten und Rücksprache mit unserem Anwalt und einem Notar war die beste Lösung für beide Seiten, dass der thüringische Verein sich auflöste und die paar dortigen Mitglieder unserem Verein beitraten. Das kleine Gehöft in dem thüringischen Dorf Rohnstedt – der so genannte Magdalenenhof – wurde von uns übernommen, und Riedrichs waren nun Mitarbeiter des help center mit einem kleinen Zusatzgehalt zu ihrer kleinen Rente. Der Verein help center e. V. erklärte sich bereit, die Verbindlichkeiten des alten Vereins zu übernehmen. Es waren etwa 240 000 DM als Tilgung eines dortigen Bankkredits und zur Bezahlung der in Angriff genommenen Renovationen des alten Gehöfts nötig. Wir erklärten uns bereit, diese Summe zu zahlen. Und das help center hatte das Geld liegen, weil wir schon Rücklagen gebildet hatten für den Fall, irgendwann mal irgendeinem Werk in Ostdeutschland behilflich zu sein.

De Kaufvertrag kam zustande, Anwalt und Notar sowie die Vertreter beider Vereine unterzeichneten. Der Notar, mit dem wir schon die Hauskäufe in Buchenau abgewickelt hatten, mahnte uns: »Bezahlen Sie die Kaufsumme erst, wenn der unterzeichnete Vertrag auch von den entsprechenden Behörden in Thüringen genehmigt worden ist. Es könnte sonst passieren, dass irgendetwas dazwischenkommt und der Verein help center sein Geld los ist.« Ich dachte nicht »Was soll denn schon passieren ...«, sondern akzeptierte den Rat des erfahrenen Anwalts. Wir behielten die Kaufsumme also noch auf unserem Konto und tätigten nur die monatlichen Rückzahlungen für den Kredit bei der Bank.

Aber es dauerte lange, und kein Amt meldete sich. Meine Frau, die für die Buchhaltung verantwortlich war – und die seit Gründung unseres Vereins alle help-center-Finanzen mit großer Treue und Gewissenhaftigkeit verwaltet hatte –, stellte nach einigen Monaten fest, dass die Rückzahlungen an die Bank, die das help center ja nun übernommen hatte, fast nur für die Zinsen draufgingen und die eigentliche Schuldsumme kaum sank. Sie meinte, dass wir es vor unseren Spendern nicht verantworten könnten, vielleicht jahrelang daran abzubezahlen – wo wir doch das Geld liegen haben. Wir könnten doch eine Menge Zinsen einsparen, wenn wir wenigstens diesen Bankkredit gleich auf einen Schlag zurückzahlten.

Das leuchtete mir ein. Und als Vorsitzender rief ich unseren Verein zusammen und erklärte unseren Mitgliedern die Lage. Nach intensivem gemeinsamem Gebet waren sie alle einmütig ohne Gegenstimme der Meinung, dass man den Glaubensgeschwistern dort in Thüringen doch vertrauen sollte und deshalb das Geld ruhig jetzt schon auszahlen und auch die Bankschulden sofort tilgen könnte. Auf diese Weise sparten wir doch die stattliche Zinsensumme. Gesagt, getan. Ich veranlasste, die gesamte Summe zu überweisen.

Kurze Zeit darauf kam ein Schreiben von dem zuständigen Amt in Thüringen. Man teilte uns mit, dass der von uns aufgesetzte und von allen Beteiligten unterzeichnete Kaufvertrag nicht genehmigt werden könnte, da »Ansprüche Dritter« vorlägen.

Ich rief den Notar an. »Das habe ich Ihnen doch gleich gesagt«, meinte der. »Da können Sie gar nichts machen. Das Amt ist nicht einmal verpflichtet, Ihnen mitzuteilen, wer da Ansprüche angemeldet hat. Also – das Geld ist futsch!«

Ob Sie verstehen können, wie mir zumute war? Mein Herz klopfte heftig. Ich als der Vorsitzende trug die volle Verantwortung für diesen Verlust. Und ich besaß kein Privatvermögen, um dafür einzutreten. Ich konnte nur meinen Hut nehmen, den Vorsitz niederlegen und mich aus der bisher so gesegneten Arbeit des help center verabschieden. Was für eine Schande! Mir war ganz übel zumute. Was sollte, was konnte ich tun?

Ich wusste nur eins: Ich habe das Recht, mit meinem Vater im Himmel darüber zu reden. Über alles. Er hat es schließlich zugesagt: *»Rufe mich an in der Not, so will ich dich erretten, und du sollst mich preisen«* (Psalm 50,15). Und so ging ich in meinem Aufgewühltsein auf die Knie und schüttete mein Herz aus vor Gott. Damit tat ich, was König David in Psalm 62,9 empfiehlt: *»Hoffet auf ihn, liebe Leute, schüttet euer Herz vor ihm aus; Gott ist unsere Zuversicht.«* Ich bekannte mein voreiliges Handeln als Schuld und bat ihn um Vergebung. Schließlich sagte ich: »Vater, du hast uns doch im Verein volle Einmütigkeit zu diesem Entschluss geschenkt. Wir waren nach dem Gebet sicher, dass die Übernahme dieses Gehöfts und die Zahlung der Bankschulden dein Wille ist. Bitte, lieber Vater, nun sieh zu, wie du da rauskommst.«

Das war in keiner Weise unehrerbietig. Ich habe Gott nicht die Schuld zugeschoben. Ich habe nur mein Vertrauen ausgesprochen, dass ER, mein Vater, eine Lösung weiß. Und als ich von den Knien aufstand, war ich innerlich wieder vollkommen ruhig und gelassen – obwohl die Situation noch völlig die gleiche war. Ich wusste: Jetzt ist alles nicht mehr meine Sache, sondern Gottes Angelegenheit. Mir war zumute wie einem Kind, zu dem der Vater sagt: »Junge, lass mich das mal machen.«

In den nächsten Wochen aber tauchte immer wieder mal die bange Frage auf: ob Gott wohl irgendetwas tut? Was sollte er denn machen – wenn doch sogar der Notar gesagt hatte: »Da kann man gar nichts machen.«

Ich machte auch nichts. Aber Gott! Ein paar Wochen später kam von dem gleichen Amt – ohne weiteren Kommentar – der unterzeichnete und genehmigte Vertrag. Ich weiß nicht, wer da Ansprüche gestellt hatte, werde es wohl auch nie erfahren. Darin hat der Notar Recht behalten. Aber ich weiß, dass auf meinen Vater im Himmel Verlass ist – in jeder Situation. Und dafür möchte ich ihm alle Ehre geben.

Wir sind doch wer!

In den 60er-Jahren wurden meine Frau und ich nach Bad Harzburg geschickt, um für den Evangeliums-Rundfunk eine Veranstaltung des Taschenbibelbundes aufzunehmen. Der alte Konsistorialrat Winner, der früher die Einrichtung »Kinderheil« in Stettin geleitet hatte, freute sich, als er hörte, wo ich geboren war, und stellte mich humorvoll der Versammlung vor: »Bruder Straube ist adelig. Er ist ›von Stettin‹!« Die alten Diakonissen, die die Zeit vor 1945 in Stettin noch miterlebt hatten, schmunzelten.

Später wurden wir oft gelobt. Als »Tante Brigitte« und »Onkel Richard« vom Kinderfunk waren wir vielen Menschen bekannt, und man hat unsere Sendungen gern gehört. Anerkennung tat uns wohl, das ist völlig normal. Aber: Haben wir sie verdient? Was haben wir denn schon Großes getan?!

Bis heute kriegen wir immer wieder mal zu hören oder zu lesen: »Ihr seid mir ein großes Vorbild!« Das freut uns, weil wir vermuten: Die Absender meinen das immer in diesem Sinne, dass wir ihnen ein Stück vorgelebt haben, wie man sein Vertrauen auf den lebendigen Gott setzen kann. Und nur auf IHN können wir verweisen, wenn irgendjemand uns lobt. Und gleichzeitig beschämt uns ein solches Lob: Wer sind wir denn schon!

Ein Arzt in einer Psychiatrie fragte mich am Telefon – als ich ihn bat, er möge einen Patienten bei sich entlassen, damit der auf eigenen Wunsch ins help center kommen könnte: »Wer sind Sie denn eigentlich? Was haben Sie für eine Qualifikation, um meinem Patienten zu helfen!?« Ich konnte ihm keinen Rang oder Titel aufweisen, kein für ihn wichtig erscheinendes Diplom nennen, sondern nur darauf hinweisen, dass wir versuchen würden, hilfesuchenden Menschen vom Wort Gottes her Hilfestellung zu geben.

Gewiss: Im Laufe der Jahre haben wir manche öffentliche Anerkennung bekommen und uns darüber gefreut. Im März 2003 bekamen meine Frau und ich den August-Hermann-Francke-Preis der Ulrich-Weyel-Stiftung in Gießen in Anerkennung unserer Arbeit im help center. Und im Dezember des gleichen Jahres überreichte der hessische Ministerpräsident Roland Koch im Auftrag des Bundespräsidenten Johannes Rau uns beiden das Bundesverdienstkreuz. Liebe Mitarbeiter im help center hatten uns dafür vorgeschlagen – ohne unser Wissen. Natürlich waren wir über diese Anerkennung sehr froh, weil durch Berichte der Medien eine breitere Öffentlichkeit erfuhr, was Christen für ihre Mitmenschen unternehmen. Aber zum Stolz war kein Anlass. In meiner Erwiderung auf die Ansprache des Ministerpräsidenten sagte ich unter anderem: »Wir haben keinen Grund, aufzutrumpfen mit unserer Kraft, unserer Leistung, unserem Wissen und Können, unserer Gesinnung. Aber wir können dankbar hinweisen auf den, der uns beauftragt hat und uns alles gibt, was wir brauchen: den lebendigen Gott!«

Schließlich wurde uns beiden 2008 der »Werte-Award« der Stiftung Neues Leben überreicht. Natürlich freuen wir uns, wenn irgendetwas, was wir getan haben, anderen Menschen nutzen konnte. Aber als wir die Laudatio von Wilfried Schulte, dem Leiter des Missionswerks »Neues Leben«, auf der Bühne stehend angehört hatten, konnte ich als Erwiderung nur sagen: *»Wir sind unnütze Knechte; wir haben nur getan, was wir zu tun schuldig waren«* (Lukas 17,10).

Mehr als über jede Anerkennung durch Menschen freuten wir uns jedes Mal, wenn ein Mensch Jesus als seinen Heiland und Herrn annahm. Die Freude im Himmel ist mehr wert als jede menschliche Auszeichnung. Als unser »Verdienst« aber haben wir keine einzige Bekehrung angesehen. Das war immer nur die Gnade Gottes.

Nein, bei allem Lob durch Menschen: Wir blicken zurück auf viel Versagen, viel Nichtwissen, manche Ratlosigkeit in Seelsorge-Gesprächen. Wir erlebten Pannen, menschliche Schwächen und Versagen. Wir luden Schuld auf uns. Wir wissen, dass wir immer wieder Vergebung durch unseren Herrn brauchen, damit wir überhaupt weiterleben können.

Und doch: Wir sind wer! Denn in Gottes Wort steht unser Rang und Titel. Petrus schreibt an die von Jesus Erlösten:

»Ihr seid das auserwählte Geschlecht, das königliche Priestertum, das heilige Volk, das Volk des Eigentums« – und er weist hin auf den damit verbundenen Auftrag: *»... dass ihr verkündigen sollt die Tugenden dessen, der euch berufen hat von der Finsternis zu seinem wunderbaren Licht* (1. Petrus 2,9).

Dieses Wort ist unser »Diplom«, das uns berechtigt, den damit verbundenen Auftrag auszuführen. Und wir sind von Herzen dankbar, dass wir uns unser Leben lang bemühen dürfen, Gottes Willen zu tun. Nicht, weil wir uns damit etwas verdienen, sondern weil wir zu seinem Volk gehören. Berufen durch Jesus – das ist die größte Auszeichnung. Und seine »Tugenden« zu verkündigen, durch Wort und Tat – das ist die größte Verpflichtung.

Vielen Millionen Christen in aller Welt gilt diese Auszeichnung und dieser Auftrag: »Königliche Priester« – das ist der Adel, mit dem unser Gott, der lebendige, herrliche Schöpfer aller Welt, der Vater unseres Herrn Jesus Christus, uns ausgezeichnet hat!

Was für einen HERRN haben wir doch!